Sous la direction de
Rada Iveković, Diogo Sardinha
et Patrice Vermeren

HÉGÉMONIE, POPULISME, ÉMANCIPATION

Perspectives sur la philosophie d'Ernesto Laclau (1935-2014)

Avant-Propos de Chantal Mouffe

L'Harmattan

HÉGÉMONIE, POPULISME, ÉMANCIPATION

Perspectives sur la philosophie d'Ernesto Laclau (1935-2014)

La Philosophie en commun
Collection dirigée par Stéphane Douailler, Jacques Poulain, Patrice Vermeren

Nourrie trop exclusivement par la vie solitaire de la pensée, l'exercice de la réflexion a souvent voué les philosophes à un individualisme forcené, renforcé par le culte de l'écriture. Les querelles engendrées par l'adulation de l'originalité y ont trop aisément supplanté tout débat politique théorique.

Notre siècle a découvert l'enracinement de la pensée dans le langage. S'invalidait et tombait du même coup en désuétude cet étrange usage du jugement où le désir de tout soumettre à la critique du vrai y soustrayait royalement ses propres résultats. Condamnées également à l'éclatement, les diverses traditions philosophiques se voyaient contraintes de franchir les frontières de langue et de culture qui les enserraient encore. La crise des fondements scientifiques, la falsification des divers régimes politiques, la neutralisation des sciences humaines et l'explosion technologique ont fait apparaître de leur côté leurs faillites, induisant à reporter leurs espoirs sur la philosophie, autorisant à attendre du partage critique de la vérité jusqu'à la satisfaction des exigences sociales de justice et de liberté. Le débat critique se reconnaissait être une forme de vie.

Ce bouleversement en profondeur de la culture a ramené les philosophes à la pratique orale de l'argumentation, faisant surgir des institutions comme l'École de Korcula (Yougoslavie), le Collège de Philosophie (Paris) ou l'Institut de Philosophie (Madrid). L'objectif de cette collection est de rendre accessibles les fruits de ce partage en commun du jugement de vérité. Il est d'affronter et de surmonter ce qui, dans la crise de civilisation que nous vivons tous, dérive de la dénégation et du refoulement de ce partage du jugement.

Dernières parutions

Serge VALDINOCI, *La prescience mystique. La méditation réinventée*, 2021.
Jo AITNANU, *Vision des Logiques Libres. Pour une sémantique philosophique de l'artiste,* 2021.
Viviane HORTA GENEROSO, *Qu'est-ce qu'être juste avec l'autre. Le différend entre Foucault et Derrida à propos de la folie,* 2021.
Alejandro BILBAO et Enric PORQUERES, *Corps et personne dans les sociétés biotechnologiques. Études psychanalytiques et anthropologiques*, 2020.

5-7, rue de l'Ecole-Polytechnique, 75005 Paris
http://www.editions-harmattan.fr
ISBN : 978-2-343-20895-4
EAN : 9782343208954

Sommaire

Avant-Propos, par Chantal Mouffe 7

Introduction. ***Déconstruire le concept de populisme ?***,
par Rada Iveković, Diogo Sardinha et Patrice Vermeren 13

I

Une lecture des dernières avancées de la pensée de Laclau,
par Horacio González 23

Laclau, Marx, and the Performative Power of Negation,
par Judith Butler 29

Laclau, Hégémonie, Europe, par Étienne Balibar 53

II

Laclau en Argentine, par Leonor Arfuch 67

Hegemony as Capitalist Strategy: For a Neo-Marxian Critique of Financialized Capitalism, par Nancy Fraser 79

Peuple, populaire, populiste : usage des mots,
par Maria Kakogianni et Jacques Rancière (entretien) 99

III

Le féminisme est-il un populisme ? par Fabienne Brugère . 121

La partie et le tout : métaphore et métonymie dans la construction rhétorique du peuple,
par Jean-Claude Monod 129

La rhétorique chez/d'Ernesto Laclau, par Rada Iveković .. 139

Hégémonie : Gramsci, Togliatti, Laclau, par Toni Negri ... 151

IV

Discussion autour de la théorie de Laclau sur le populisme, par Emilio De Ípola 167

Les métaphores ont-elles une limite? L'ensemble baroque des articulations discursives de notre actualité, par Senda Sferco 179

L'Amérique latine dans le marxisme d'Ernesto Laclau, par Martín Cortés 189

La place du « populisme » dans la théorie de l'hégémonie d'Ernesto Laclau : une approche herméneutique, par Esteban Vergalito 199

V

Entre hégémonie et populisme : Ernesto Laclau et l'Italie, par Orazio Irrera 213

Existe-t-il une pure logique des différences ? La théorie du populisme d'Ernesto Laclau et la question de la coalescence des différences, par Eric Maigret 229

Laclau à Birmingham. Ou comment le postmarxisme vient aux *Cultural Studies*, par Maxime Cervulle 239

Notes sur les auteurs 253

Chantal Mouffe

Avant-propos

Depuis son décès à Séville en 2014 de nombreux événements en hommage à Ernesto ont été organisés dans différents pays et son œuvre continue à être célébrée dans le monde entier. Parmi toutes ces manifestations le colloque « Hégémonie, Populisme, Émancipation. Perspectives sur la philosophie d'Ernesto Laclau », dont la plupart des interventions sont publiées dans ce livre représente pour moi un moment particulièrement important. Réalisé les 26 et 27 mai 2015 à Paris ce fut un des premiers et il réunit un grand nombre de prestigieux intervenants et amis proches, mais c'est surtout le fait qu'il ait eu lieu à Paris, une ville à laquelle Ernesto était très attaché, qui m'a procuré une émotion particulière. Il disait souvent que Buenos Aires et Paris étaient les deux villes où il se sentait vraiment chez lui. Peut-être parce que toute sa famille, tant maternelle que paternelle était d'origine française ou parce que c'était la première ville qu'il avait connue lors de son arrivée en Europe en 1969. Quoi qu'il en soit, il avait toujours un immense plaisir à flâner dans les rues parisiennes et à s'installer dans des cafés pour lire et travailler. Pour des raisons professionnelles, nous avions décidé d'habiter à Londres mais, dès que nous le pouvions, nous faisions un saut dans notre petit appartement de la rue de Charonne. Nous avions un vrai besoin de nous retrouver avec notre cercle d'amis français et argentins et de garder le contact avec la vie intellectuelle en France. Un ami espagnol s'amusait à décrire Ernesto comme « un Argentin qui enseigne en Angleterre mais qui pense en français ». Et il n'y a pas de doute que, si bien son œuvre est fortement ancrée dans l'expérience politique de l'Argentine, elle a aussi été profondément marquée par la pensée française. Et cela depuis le début, à travers les milieux intellectuels et politiques qu'il fréquentait pendant ses études à l'université de Buenos Aires. Il me racontait comment lui et ses amis lisaient toutes les revues françaises et discutaient passionnément les dernières publications de la mouvance structuraliste. C'est ainsi qu'ils avaient découvert Althusser en même temps que moi qui fréquentais pourtant son séminaire à l'École Normale. Pour ces jeunes étudiants, il ne s'agissait pas seulement d'une fascination intellectuelle car ce qu'ils cherchaient dans les auteurs français, c'étaient des outils théoriques pour comprendre le péronisme et la spécificité de la politique argentine. Ernesto était d'autre part très engagé politiquement dans le Partido Socialista de la Izquierda Nacional (PSIN) et il était rédacteur en chef de son journal *Lucha Obrera.* Ses études terminées, il enseigna de 1966 à 1967 à l'université de Tucuman mais avec l'arrivée de la dictature il perdit son poste et, lorsqu'Eric Hobsbawn lui proposa son aide pour obtenir une bourse de doctorat à l'université d'Oxford, il accepta. C'est ce qui l'amena en Grande-Bretagne où il fit par la suite toute sa carrière universitaire à l'université d'Essex. Il continua cependant à avoir un rapport étroit avec la pensée française et il n'y a pas de doute que parmi les auteurs qui l'ont le plus influencé on compte deux Français, Jacques Derrida et Jacques Lacan. Déjà évidente dans *Hegemony and Socialist Strategy. Towards a Radical Democratic Politics,* le livre que nous avons publié ensemble en 1985, l'influence de ces deux auteurs a été décisive pour l'évolution ultérieure de sa réflexion. Ernesto n'a pas eu l'occasion de connaître Lacan mais avec Derrida, qu'il retrouvait régulièrement au bar de l'hôtel Lutetia pour discuter sur la déconstruction, il avait établi des rapports amicaux et il fut très affecté par sa disparition. À côté de l'admiration qu'il éprouvait pour l'importance de sa contribution théorique, il appréciait aussi sa générosité et sa grande disponibilité pour les échanges intellectuels. Je me souviens par exemple de sa gratitude lorsque Derrida accepta pro bono de venir passer deux jours à Essex pour répondre aux très nombreuses questions qui lui avaient été adressées par les étudiants du Centre for Theoretical Studies dont Ernesto était le directeur. Le fait que ce soit le Collège International de philosophie, créé par Derrida qui, avec l'appui d'autres institutions, ait pris l'initiative de ce colloque, me procure une satisfaction particulière car cela évoque pour moi le lien privilégié qu'entretenait Ernesto avec son fondateur.

Comme je l'ai déjà signalé, depuis ses années d'étudiant, la théorie pour Ernesto devait contribuer à éclairer la pratique et il est toujours resté fidèle à cette approche. Ses recherches théoriques devaient lui permettre de saisir la nature de la conjoncture politique afin de comprendre comment intervenir pour la transformer. Il était vraiment passionné par la politique et par toutes les expériences de gauche. Dans les années 70 et 80 nous avons ainsi suivi avec beaucoup d'intérêt le développement de l'eurocommunisme, en Italie bien sûr, mais aussi en Grèce et en Espagne. Nous avions de rapports amicaux avec plusieurs intellectuels du Parti communiste italien (PCI), du Parti communiste espagnol (PCE) et du parti communiste de l'intérieur grec, et nous les visitions fréquemment. Notre figure de référence commune était Antonio Gramsci qui était perçu comme le théoricien de la révolution dans le monde occidental. C'est aussi pendant ces années qu'avec Stuart Hall nous avons organisé à Londres le « Gramsci Research Group ». Nous nous réunissions une fois par mois pour analyser le « thatcherisme » et c'est là que nous avons eu les premiers débats autour de la réinterprétation de la conception gramscienne de l'hégémonie développée dans *Hegemony and Socialist Strategy.*

En Amérique latine c'étaient des décennies très sombres avec l'instauration de dictatures militaires dans plusieurs pays, dont l'Argentine, où Ernesto ne put retourner qu'en 1984 après le rétablissement de la démocratie. Plus tard, avec la victoire d'Hugo Chavez au Venezuela, de Lula au Brésil, de Nestor Kirchner en Argentine et d'Evo Morales en Bolivie, on assista à l'avènement de toute une série de gouvernements progressistes qui enthousiasmèrent Ernesto. Il commença à se rendre souvent en Amérique latine pour suivre des plus près ces expériences. Cela le conduisit à renouer avec la réflexion sur le populisme qu'il avait engagée dans son premier livre *Politics and Ideology in Marxist Theory.* Particulièrement intéressé par ce qui se passait en Argentine, il était un fervent défenseur de la ligne politique défendue par Nestor Kirchner et Cristina Fernandez de Kirchner et il célébrait les importantes réformes démocratiques qu'ils avaient réalisées. Il s'identifiait au « kirchnérisme » dans lequel il voyait un mouvement qui mettait en œuvre le projet national-populaire qu'il avait défendu dans sa jeunesse. Il ne voulait pas manquer cette expérience et c'est pourquoi pendant les dix dernières années de sa vie il s'arrangea pour faire de longs séjours en Argentine. Nous avions d'ailleurs le projet d'aller nous y installer lorsque j'aurais pris ma retraite.

Ernesto avait toujours eu le désir de créer une revue et il considéra que le moment était venu de réaliser ce vieux rêve. Intitulée « Debates y Combates » son objectif était de servir de lieu d'échange entre les penseurs de gauche au niveau international. Grâce à l'appui de bénévoles et de subsides du ministère de la Culture, cette revue parvint à publier entre 2011 et 2015 neuf numéros qui eurent beaucoup de succès. *Debates y Combates* organisait aussi des colloques et c'est ainsi qu'en octobre 2012 nous eûmes le plaisir à Buenos Aires, lors du colloque sur « Modernités multiples dans un monde multipolaire », de faire la connaissance de Jean-Luc Mélenchon avec lequel nous avons tout de suite sympathisé car nous avons découvert que nous avions beaucoup d'affinités. Après le colloque nous avons eu avec lui un échange public pour examiner ce que la gauche européenne pouvait apprendre de la nouvelle gauche latino-américaine et de son combat contre le néo-libéralisme. Nous étions d'accord sur la nécessité d'une stratégie populiste de gauche en Europe mais Jean-Luc était sceptique sur la possibilité de faire accepter ce terme dans le contexte français.

Une des choses que je regrette le plus c'est qu'Ernesto soit disparu trop tôt pour pouvoir assister au succès de Podemos. Il était au courant de l'intérêt que son travail suscitait au sein d'un groupe de professeurs de l'Université Complutense de Madrid mais il n'a jamais rencontré Pablo Iglesias ou Iñigo Errejón. Podemos représente le type de populisme de gauche qu'il appelait de ses vœux et il aurait été fier et heureux de voir comment il se réclamait de son influence. Dans la belle notice nécrologique qu'il a publiée le 14 avril dans le journal *Publico* Errejón se lamente de la disparition d'Ernesto « au moment, dit-il, où nous avons tellement besoin de lui ». J'aurais tant aimé qu'il puisse aussi voir l'émergence de mouvements qui, comme la France Insoumise, correspondent à sa vision de la politique. Et il aurait été vraiment fasciné par ce qui se passe aujourd'hui en Grande-Bretagne avec le tournant populiste qu'a pris le Labour sous la direction de Jeremy Corbyn.

Il a été un compagnon irremplaçable, généreux, optimiste, et plein de tendresse dans la vie quotidienne et je ressens profondément sa perte. Il a été aussi un professeur inoubliable, ouvert au dialogue et qui a formé un groupe remarquable de doctorants venus de tous les coins du monde. Ernesto n'est plus parmi nous mais il nous reste son œuvre, qui est une inépuisable source d'inspiration. Et comme le montre la richesse des interventions réunies dans ce volume, dont les auteurs représentent une grande variété de positions politiques, elle continue à alimenter la réflexion théorique et la pratique politique de la gauche dans toute sa diversité.

Rada Iveković,
Diogo Sardinha (Centro de Filosofia da Universidade de Lisboa),
Patrice Vermeren

Introduction
Déconstruire le concept de populisme ?

Ernesto Laclau, mort au mois d'avril 2014, est reconnu aujourd'hui comme l'un des noms les plus importants de la philosophie politique de la fin du XXe et début du XXIe siècle. Un colloque sur son travail a été organisé en 2015 à Paris, où il fut cependant tardivement reconnu par rapport aux univers des langues anglaise, espagnole et portugaise, ainsi que par rapport aux mondes post et dé-coloniaux, où il est un classique moderne pour les intellectuels et militants. Ce colloque, conçu à la fois comme un hommage au penseur et à son œuvre et comme la poursuite de débats qui étaient déjà en cours au moment de sa disparition, réunit à Paris quelques-uns des ses principaux interlocuteurs en France (Étienne Balibar, Toni Negri, Jacques Rancière, Françoise Vergès), aux États-Unis (Judith Butler, Nancy Fraser) et en Argentine (Horacio González), et compta encore avec le soutien de sa principale collaboratrice et son épouse, la politologue et philosophe Chantal Mouffe. Le livre présent rassemble quelques-unes des interventions présentées à cette rencontre fructueuse.

Ernesto Laclau a écrit des ouvrages vite devenus des références sur le plan international des débats concernant l'hégémonie, le populisme et l'émancipation, trois concepts-clés de sa réflexion que nous reprenons ici. Mais il a également marqué les controverses intellectuelles par son travail sur la traduction, le langage, la théorie du discours (avec ses effets sur les notions d'identité, de nation et de pouvoir), sur le concept de chaînes d'équivalences qui prend appui sur Gramsci (avec ses origines multiples bien que lointaines dans la logique d'équivalence, la relation d'équivalence en mathématiques, et en proximité reconnue de Wittgenstein, Lyotard ou encore du bouddhisme), de signifiant vide et de signifiant flottant (en parenté avec la psychanalyse), tout ceci dans la perspective de dépassement de la lutte des classes comme seule motivation politique. Il s'est penché sur les histoires politiques de plusieurs pays et s'est engagé auprès de différentes orientations politiques de gauche, dont le kirschnerisme en Argentine. Il n'a reçu qu'un accueil très faible de la part de la philosophie institutionnelle française et le fait, mineur peut-être aux yeux de certains, que son entrée *Wikipédia* n'existait même pas en français au moment de sa disparition, révèle combien il est longtemps resté méconnu d'un vaste public.

Plus frappante encore, une autre preuve du retard hexagonal dans cette réception est le fait que le livre qui l'a rendu célèbre, *Hegemony and Socialist Strategy : Towards a Radical Democratic Politics*, écrit conjointement avec Chantal Mouffe et paru à Londres en 1985, n'ait été traduit en français qu'en 2009, sous le titre *Hégémonie et stratégie socialiste. Vers une politique démocratique radicale*[1]. Ce texte est largement considéré comme appartenant à la fondation du courant post-marxiste en philosophie[2], terme dont Laclau et Mouffe ne réclament pas particulièrement la paternité, mais dont ils considèrent plus tard, dans la préface rédigée en 2000 pour la réédition de l'ouvrage que, finalement, il convient bien à leur entreprise, pourvu qu'on le comprenne « comme le procès de réappropriation d'une tradition intellectuelle, aussi bien que comme le procès de son dépassement »[3]. L'ouvrage, qui s'inspire fortement du concept gramscien d'hégémonie, déploie une nouvelle compréhension de comment des positions dominantes sont constituées en politique et des voies par lesquelles, au travers de la formation de contre-hégémonies par exemple révolutionnaires, elles pourront être renversées. De là, toute leur théorisation de ce qu'ils appellent les « chaînes d'équivalence », forme de relations qui s'établissent

---

[1] *Hegemony and Socialist Strategy : Towards a Radical Democratic Politics*, Londres, Verso, 1985. Trad. fr. de Julien Abriel, *Hégémonie et stratégie socialiste. Vers une politique démocratique radicale*, avec une préface d'Étienne Balibar, Paris, Les Solitaires intempestifs, 2009.

[2] À noter que, dans les pays autrefois colonisés tels que l'Inde, ce livre est aussi, en parallèle, l'un des textes fondateurs des politiques post-nationalistes (s'agissant des nationalismes des luttes de libération).

[3] *Hégémonie et stratégie socialiste*, p. 21.

entre différentes luttes dont les acteurs, à un moment donné du conflit politique et social, s'aperçoivent que, au-delà de la diversité de leurs revendications, ce qui les unit ou bien les points sur lesquels se recoupent leurs protestations et exigences l'emportent sur ce qui les sépare. Ces équivalences d'intérêts se raccordent alors pour engendrer un réseau susceptible de faire basculer le rapport de forces, ou d'établir une articulation étendue, à même d'englober et surmonter les différences et de les subordonner à des buts communs, dont la puissance accumulée devient capable, par là même, d'instaurer une nouvelle situation générale de gouvernement.

Sous-jacent à cette élaboration, qui n'est pas seulement prospective, c'est-à-dire ne vise pas simplement à donner des indications pratiques et théoriques pour susciter des transformations politiques à l'avenir, mais est encore explicative de certaines métamorphoses passées, il y a l'idée de l'antagonisme comme élément constitutif des rapports sociaux. Dans *Hégémonie et stratégie socialiste*, ils distinguent soigneusement les antagonismes des contradictions, notamment telles que les marxistes traditionnels les ont traitées, leur argument consistant à dire que les premières ne sont ni de simples oppositions réelles, simplement physiques par exemple, ni des oppositions logiques, comme certains l'ont cru dans le sillage de l'idéalisme hégélien. Les antagonismes, ajoutent-ils, sont des relations entre des entités qui ne sont pas pleines, dans la mesure où leur constitution en tant que telle est rendue impossible par la présence de l'« Autre » : dès lors, ces antagonismes ne se confondent plus avec les oppositions réelles ni avec les contradictions qui, toutes deux, supposent la présence, en vis-à-vis, d'entités qui sont déjà pleinement ce qu'elles sont. Pour la même raison, ces derniers types de relations sont objectifs, tandis que les antagonismes constituent les limites de toute objectivité, devenant du coup insaisissables par le langage qui n'existe, lui, que comme tentative de fixer l'antagonisme et de le désamorcer ou pacifier. Voilà qui explique l'intérêt d'Ernesto Laclau et de Chantal Mouffe à un nombre important de concepts et de grilles d'intelligibilité puisés dans la philosophie du langage, de Wittgenstein à la théorie du performatif, en passant par Saussure, Benveniste et Lacan. Les travaux des deux co-auteurs se séparent partiellement ensuite, et deviennent complémentaires, E. Laclau accentuant ses intérêts spéculatifs et conceptuels, C. Mouffe s'engageant dans des débats sur le politique et la démocratie. Nonobstant, ils garderont toujours la référence à l'antagonisme et à ce qu'il a d'irréconciliable au sein du tissu social.

Dans ses ouvrages ultérieurs, Ernesto Laclau investit plus directement les concepts d'émancipation et de populisme, au traitement desquels il apporte une fraîcheur certaine. Le premier est l'objet de son recueil *Émancipation(s)* de 1996, partiellement traduit en français, avec des remaniements, comme *La Guerre des identités. Grammaire de l'émancipation*[4]. Prenant acte de l'effondrement du socialisme, y compris en occident, où il perd sa capacité de mobilisation des masses en vue de projets considérés émancipateurs tels que « la révolution », ainsi que de la crise de la social-démocratie, avec en plus le déclin des mesures d'inspiration keynésienne appuyées sur des États-providence nationaux, ce livre associe les espaces laissés vides par ces deux formes de structuration des solidarités de classe, au resurgissement des identités culturelles, propice d'une part au multiculturalisme, d'autre part aux politiques xénophobes et, d'autre part encore, à l'intégrisme (islamique) qui, tous, mettent en doute l'idéal de l'émancipation lui-même.

L'auteur s'engage alors dans la distinction de trois niveaux d'analyse : d'abord, celui des objets effectifs, en l'occurrence les identités ; ensuite, celui des règles de leur constitution ; enfin celui des logiques qui sous-tendent ces règles, pour faire à la fin l'hypothèse principale que ces logiques sont celles de la construction d'hégémonies, prolongeant de la sorte ses réflexions précédentes.

À l'aide de cette méthode, il tente de déconstruire les catégories centrales du discours d'émancipation, non pour l'écarter, mais pour la revigorer, en l'asseyant sur de nouvelles bases théoriques. Avant tout, il souligne que, à la différence de ce qui se passait depuis Rousseau, la démocratie est désormais liée à la reconnaissance des différences et du pluralisme, qui rompt avec l'idée

[4] Traduit de l'anglais par Claude Orsoni, Paris, La Découverte, 2000.

d'une émancipation universelle et oblige à repenser les formes de constitution de la sphère publique, avec les concepts qui s'y rattachent, parmi eux ceux d'identité et de représentation. C'est, pour Laclau, l'occasion de distinguer les discours politiques institutionnels, qui estompent les frontières internes au sein de la société (le discours conservateur qui ne veut voir qu'une « nation » en serait un bon exemple) et les discours populistes qui, en tentant d'établir une frontière entre les dominants et le « peuple », ne veulent reconnaître que deux positions dans cette même société, pour distribuer tous les éléments sociaux dans des chaînes d'équivalences réparties de part et d'autre de la frontière : dans ce discours de rupture et non de conciliation, le « peuple » apparaît comme un équivalent agrégé des demandes et des identités sociales. L'étude de cette dichotomie discursive sera poursuivie dans un ouvrage ultérieur, *On Populist Reason*[5], cette fois plus rapidement traduit en français[6] et ayant bénéficié de quelques comptes rendus dans la presse nationale, y compris spécialisée.

Dans *La Raison populiste*, s'inspirant en partie de l'expérience historique du péronisme, surtout dans sa première période, le point de départ de Laclau est le constat suivant : une ambiguïté s'associe d'ordinaire à l'usage du mot « populisme », qui met celui qui veut faire de l'analyse sociale dans une position certes malaisée, mais non accidentelle, puisqu'en réalité elle est un signe des limites de ce que Laclau appelle les « outils ontologiques » actuellement disponibles pour cette analyse. Et après avoir passé en revue quelques textes de référence sur le sujet, tous prenant appui sur une conception de la rationalité politique à la lumière de laquelle le populisme apparaît comme manquant de quelque chose (il serait « vide idéologiquement », ou bien il serait « vague dans son contenu », il serait « anti-intellectuel », ou encore il serait forcément de droite et ainsi de suite), il formule sa proposition herméneutique – élargir le modèle de rationalité en termes d'une « rhétorique généralisée », de telle sorte que « le populisme apparaît comme une possibilité, spécifique et toujours

[5] Verso, Londres 2005.
[6] *La Raison populiste*, traduit de l'anglais par Jean-Pierre Ricard, Paris, Le Seuil 2008.

présente, de structuration de la vie politique[7] ». Prenant le populisme au sérieux, Laclau peut ainsi s'engager dans un examen des dimensions performatives du discours politique, notamment de ce que celui-ci cherche à atteindre lorsqu'il adopte des processus de simplification. Ces processus, explique Laclau, sont inhérents à la politique telle qu'elle existe, dans la mesure où ils visent à attirer la sympathie d'un nombre conséquent de personnes, alors que « seulement dans un monde impossible, où la politique aurait été entièrement remplacée par l'administration[8] » et l'antagonisme aurait cédé sa place à l'ingénierie sociale, ces « simplifications » et « imprécisions » seraient, elles aussi, éradiquées de la sphère publique.

À elles seules, ces thèses, originales et souvent provocatrices, justifient l'intérêt suscité par son œuvre et rendent compréhensible le fait que quelques-uns des philosophes de la politique actuellement les plus connus soient devenus des interlocuteurs réguliers de Laclau (outre les noms déjà mentionnés, on évoquera Simon Critchley et Slavoj Žižek).

Il convient d'y ajouter l'implication citoyenne de Laclau dans les débats en cours, notamment en Argentine, son pays natal qu'il a quitté au début des années 1970 pour poursuivre ses études avec Eric Hobsbawm à Oxford. L'activité qu'il a développée sur place, et de façon plus large dans toute l'Amérique du Sud, l'a rendu un intellectuel familier du public de langue espagnole, reconnu pour ses contributions théoriques, notamment au cours des dix dernières années. La présence de quelques penseurs argentins lors du colloque évoqué procura l'occasion de revenir sur la contribution que les *épistémologies du sud*[9] sont susceptibles de

---

[7] P. 13 de l'éd. anglaise, comme par la suite traduit par nous.

[8] P. 18 de la même.

[9] À ce sujet, pas vraiment dans la continuité directe de Laclau, mais en attente d'un lien à établir avec son œuvre : Raewyn Connell, *Southern Theory. The Global Dynamics of Knowledge in Social Science*, Cambridge (UK), Polity, 2007 ; Jean Comaroff et John L. Comaroff, *Theory from the South : Or, How Euro-America is Evolving Toward Africa*, Boulder/Colorado, Paradigm Publishers, 2011 ; Boaventura de Sousa Santos, *Epistemologies of the South. Justice Against Epistemicide*, Boulder/Londres, Paradigm Publishers, 2014 ; le même, « Epistémologies du sud », *Études rurales*, n. 187, p. 21-51 ; le même (org.),

fournir aux débats politiques qui se déroulent en France, en Europe et surtout dans le « sud global », portant entre autres sur un populisme de gauche, controversé, que Laclau appelait de ses vœux et qu'il laissa en héritage pour notre époque.

*

Le colloque Hégémonie, populisme, émancipation – Perspectives sur la philosophie d'Ernesto Laclau (1935-2014) s'est déroulé les 26 et 27 mai 2015 à Paris, d'abord à la Fondation de la Maison des sciences de l'homme-FMSH et puis à la Maison de l'Amérique latine-MAL. Il a été organisé conjointement par le Collège international de philosophie, le Laboratoire d'études et de recherches sur les Logiques contemporaines de la Philosophie de l'Université Paris 8 et son Département de philosophie, le Collège d'études mondiales, la FMSH, et la MAL. Nous avons été honorés de recevoir le soutien de l'Ambassade d'Argentine en France et de la Semaine de l'Amérique Latine et des Caraïbes de 2015, au programme de laquelle le colloque a été intégré.

Nous remercions chaleureusement ces institutions ainsi que leurs responsables. Tous, ils ont rendu possible cet événement. Nous pensons notamment à Michel Wieviorka (FMSH), à l'ambassadrice Maria del Carmen Squeff (Argentine) et à l'ambassadeur Philippe Bastelica (chargé de mission auprès de la directrice des Amériques et des Caraïbes au ministère des Affaires étrangères). Nancy Fraser nous a aussi apporté une aide financière précieuse, par l'intermédiaire du fonds de sa direction de programme au Collège d'études mondiales.

Nous sommes profondément reconnaissants à Chantal Mouffe, qui du début à la fin de notre entreprise a généreusement accepté de nous accompagner, et à tous les participants aux deux journées de travail et de réflexion, nombre d'entre eux des amis d'Ernesto.

Another Knowledge is Possible : Beyond Northern Epistemologies. (Reinventing Social Emancipation : Toward New Manifestos), Londres/New York, Verso, 2008.

Enfin, nous nous souvenons particulièrement de l'artiste peintre Maurice Matieu (1934-2017), qui a mis à notre disposition la reproduction de son diptyque « L'enterrement de Pierre Overney », de 1974. En 2015, nous en avons fait l'affiche et le dépliant du colloque. Aujourd'hui, nous le reprenons en couverture de ce recueil avec l'accord de son épouse, Nicole Mathieu. Qu'elle en soit ici vivement remerciée.

Paris, janvier 2019.

I

Horacio González,
Université de Buenos Aires

Une lecture des dernières avancées de la pensée de Laclau

Je vais vous lire un court texte sur la pensée d'Ernesto Laclau. Je préfère dire pensée plutôt que pensée politique, car il me paraît évident que Laclau porte son attention sur les conditions générales de l'acte de penser, sur une question classique en philosophie que nous pourrions formuler comme on le fait d'habitude : « Qu'est-ce que penser veut dire ? »

Nous pouvons dire qu'à travers tous ses écrits il s'efforce de penser les mouvements de l'art de penser et qu'il énonce très précisément les problèmes, avec une extrême pertinence logique. Je ne parlerais pas de consistance parce que tout son travail semble tendre à découvrir des hiatus et des écarts partout où une consistance menace d'apparaître. Peut-être ne devrions-nous pas non plus dire logique puisque, comme l'indique l'un de ses derniers livres en castillan, on peut subsumer toute son entreprise réflexive sous le terme plus adéquat de rhétorique.

En vérité, on pourrait donner le nom de réflexions à ce que fait Laclau : c'est un terme qui, en dépit d'une légère connotation « consciencialiste », apparaît dans le titre d'un de ses livres. Mais il me semble que c'est le terme de rhétorique, comme il l'a lui-même plus ou moins suggéré, qui est le plus indiqué pour embrasser l'ensemble de ses travaux. Je veux dire que la rhétorique, au sens d'un ensemble hérité de connaissances, ou dans son sens ordinaire, renferme un paradoxe fondamental présent chez tous ceux qui ont essayé d'en faire un sujet de réflexion. La rhétorique traite d'une seule question : qu'est-ce que la connaissance ? et, donc, qu'est-ce que la non-connaissance ? Mais il suffit de prononcer cette expression pour parvenir au cœur d'un des problèmes fondamentaux posés par Laclau : de quelle connaissance a-t-on besoin pour approcher de la non-connaissance, autrement dit, quel plein peut prendre en charge un vide sans venir interrompre ce jeu incessant du plein et du vide par une succession de pleins. Chaque connaissance est donc connaissance de ce qu'elle peut connaître et de ce qui reste hors de sa portée, la part du vide dans ce qui semblait plein.

Quelque chose altère profondément la connaissance et d'une manière irréversible : ce sont les mises en relations qu'elle opère dans le monde, dans ce qu'elle n'est pas, et qu'elle reconnaît pourtant, de façon lointaine, comme son propre passé désormais inscrit dans des formes figées de la mémoire (une mémoire, pour que nous nous fassions bien comprendre, que Laclau appelle sédimentation). La rhétorique implique une tâche impossible et pourtant constante : celle de faire savoir ce que la connaissance peut faire des choses, même si on doit admettre qu'aucune forme de vie ne peut s'y résumer et s'y confondre. Quand on reconnaît spontanément la rhétorique, on a l'habitude de la dénoncer en accusant la part du rhétorique. Le rhétorique comme un grief possible, comme une discréditation de la réalité par les mots. Les débats des Anciens pour savoir si la rhétorique était la demeure du savoir ou un simple vêtement, extérieur au savoir, qui néanmoins aurait des pouvoirs qui impliquent une partie ou le tout d'un savoir, sont insolubles. Mais ce n'est pas tout : c'est l'impossibilité même de trouver une solution au problème qu'on doit, à la lettre, appeler la rhétorique. D'où la mauvaise réputation d'une connaissance qui ne promet pas de résoudre les problèmes qu'elle soulève et qui a la singularité de vouloir étudier l'invraisemblable fiction qu'est le langage de l'argumentation.

La richesse paradoxale de la rhétorique et les usages si nombreux jusqu'à aujourd'hui de l'expression renvoient exactement à la tonalité de toute l'œuvre de Laclau. Les sentiments du lecteur de cette œuvre sont ceux-là mêmes qui pointent dans cette ancienne notion mettant en rapport la pensée et l'être social, même si Laclau parlerait plutôt de rapport de la pensée avec la clôture des systèmes symboliques, parmi plusieurs des formulations possibles pour désigner le rapport de la pensée avec l'illusion de son achèvement : c'est-à-dire, de ce moment où la pensée rencontre son objet ou qu'elle est à elle-même son objet. Mais la conscience soudaine que la pensée ne peut pas être son propre objet représente tout à la fois une libération et la possibilité de la pensée. C'est de cette formidable étrangeté qu'il s'agit dans l'œuvre de Laclau. Autrement dit, du fait qu'une représentation, quelle qu'elle soit, est possible à condition que chaque élément qui sert à l'instituer apparaisse comme impossible à saturer, comme le disait Laclau naguère, ou à clore, comme il le dit aujourd'hui. On peut néanmoins voir dans la clôture, qui sur différents plans conduit au mythe, au discours hégémonique, ou à la poésie, une illusion qui permet d'aller « au-delà », c'est-à-dire de poursuivre l'imposition flottante du sens, mais l'expression ne laisse pas d'être lourde de conséquences quant au fantasme qui accompagne la pensée politique : un fantasme de pensée mystique.

Tout au long de son œuvre, Laclau a procédé de la manière dont il dit aujourd'hui qu'elle est la façon de procéder de la pensée mystique. Il est certain qu'il distingue entre la mystique et la politique, mais cette différence elle-même, inutile de le dire, n'aboutit pas à autre chose qu'à placer le problème sur un plan qui le fait se répéter indéfiniment, sans conclusion possible. Parce que la rhétorique - entendue comme l'impossibilité d'arrêter le sens à celui que prend à juste titre toute parole donnée - fait partie de la forme primaire d'où le social procède. Les deux sont faits de la matière même dont est fait l'être du discours.

Je voudrais m'arrêter un instant sur l'apparition du problème mystique et sur la lecture de Maître Eckart dans l'œuvre de Laclau. Évidemment, il ne s'agit pas de la quête de ce qu'on ne pourrait pas obtenir en se servant exclusivement des moyens qu'il a toujours exposés, à savoir la philosophie de la logique ou la philosophie politique. Nous avons pourtant là l'affirmation selon laquelle la pensée mystique se développe sur la base de présupposés semblables à ceux de la pensée politique, mais en les exacerbant. Il est clair que les rapports entre mystique et politique, qui rappellent le rapport entre religion et politique ou religion et société, à l'origine d'une part importante de la pensée moderne, sont une clé nouvelle de la pensée de Laclau. Cette différence entre mystique et politique semble aujourd'hui le lieu où penser ce qui doit se penser pour élaborer une philosophie de la vie politique. À ce qu'il semble, la pensée mystique ne parvient pas à maîtriser les résidus de pensée dont elle tente elle-même de se débarrasser pour arriver à coïncider parfaitement avec l'Absolu. Ce paradoxe, que Laclau met en avant pour comprendre les écrits d'Eckart et de tout mystique digne de ce nom (ou de toute pensée mystique) ne trouve pas de solution dans les termes mêmes que la mystique propose. La mystique est-elle une manière fausse de poser les problèmes mêmes de toute expérience possible ? L'expérience mystique dans son effort pour nommer Dieu fait l'épreuve du drame insoluble qu'est l'imposition des noms (puisqu'au moment même où nous nommons les choses nous nous en séparons aussi et les méconnaissons.) De cette manière, nous placerions le représentable sur un plan qui élimine toute expérience véritable des choses : on pourrait, pour préciser, appeler cela l'irreprésentable dans le représentable.

Ce paradoxe se comprend si on lui donne à son tour un nom : c'est la plénitude d'une chose absente, ce qui pour Laclau renvoie aussi bien aux modalités de la pensée politique qu'à celles de la représentation. Elle est impossible mais nécessaire, tout comme l'est la coexistence dans un même objet de ces deux fonctions, et on peut, de la même manière, dire que la clôture et l'hégémonie sont impossibles mais nécessaires. Tout ceci nous introduit au drame de la représentation que Laclau, certes, ne désigne pas par ce mot de drame que nous utilisons intentionnellement ici pour désigner son œuvre avec une extériorité procédant d'une théorie du sujet traditionnelle. L'œuvre est bien évidemment construite en vue de cela et certainement aussi l'appelle.

Cet « au-delà » dont nous avons parlé plus haut – ou ce que le langage commun appelle d'ordinaire un « plus », ou les fonctions du mythe dans les écrits de Sorel selon Laclau – vient des pouvoirs de la rhétorique qui garde toujours ouvert le champ de la pensée (ou de la politique, qui ici serait son équivalent). Mais cette finitude (l'existence d'un « au-delà » du donné) suppose la réintroduction des différences et des particularismes qui sont propres au sujet de la facticité : quelque chose qui incontestablement existe mais dont on ne peut pas se rendre compte. Par exemple, ce que je fais en ce moment, écrire et lire ce texte, dans un présent absolu ou détaché de la suite de mes actions, pour fixer un moment ou un sens, sans recours possible à un métalangage. Dans ce cas, quelque chose existe qui ne peut rendre compte de soi, et cela il faut le savoir. Mais un autre texte pourrait en rendre compte, et cela aussi il faut le savoir. Ces deux modes du savoir, l'un du côté du moins, l'autre du plus, font le drame de la connaissance. La contingence de tout énoncé en tant que tel c'est aussi ce qui entretient l'illusion de son impossible clôture. Mais dès lors qu'elle peut être postulée cela permet de se représenter un énoncé unique, et le seul concevable, en même temps que la réintroduction de particularités réelles et contingentes. Ou pour le dire mieux : réelles dans leur contingence.

Laclau fait entrer dans la définition de l'hégémonie de nouveaux concepts, comme celui d'incarnation, une idée que naturellement il entend distinguer de ce que l'expérience chrétienne nomme ainsi. L'incarnation c'est la plénitude absente de la communauté, formule paradoxale comme toutes celles que propose l'essai rhétorique de Laclau, dans laquelle un sens s'incarne à condition de le déformer ou, comme il le dit dans d'autres de ses travaux, de le déplacer.

Dans un de ses ouvrages antérieurs Laclau parle de sédimentation, en empruntant ce terme à Husserl, avec cette façon constante qu'il a de relire toute la philosophie du XXe siècle. Ce qui est en jeu c'est une tentative de donner pour sens au sédimenté celui de quelque chose qui est déjà cristallisé mais n'est pas immédiatement visible. Le sédimenté garde une apparence d'objectivité mais peut être revisité et ainsi laisser paraître – au travers de nouveaux antagonismes - son caractère contingent. Ces formes endormies et déjà données, si on les convoque de manière adéquate, se révéleront contingentes dans ce moment présent, et dans n'importe quel présent. Penser, c'est ce présent ou cet aujourd'hui, où se révèle un substrat de connaissances emmagasinées.

Laclau dit *se révèle*, et nous ne pouvons pas ne pas remarquer que le terme a une lointaine coloration mystique. Cette présentification du sédimenté se définit comme une « facticité originaire. » On a là une manière inédite de projeter sur l'illusion hégémonique ou représentationniste du sédimenté la contingence des origines. Cette révélation annonce la profonde compatibilité de la pensée mystique avec la pensée politique, non parce qu'elles développeraient des motifs convergents - au contraire nous savons qu'ils peuvent être opposés - mais parce que ce sont des formes communes qui se rencontrent sur un unique problème, à savoir ce que penser veut dire. Nous ne pouvons pas cesser de nous sentir surpris de ce que, aussi légèrement que nous ayons décrit cette expérience, elle crée une formidable occasion de faire de la politique une expérience d'autoréflexion, et donc, une philosophie. Ce n'est rien d'autre que ce que des milliers et des milliers de personnes réclament dans ce pays et dans le monde en lui donnant un autre de ses noms possibles, celui de justice.

Traduction Anne Maurel.

Judith Butler,
Maxine Elliot Professor of Comparative Literature & Critical Theory, University of California, Berkeley

Laclau, Marx, and the Performative Power of Negation

I am honored to be here today to reflect not only on the work of Ernesto Laclau, one of the truly great thinkers in our lifetimes. Ernesto always challenged me; we had great solidarity, but that was a solidarity with some agonism, and like many people, I looked to him to understand the shape and promise of the left. Of course, he was pleased when people agreed with him, but he came to life in a different way when people disagreed. I understand my task, one that I take on gladly, to honor this great and singular political thinker, this philosopher, and also to keep the work alive through a living engagement. That means that as I read him now, I continue the conversation we had, one in which I maintained solidarity with him, and also treated him, as I treat him still, as a thinker whose thought is alive, whose thought is *pertinent*, especially as we try to consider, what still defines the left, and how do we critically understand our world.

As you doubtless know, Laclau's writings were meticulous, erudite, and clear; they proceeded methodologically, making explicit the premises and conclusions of his argument. At the same time, he revisited and refined some of his own key concepts at different points in the course of his intellectual career, offering new formulations that brought into focus new formal and linguistic dimensions of his analysis. Although, for instance, rhetorical or tropological analysis was always present in his work, it obviously became more important in some of the last of his published works where he argued that rhetoric is the foundation of social philosophy. It is a foundation insofar as every social and political process is, in fact, structured according to key forms of substitution, condensation, and displacement. The formal features of metaphor and metonymy allow us a way to understand how key political signifiers operate in forming and dissolving groups, in establishing and disestablishing identification. In some of his tropological restatements of the operation of hegemony, he offers a way to reconsider very basic principles within Marxian analysis. In his view, "no conceptual structure finds its internal cohesion without appealing to rhetorical devices.[10]" His move to both rhetoric and logic constituted a significant departure from Marxist theory, one might call it post-Marxist. And yet, I want to suggest that even as Laclau took distance from some dimensions of Marx's work – the Hegelian concept of negation, the problematic invocation of totality, the reliance on forms of historical determinism – he also re-articulated an aspect of Marxist analysis that gave it a new language and a new life for the political present. I hope today to distinguish between the Marx that Laclau sought to overcome, and the Marx that he sought to rearticulate. In following this path, I believe we have a chance to understand both the complex erudition of Laclau's work as well as its pervasive originality. *We also perhaps have a chance to rethink the question of why and how it is possible to emerge from subjugation into forms of solidarity or alliance through the process of articulation that is derived from the Gramscian tradition and that continues, in the work of both Laclau and Chantal Mouffe, to illuminate crucial forms of coalition that belong to a political trajectory both democratic and oppositional.*

Few questions could be as important as the ones to which Laclau dedicated his incisive and capacious thinking. How do people come together whose apparent interests and apparent identities do not at first seem to have a relation to one another? How do we describe the process in which one group becomes linked to another, establishing a growing opposition to powers that dominate, and how, we might ask, does that form of articulation rely on rhetorical structures animating social process by which new life and new hope are given to a radical democratic future? If I

[10] *On Populist Reason*, p. 67.

take issue with Laclau along the way, please understand, that is my way of keeping our relationship alive. He would not want me to submit to his view without a struggle. It was my impression that he loved a good struggle. It was a sign that someone was profoundly engaging the work, and that he had a worthy interlocutor. I was one such person for a period of time, and I strive to be that, still, even as I know he is gone and like so many tens of thousands, I mourn the passing of this unparalleled intellectual and political presence from the world.

Let us turn first to the question of Laclau's relation to Marx, and to the idea of collectivity and futurity that we find there. When Laclau turned to Marx, he tended to contrast two very different genealogies of thinking that emerged from Marx's writings. The first is Marx's "Contribution to the Critique of Hegel's Philosophy of Right" in which Marx narrates the "coming into being" of the proletariat in Germany "as a result of rising industrial development." The proletariat proclaims "the dissolution of the hitherto existing world order," and in doing so, it makes explicit what Marx calls the "secret of its own existence." Indeed, the Proletariat contain within themselves the principle by which the "world order" is dissolved, one that we might understand as a power of determinate negation. So they come into being, but that coming into being, realizes that power of negation, dissolves the established world order; the one not only brings about the other; the two are simultaneous. We could not fully understand what it means for the Proletariat to come into being if we did not understand that such an emergence brings with it the downfall of the existing world order, since the existing world order is organized by the principle that the proletariat will never come into being, for if they did, that would mean or, rather, that would *be* the end of property. Indeed, to understand that coming into being of the Proletariat, we would have to understand as well the moment in which they "proclaim" the end of that world organized by the principle of property. That proclamation wields the power to destroy property, and all the relations of property, including class relations, that follow. This proclamation is not a random speech act; rather, it is a speech act that becomes possible once class consciousness is realized or, rather, it is the linguistic realization of that consciousness. This negation of property thus becomes a principled opposition to property, and the Proletariat are identified with that principle which then, in turn, becomes the new organizing principle of society, the founding of a new, propertyless society. In Marx's words, "the proletariat raises to the rank of a principle of society what society has made the principle of the proletariat, what, without its own cooperation, is already incorporated in it as the negative result of society." In other words, property negates workers, and so when workers become proletariat, they emerge into the world, but they can only emerge to the extent that property is negated. They negate the conditions of their own negation and, as a result of their cooperation, *emerge*.

Laclau will take issue with this particular formulation, one that is clearly too Hegelian for his own purposes, and claims that according to this account given by Marx, "the particular body of the proletariat represents, by itself, unmediated universality." This is, however, not the only way of thinking found in Marx. He contrasts this passage to another one from Marx which he finds more promising, one which, in his view, expresses in abbreviated form "the structural moments of the hegemonic operation." Marx asks, "On what is a partial, a merely political revolution based? On the fact that part of civil society emancipates itself and attains general domination; on the fact that a definite class, proceeding from its particular situation, undertakes the general emancipation of society...For the revolution of a nation and the emancipation of a particular class of civil society to coincide, for one estate to be acknowledged as the state of the whole society, all the defects of society much conversely be concentrated in another class, a particular estate must be looked upon as the notorious crime of the whole of society, so that liberation from that sphere appears as general self-liberation."

In this second citation from Marx, we see that it is, importantly, only *a part* of civil society that comes to represent the general emancipation of society not because that part contains within itself the principle according to which the negation of existing society will take place. Those who belong to that part do not contain it in themselves. Rather, they make a bid for a representative status in relation to both the powers of negation and of emancipation; that status depends on being generally acknowledged as this part of society that now represents the emancipation of all society. In other words, a part of society comes to represent the whole, the interests of society in general become condensed into the part - but how precisely does this happen? Marx claims that all the defects of a society become "concentrated" there in that one group who comes to represent the possibility of revolutionary change. (i.e. both negation and emancipation). That class or estate comes to be regarded as a" notoriously criminal" class because they represent the nullification of the legal order that secures property relations – so "criminals" up until the point that they are acknowledged as emancipators from a criminal regime. So that the part of society, understood as class or estate or as some other group, only assumes the capacity to represent the emancipation of all of society when it is invested with that particular representative power. I will call it power, though I am not sure that Laclau would agree with the use of that word in that way – we will return to that in a moment.

In any case, the difference between Marx's first and second formulation pivots on the difference between a principle directly embodied by a people whose realization brings about the negation of property relations, and a representative status that is attributed to a group, which allows that group or estate to represent an aggregate of demands directed against currently existing society in its entirety. Both aim at a totalizing negation, but for Laclau, the one achieves it when a body, or set of bodies, represent universality directly, without any intervening political contest over that representative capacity. The second, in Laclau's view, "presupposes political mediation as a constitutive moment." Indeed, for Laclau, the link between the particular body or bodies, class or estate, or even identities more generally, and the universal task of emancipation has to be forged in some way. The one does not imply the other logically or causally; the link is always accomplished by a process of substitution. That substitution is contingent and transient, and even though it appears that the particular is now fused with the universal, that appearance is always impossible and, in that respect, illusory.

Let us return to Marx's first formulation, since if I have understood Laclau's criticism correctly, then the Proletariat are not the proletariat until they are constituted as such. There are workers who come together into cooperative associations and form a new collective subject formation precisely as the Proletariat, and so the very category of "proletariat" is one that is achieved and lost (overcome) in time. It is an historical category, and for the proletariat to emerge, some diverse group has to start to identify with that category and claim it as its terms. So it may be that there is already a synecdochal operation happening within the first formulation. Marx describes this process as the February phase of the 1848 revolution: disparate groups with diverse labour demands gradually or quickly coalesce, and they form as a "subject" that represents them as a unity, and so already forms part of what Laclau would call a hegemonic operation. The term "Proletariat" is not essential: it is not found *in* the body of those who gather under that sign, but they come to accept or acknowledge this term as what unifies them. In effect, it is only retroactively that the term gains the power to unify them. The term becomes regarded as unifying as well their particular interests with universal emancipation. So there is a process of substitution and condensation that happens in the very development of the proletariat, although that process is not relayed in the abbreviated account of the emergence of the proletariat supplied by Marx on that occasion. If we ask what brings those with labour demands together under such a rubric, we could proceed to answer sociologically, as it were, and see what the particular demands were, and how they came to recognize a common interest, and to build up a form of alliance that culminates in a term that names that unity. But there are at least two problems with that procedure. For Laclau, the first problem is that the name, the sign, - and let us use the name "Proletariat" - does not *describe* a pre-constituted sociological reality. It functions as a promise, or as a site of wish-fulfillment, even perhaps a dream of unity that is not realizable. It gathers its constituents and retroactively renames them through holding out the phantasmatic promise of unity and fulfillment. Sometimes he will name this function of the signifier its *jouissance*. The other problem with this formulation is that Marx starts with the sociological presumption that there are already, pre-constituted, different parts of society, and that one part comes to stand not only for its own liberation, but for the general liberation of society. So it would seem that a name and a categorical place is already in place for every part of society, and that all its parts are included in what we call society. But what if not all the parts of society are named? What if there are unnameable parts, parts that are disavowed or nullified or, as Rancière would say, a part that is no part?

If we go back to Marx's first formulation, we see that the power of the proletariat to negate property relations and all of existing society organized by property relations, depends on the fact that those who are called "the proletariat" have themselves been negated. They were first negated, and only on the condition of their own negation, do they now embody the principle of negation. That principle is not "immediately" part of who they are, or directly manifested by the bodies they are. Negation is laid in, as it were, as a defining and animating characteristic of an emergent group, an aggregate of some kind, that at some point or another coalesces into a unity, unified in part and retroactively by a name. Laclau is right to see the Hegelian dimensions of the first formulation, but is he right to reject that first formulation on the basis of its Hegelianism?

Here is my rejoinder: it is hardly by virtue of their bodies alone that an assemblage of some sort comes to call itself the proletariat. We could say that they constitute themselves as a unity by suppressing the importance of their differences. But is it not equally true that they come to embody a principle of negation because they have been variously negated in some way, without precisely being eliminated. So negated, we might say, they nevertheless persist in a modality of life. Such a concept bears resemblance to social death, or indeed to forms of partial living as a non-living creature, a paradox that is not exactly a contradiction, and that characterizes forms of human life under conditions of commodity fetishism, but under conditions of precarity more broadly. If a group called the proletariat, a group that assumes that name, comes to embody a principle, it is only because historically, their labour has been devalued, disposed of, exploited, and the conditions of labour have not yielded a livable wage or a livable life. So it is only because negation has already affected and formed such a partial subject that the subject is animated by a negating power, converts the negation done to that subject into a negation of the conditions of the world that produces that form of social death is itself nullified. For this formulation to work, it must be possible for the principle of negation to undergo a conversion which is not the same as a reversal. Negated, but not fully eliminated, a subject emerges which is organized by the desire to negate not only its own oppression, but the general conditions of oppression that call to be radically transformed. We could say that the transformation of those conditions precedes the emergence of the subject. But Marx is telling us, with the first formulation, something else? The emergence of the subject is the negation of those conditions. So negation is not the essence of the proletariat: negation is first attributed, and then converted, and the end-effect of that process of conversion is what is called "the Proletariat". The name is first adjectival and only later becomes a plural noun. And were its action to become completed, it would lose that name altogether, perhaps becoming "the people." Either way, it is the effect of an historical process, not an unmediated relationship.

Of course, Laclau has argued that the emancipatory action is undertaken by what is called *the people*, not the proletariat, and this also leads him to posit the ultimate value of populism, and to regard class struggle as having a more limited value: this is surely one of the most crucial differences from Marx, on to which we will return shortly. But before we do, we should return to the performative function of the name and its constitutuive temporality in order to better understand what is at stake in Laclau's preference of the one formulation of Marx over the other.

Whatever group, whatever assemblage, endeavors to take up revolutionary negation, in the first formulation, is not yet the subject called "the proletariat", but they become the proletariat, that is, they can only properly be named as such, through the collective action they take to overcome the broader conditions of oppression. This means that the name comes to characterize those who engage in the action, that finally, that action is named, and that the subject only comes into view at the moment of that action: without the action, there is no name, and though it may seem odd that the name brings a subject into being, it is that signifying action that achieves that performative effect. For Laclau, the name exercises the unifying force on an aggregate that coheres when it acts, but that loose group, as it were, becomes the proletariat when it acts decisively and negatively in relation to the existing regime of social and economic relations. For Laclau, without that signifier, the group does not exactly come together. The name exercises the power to unify an aggregate: disparate groups or identities minimize their own claims in relation to a larger emancipator project precisely because the name holds out the promise of a unified identity that appears to background, or subordinate, all differences. For Laclau, the name, that unifying signifier, functions both in an anticipatory and retroactive way; it induces the collectivity that it seems to name; it renames the various aggregates that have come together prior to, and in the course of, revolutionary action.

Marx seems to be less interested in how a set of groups comes to identify with the status of "Proletariat." He does, however, understand that that identification happens in the midst of negating action. So it is not the ideal of unity that compels them as much as the full-scale negation of existing social relations. Thus, for Marx, it is in the collective act of negation that the name arrives, not in the unified gathering of the revolutionary forces. Indeed, for Marx, the unification of the forces implies the large scale possibility of negation and emancipation. So the name, "the Proletariat", does not describe who the people are, but rather that very action by which a process of being negated converts into a negating power. Although "Proletariat" is the name for a collective subject, for Marx it is perhaps as well, or even fundamentally, a name for the conversion within negativity; those who are in part negated, or whose allies have been eliminated, or who live under conditions of social death, appropriate and convert the power of the negative to dismantle those social relations that rely upon, and perpetuate that condition of social death. The conversion of the negative performatively produces the Proletariat. This may seem like an economical Hegelian ruse, but perhaps all it does is name the moment of *uprising*.

For Laclau, if a political subject incorporates a principle of negation, transformation, or emancipation, that can only be the result of a self-attribution that is both contingent and transient. Is it different for Marx when he refers to a political subject who embodies such a principle? One could take the position that for Marx, history proceeds through a secular eschatology, and sometimes, at least, Laclau claims this is true. He is more interested in the Marx of the *18th Brumaire* in which anachronisms are suddenly animating a revolution than the Marx who understands historical development to proceed toward a fixed teleology in the future through the dynamic propulsion of contradiction. And yet, when Marx points to historical development of industrialization, for instance, as one way of accounting for the production of the proletariat, he is neither claiming that industrialization should be understood as the sufficient and necessary condition of the emergence of the proletariat, nor is he arguing that some cunning of reason is working itself out in and through both historical conditions and the human actions. Although we can all find different passages in Marx that support our various views, my point is simply that for those who have undergone the systematic negation of their work and their livelihood, they are acted on before they act, which means that the effects of an historical formation both continues and reverses in the critical and transformative acts that are called revolutionary. There is a break with the past, but from what source does the power of breakage emerge? Do revolutions not cite prior revolutions, recirculating their emblems and signifiers, calling upon a prior form of uprising in order precisely to rise again? That form of citationality may break with the original context, but also draw power from its symbolic currencies. Is this not part of the conversion of the negative by which the proletariat comes into being? If so, then the principle of negation embodied by the proletariat is implicitly composed of a history of revolutionary ruptures, sealed over and yet drawn upon with every new uprising. Can we understand negation not only as a logical principle, but as a sedimented practice bearing its own historicity – was this not the point of the *18th Brumaire* when Marx referred to "the world-historical conjuring up of the dead?"

Could negation not be, to use Laclau's terms, a practice at once sedimented and reactivated when it acts, when its acts turn out to repeat, reverse, or redirect a past either glorified or reviled? We have to be able to assume a heterogeneity that is not fully described by the language of class. He points to the fact that the *lumpenproletariat* emerge time and again in the writings of Marx as not the same as the Proletariat invested with revolutionary potential. And yet, this exclusion proves to be constitutive not only of the "Proletariat" Marx seeks to recognize and affirm, but the structure of class antagonism that is understood to function as the motor of a dialectical history. Laclau sides with Rancière on this point, namely, that heterogeneity precedes dialectical opposition, not only constituting dialectical history through its exclusion, restricting the idea of the political such that the most dispossessed and disparaged of peoples are excluded from its terms.

One might be convinced by the force of this argument to say, with Laclau, that Hegel is now clearly no longer useful. But of course the entire idea of a constitutive exclusion depends upon the notion of determinate negation. Or so it seems to me. Can there be a determinate negation of this view of dialectical history, and I would wager that there could, but that does not exactly answer the question of how to account for heterogeneity. If dialectical opposition and history suppress the heterogeneity of the people, then the second question emerges: how to form a unity from this heterogeneity? For Laclau, heterogeneity is not the basis of politics: the particular positions that constitute heterogeneity must be linked together, and one of them must substitute itself credibly for the general emancipator interests of them all. This is the operation of hegemony, and it depends on the retroactive and unifying power of the signifier. That signifier is wrought through a substitution that is in some sense false, since the part is not the whole, ontologically considered; at the same time, that signifier no longer functions in a descriptive way; it comes to represent the people, which is not to say that it represents all of them adequately. On the contrary, particularistic interests minimize their differences from one another as they form the chain of equivalence from which a part assumes the representative status for the whole, that is, for *the people*, and so the signifier of populism emerges.

Laclau's fundamental critique of Marx cannot, and should not, be set aside. My effort has been only to suggest that the first and second Marx are perhaps closer to the position of Laclau than we might expect, since once we understand the concrete temporality of negation in Marx's text, we can see that there is no perfect and unmediated incorporation of principle on the part of the Proletariat. It would be an overstatement to say that when the proletariat is the force of negation, a symbolic relation has taken hold, but when an aggregate becomes unified under a signifier that allows a part to stand for the whole, that is a metonymy that functions as a synecdoche, a part used to grasp together the parts to make a totality (in this way, precisely not the part that is no part – as Rancière would have it – but the part that comes to stand for all the other parts). It would seem that even the claim that a subject is the principle of emancipation has to give some account of how that ontological effect was achieved, and this brings us back not only to problems of rhetoric (how does substitution discursively establish ontological effects) but history (how does revival and rupture work in the anticipatory construction of the revolutionary subject?). But, of course, it is precisely on the topic of the revolutionary subject that Laclau and Marx differ more fundamentally, in my view. After all, populism is not the same as class struggle, and "the people" are a different kind of subject than "the proletariat." Laclau and Mouffe both have argued that the theory of hegemony has had to take into account new social movements where particular kinds of identities and demands are now in conflict with one another, and for whom new hegemonic signifiers are required. Would it be fair to say that "populism" is the hegemonic signifier for new social movements, or for that existing heterogeneity that can no longer be adequately grasped by the conceptual categories of class?

Laclau does not dispute the fact that "class" continues to describe various forms of domination and exploitation. The question is rather whether "class" can function as a signifier that can unify the various demands that belong to what he calls the chain of equivalence. Let us remember that various demands may well be in conflict with one another, especially within new social movements, but within Marxism and anarchism as well. Laclau writes that the Marxist view that sought to simply subordinate social structure to capitalism with the expectation that an antagonism between bourgeois and the working class would emerge as the final and decisive antagonism was mistaken. For Laclau, that view "misread what was going on in society" and faltered with theoretical inconsistencies. Indeed, the internal fragmentation of society could not be grasped by that version of antagonism. And, as he notes, "the splits between economic and political struggle became less and less politically manageable.[11]" In effect, the heterogeneous could not be homogenized. "The only possible alternative," he writes, "is to accept heterogeneity.[12]" And yet, even though that heterogeneity cannot be overcome, its constitutive parts can be articulated, or linked, within a hegemonic struggle. What, if anything, brings the proponents of those demands to link with one another, to find a condition of alliance? What do they rally around? And what signifier unites them, letting them minimize their particular differences and join in a popular struggle, that is a struggle to make and sustain the notion of "the people" over and against a set of powers, or a regime, that identified as the primary antagonist of political life. In a way, Laclau's political theoretical reflection emerges in the aftermath of a left discourse in which "class" could operate as such a unifying signifier, but there is nothing in Laclau's theory that precludes the notion that "class" could very well emerge as such a signifier in the future. The point is not whether "class" can provide an adequate description, but whether it functions as a part that can claim the mantle of the whole. For "class" to become part of a truly hegemonic struggle, would have to link with gender, race, precarity, and a host of other active and compelling signifiers to produce an alliance, a unity, a chain of metonymically connected signifiers and act as the unifying force that can only happen when a part, nevertheless comes to stand for, or repre-

---

[11] "Why Constructing a People is the Main Task of Radical Politics".
[12] "Why Constructing a People...", p. 662.

sents the whole. "...this is inherent to the central political operation we call 'hegemony'...the movement from...contingent articulation to essential belonging.[13]"

Let us remember that his task was to continue to reformulate and build the theory of hegemony. No signifier has this political capacity in advance; it gains its status neither through a claim to *a priori* structure nor by virtue of its ability to describe comprehensively all the various social and economic dynamics. As Laclau puts it, "everything depends on a hegemonic contest.[14]". And the major challenges to this form of hegemonic contest seem to be (a) the situation in which heterogeneity is simply accepted, whether lamented as a loss or applauded as an ideal, and (b) the management, containment, and hence domination of multiple differences by state and economic powers that effectively shore up their own hegemony through an administrative power that neutralizes the potential counter-hegemonic force of that heterogeneity. Some part has to act as the whole, which means that hegemonic struggle relies on a synecdochal function that produces a symbolic effect. We belong to one group and we happen to arrive at the public square next to another, and we are not sure whether or not we belong together, but we are both at the square.

Let us think about Taksim Square in Turkey in 2013, for instance, in which the group defending public water rights arrives with the radical anarchists, and they are joined by revolutionary Marxists, feminists against sexual harassment, the emerging LGBTQ movement, a rush of fans from the soccer team along with the Kurdish mothers who are asking the state to supply documentation about the disappearances of their sons, and a substantial number of activists who want to save the trees and the public status of the park against an elaborate privatization effort sponsored by the state. At the point of arriving, they are quite literally related contiguously: they are spatially next to one another, some of them for the first time. They are occupying the square, and in some sense that square, and its name, Taksim, functions as a fo-

---

13 "Articulation and the Limits of Metaphor", p. 8.
14 "Populism: What's in a Name?", p. 9.

cus of opposition that allows for this contingent collection of disparate demands. Is Taksim the signifier, or is it by virtue of the struggle to lay claim to the public as the people, that a certain populist possibility emerges. If we claim that the power of Taksim square, a power that relies on its own important political history, is re-activated when demonstrations took place there, we have to understand how the square has achieved such symbolic power. Is it the name, "Taksim", is it the materiality of the square, and the historicity of popular resistance that the square recalls, reanimates, and signifies, a social history that acts on, and through, the present desires of the people in refracted and enigmatic ways? Indeed, is there a past that acts on those assembled in an unwitting way, perhaps an in involuntary way, implicating the assembled in a history that is carried more or less unconsciously (I take it that this was one of the important points from Marx's *18th Brumaire* – the vital and unexpected emergence of an anachronism as part of a popular uprising). The square is sedimented with history, and yet, is it also an "empty signifier" whose very capacity to unify disparate demands works for the moment precisely because it is empty? In Laclau's view, "the so-called 'poverty' of the populist symbols is the condition of their political efficacy."

The square emerges as an empty signifier in the sense that it can become the site of a new investment, but perhaps it is the place where older longings flood the public sphere. The occupation of the square can be understood as a re-signifying political practice that calls upon a history, interesting enough, a history of repeated rupture with authority, recalling and remobilizing that history in the name of a new rupture which is not reducible to any of the prior ruptures? *And is it something in or of the subject that actively re-animates the past, or are we, as subjects, always re-animated by a past we cannot fully track or know?* We could say that the square or the name of the square becomes a site of radical investment, but when we do say that, we imagine that investment, which includes forms of identification and idealization, all proceed from the human subject and the psychoanalytic structure of wish-fulfillment. The fact that no signifier ever makes good on its promise to provide the place of "essential belonging" seems to follow from the fact that the imaginary solutions for desire can never produce the unity they promise. This is important for Laclau, since it keeps the hegemonic struggle open-ended, establishing every totalization not only as false (the part does not, and cannot, really become the whole) but as incomplete (that final satisfaction is not really attained, and certainly not sustained, except in transient moments.) But can this account of radical investment suffice for an account of the power of the assembly, the demonstration, the coalition or alliance, or even for the articulation of left movements and their internal conflicts? After all, if the subject is formed in part through being "invested in" by historical discourses of desire, loss, and reparation, then how do these later re-appear in the kinds of emotional investments that any subject may make? How do we account for the historical dimension of investment, the emotional binds into which we are born, and the historical forms of desire and longing that precede and form us? To answer this question well, we might have to return from Lacan to Freud, but also to note that the structure of wish-fulfillment and its impossible objects belongs to the early Freud of *The Interpretation of Dreams*, failing to take account for the later development of the death drive (1920) which, after all, is concerned with destructiveness and "unmaking" at both the personal and the political levels.

I cannot pursue that thought fully in this essay, but I want to note that we may have to account for why the anachronistic emerges so powerfully in the midst of present desires, but also how place and history function in the reproduction of fundamental forms of longing, disappointment, idealization and disillusionment. Prior to investing in any object or ideal, I am already interpellated or addressed so that I am formed by various longings that are not mine, that are, from the start and perhaps for all time, foreign to me, and that establish an unconscious matrix of desires from which I, as a subject, emerge[15]. Before I act on anything, before I invest in anyone or any ideal, this "I" is already acted on; in fact, only by being acted on can I emerge as an "I" at all; and so,

[15] Jean Laplanche, "The Drive and the Object-Source: Its Fate in the Transference," in *Jean Laplanche: Seduction, Translation, and the Drives*, eds. Fletcher and Stanton, London: Institute of Contemporary Arts, 1992.

in this sense, I am inserted into, we might say, a signifying chain that I never chose, and that chain takes me up and acts on me quite involuntarily, producing a set of conflicts without which psychic life would be unthinkable. And does this formation of the subject implicate us in social relations that we never chose and that are nevertheless crucial for our survival.

When those gathered at Taksim, or indeed, those who recently gathered at Syntagma in Greece, or in the favelas of Brazil, or in the Black Lives Matter movement produce the caption for their action, holding signs, chanting slogans, or writing manifestos, they operate within discourse as we are used to understanding it. But does it matter as well that they arrive in bodily form, standing together at the square, and in relations of bodily contiguity, relying on one another in the face of police violence, compelled to assist one another, or to produce the human barricade? Many of those groups had never met outside the square, and some of them had never seen Kurdish mothers at all. A rupture in the order of the visual field had taken place, at least for a time.

It probably was not altogether comfortable for the soccer fans to stand next to the drag queens in downtown Istanbul, and yet a set of tentative identifications were formed in the midst of such anxieties among groups that had never been articulated with one another before. I am not sure one group became the social representative of the entire group. Perhaps the signifiers "Taksim" or "Gezi" – the names of contiguous spaces worked in that way, or perhaps the exciting oscillation between the two adjacent signifiers was most important. We could say there was a clear demand, "Save Gezi Park from Privatization", that unified the effort, that the part became the whole, but even then the "whole" exceeded that signifier, and the signifiers shifted several times, expanding and morphing into a movement to counter the violence of the police and security personnel, the corruption of the courts and the complicity of the media, the practices of indefinite detention, the killing of pedestrians, the authoritarian character of the state and its leader, a call for popular resistance and freedom of assembly, and the true realization of democracy. We might say, with Laclau, that the absence of a unifying signifier explains the evanescence of the movement. That may well be true.

How much finally can we ask of the signifier? We can discern the signifiers in the mobilization, and we can even formulate in propositional form the demand that the signifier seeks to make; we can as well track the retroactive unification of the chain of equivalence as a performative way of producing "the people" and establishing a populism at the level of the popular imaginary. But does this account for the powers of signification, or the relation between power and signification? After all, there are modes of signification that do not take propositional form, and the performative, which is often gestural or dramatic, is one of them. Sometimes it is propositional, for sure, but other times gestures, movements and concerted embodied actions signify in ways that do not reduce to propositional claims. If we stay with a concept of "representation" that requires that all demands take propositional form, do we overlook those other forms of signification that operate politically in forms of assembly, and in democratic mobilizations? The point is not to celebrate some "immediacy" of bodily life. That view misunderstands those forms of embodied signification that are so crucial to understanding how forms of gender hierarchy are lived, and how modes of racism become incorporated in racial schemas of the body. If performativity is not fully reducible to a propositional form, but characterizes as well the social reproduction of embodied life according to norms of gender, race, class, individualism and civilization, then embodied actions, understood as discourse and power, are also crucial ways of renegotiating hegemony.[16] Indeed, social and political forms of domination depend on the regulated reproduction of the embodied subject to extend their own hegemony.

Political forms of performativity are certainly not restricted to embodied action, but no account of political performativity will be persuasive without demonstrating how forms of power manage and incite embodied life, including trajectories of desire, the

[16] I am grateful to Leticia Sabsay who raises important critical questions on this topic in "Permeable Bodies: Vulnerability, Affective Powers, Hegemony" in *Vulnerability/Resistance: Rethinking Feminist Theories of Agency*, Duke University Press, 2016.

mode and possibility of movement and stasis, the regulations on gathering, the incitements of acting together. Laclau's rhetorical analysis can certainly enter here, showing us the structural conditions for gathering and acting. But we will need another component to that analysis to explain, for instance, "being moved" without which we cannot have a concept of mobilization, much less an account of *democratic* mobilization. We are not only creatures who look to have our desires for essential belonging objectified in the political world. We also rail against those social bonds that seek to capture us, and sometimes come to resist those very forms of unity for which we have longed and struggled. This is perhaps one way that the death drive enters into the equation, for which we must find rhetorical structures by which the common world is undone.

Of course, we have to be aware of the inhuman and unwilled dimensions of mobilizations, the spatial history of where and how we congregate, how architecture acts upon us in complex and ambivalent ways, the social histories that our bodies carry in their desires and longings, and the various forms of socialities that produce, or fail to produce, the very possibility of hegemonic articulation. This in no way discounts the power of rhetorical analysis – but it does expand the field of its operation into new domains.

I tried to suggest that Marx begins with the assumption that the worker has suffered a form of negation, and has, in Hegelian terms, suffered the negation of his or her own existence, but in such a way that the work still somehow lives on. In economic terms, we would call this "bare subsistence". But it is more, since it is living at the level of bare subsistence knowing that subsistence will only become more difficult to secure, so living within a steadily contracting horizon of livability. If the worker converts this power of negation, that is, rising up with others in a structurally similar situation, to negate the conditions that negate their very capacity to subsist, then they are taking back, re-embodying, and re-purposing that very power of negation. They are, we might say, part of the signifying chain of negation. If so, can we then see that this is not an "immediate" embodiment, but a highly mediated one, indeed, a re-incorporation of negative power for the purposes of overthrowing the conditions that preclude livability?

Secondly, does this idea of embodiment help us to understand what happens within mobilizations when a call or demand assumes the form of a concerted bodily practice. It would be a mistake to understand the call or demand as merely a propositional form, or to say that it operates at the level of "representation" that is fully abstracted from the embodied forms of its signifying. Signification exceeds representation, and has embodied forms (as we know from performance studies) as well as verbal and written manifestations. Our bodies are ordered – and disordered - by powerful networks of signification that form our very sense of embodiment, socially shaping the bodily schemas in which we live and work and love. When we demonstrate against precarity, we are "saying" that precarious conditions are unlivable, but if we hope to give some semantic content to the claim of "unlivability", some portion of us have to arrive within public view, effectively to present the bodies that are affected by such policies through a self-referential gesture. This might be understood as the deictic dimension of bodily self-reference that takes place in any given demonstration or mobilization. It is what Laclau would call "a demand." There is self-reference in this action: it is this body, or these bodies, who both suffer and resist, at risk of losing the conditions of subsistence, and who are linking with one another in order to secure the conditions for subsistence and flourishing in the course of a struggle for equality and justice. We can translate what is happening on the street into such propositions, and perhaps we feel that only at such moments do we "grasp" the meaning of such actions. The proposition distills and clarifies the action. But the representational status of language is supplemented, and qualified by the performative dimension. But if there were no framing and circulation of the action in its collectively self-referential moment, a moment, we might say, in which bodies struggling in collective fashion appear, signifying that they exist still, lay claim publically to that right to appear and subsist and, indeed, to flourish, then we fail to understand the meaning of the proposition at all.

When Laclau defines hegemony as "a relation of transient and contingent incarnation," and democracy as the "type of regime which makes fully visible the contingent character of the hegemonic link," he opens the way to understanding how relations established between any number of disparate political claims may well become embodied in the course of their contingent articulation. And yet, what might change in his theory if we understood bodies as both constrained and animated by both discourse and power? These are among the broader questions that I would pursue with him if I could, and I am sad that I cannot once again engage in that invaluable form of agonistic encounter that so many of us had with Ernesto Laclau. That would include perhaps a debate about discourse versus representation, and how embodied the signifier, if not the chain of signification, can be, or what "the people" are or "could be" and how to move beyond what he called the "egalitarian imaginary" – a place where I think I probably dwell. I can imagine him criticizing me precisely on this point, and he may well be right.

Perhaps as we try to fathom how to continue to think politically in the aftermath of this very terrible loss, and in light of this time in which forms of the left are resurging, and others seem very lost, we might ask about how hegemony can still guide us. Laclau never said that class was no longer part of politics, but only that conflicts among classes cannot now be understood in terms of a class struggle that can by itself lay claim to the political field. For us, we are left with understanding how precarity relates to class, and how both relate to any number of struggles against domination and exploitation, including feminism, LGBTQ movements, anti-racism struggles, the ongoing fight against fascism, restrictions on immigration that have life and death consequences, and activism against security and surveillance, the prison industry, ongoing forms of colonial domination, as well as neo-liberal economic and administrative forms of power, that could not have been predicted or described by earlier economic theory.

When I used to ask Laclau whether rhetoric or logic, or even theory, could be in some sense prior to social practice or historical process, he would say that my very capacity to identify a practice or a process depends on a theoretical presupposition, a conceptual capacity to grasp the phenomenon in this or that way. I agreed with him, and it always came as a great relief to hear this great thinker of Marxism insist upon this point. For him, this was not a linguistic idealism, as some of our common opponents would say. It was rather a precise and subtle understanding of how language enters at the most basic levels of perception, event, practice, and process, including economic process and the determination of every materialism. If rhetoric is a foundation, it is not for that reason stable and knowable through time. It is, I would suggest, a post-foundational foundation, if we may speak that way in order precisely to foreground the contingent and transient character of the political formations that make or break our world. When "the people" emerge, they are generated, and generate themselves from a condition of disparate interests and identities. Whatever grounding they have is to be found precisely in the movement they make together. That we can describe and analyze the rhetorical structures of hegemonic articulation means that we have now, with Laclau, brought together a political and linguistic understanding of articulation that most definitively overcomes the division between language and materialism. Where potential or actual division persists, however, is precisely among those links in the chain of equivalence, for they can separate or re-unite, and this marks their contingency and their freedom. Laclau surely confirmed that "the people" do not belong to a metaphysics of the subject – we cannot look outside their articulation to find the grounding for their unity. There remain forms of ambivalence within the relations that bind, but in moments of popular emergence and opposition, that ambivalence moves into the background, and conflict becomes clearly situated in the opposition to hegemonic power. Of course, there is a necessary agonism at the heart of antagonism. My relation to Ernesto Laclau had its agonism, but that meant only that I was with him, engaged at the most urgent levels of thought, as I still am, persisting in my own style of solidarity. I was, and still am, ever grateful for his incitation to continue to think the political conditions of our times. [17]

References from Ernesto Laclau:

"Democracy and the Question of Power", *Constellations*, Vol. 8, no 1, 2001.

"Populism: What's in a Name?" in ed. Panizza, *Populism and the Mirror of Democracy*, London: Verso, 2005.

"Articulation and the Limits of Metaphor" in *A Time for the Humanities*, eds. Bono, Dean and Ziarek, New York: Fordham University Press, 2008.

"Why Constructing a People is the Main Task of Radical Politics", *Critical Inquiry*, Vol. 32. #4. 2006. pp. 646-680.

On Populist Reason, London: Verso, 2005, pp. 129-172; *La Raison populiste*, traduit par Jean-Pierre Ricard, Paris : Seuil, 2008.

On the Rhetorical Foundations of Society, London: Verso, 2014

[17] I thank Hayden White for his editorial suggestions on this essay.

Etienne Balibar,

Professeur émérite (philosophie),
Université de Paris-Ouest Nanterre

Anniversary Chair in Modern European Philosophy, Kingston University London.

Laclau, Hégémonie, Europe[18]

Cet hommage à Ernesto Laclau, ou plutôt ce souvenir d'Ernesto et avec lui du « temps » et de « l'espace » que nous avons partagés (toujours aussi avec Chantal, qui nous avait présentés l'un à l'autre dans les années 1970), je voudrais les construire dans la forme d'un débat avec lui – comme toujours situé dans *l'actualité.* C'est elle qui dicte le changement apparent dans l'objet de l'exposé que je vous avais annoncé. Car je ne veux pas discuter des « équivalences » et de l'hégémonie *en dehors* du problème de la crise de la politique aujourd'hui en Europe (à la fois conséquence et obstacle pour la « construction européenne »), et de ce que, m'inspirant de Gramsci, j'appellerai l'*interregnum* dans l'histoire de l'Europe où nous nous trouvons depuis la fin officielle de la Guerre froide en 1989. Pour Ernesto, l'Europe a toujours été un champ de réflexion et d'intérêt privilégié, en même temps que l'Amérique latine et en confrontation permanente avec elle.

Des alternatives s'esquissent, des conflits se prolongent et se transforment : qu'est-ce que Laclau (indissociable de Chantal Mouffe) nous permet de comprendre et d'anticiper par rapport à ce devenir ? Telle était mon interrogation initiale. Mais discuter de leur apport potentiel à l'affirmation d'une « nouvelle gauche » en Europe est encore plus significatif aujourd'hui – après le résultat des élections municipales espagnoles (en 2015), même s'il

[18] Contribution au colloque *Hégémonie, Populisme, Émancipation. Perspectives sur la philosophie d'Ernesto Laclau (1935-2014)*, Collège International de Philosophie, Paris, 26-27 mai 2015.

faut comme toujours le prendre avec prudence – parce que beaucoup plus que Syriza (même si Syriza représente pour nous un grand exemple et un grand espoir).[19] La situation espagnole est virtuellement généralisable à une grande partie de l'Europe. Coïncidence ? Dans son numéro du 26 mars 2015, le journal *Die Zeit* sous la plume de Gero von Randow publie une grande enquête sur ce qu'il appelle des « révoltes imaginaires » (*Aufstand im Kopf*) en Europe, désignant en Laclau et Mouffe les inspirateurs du nouvel extrémisme (*Radikalismus*) qui, à la faveur de la crise, menacerait la démocratie institutionnelle et alimenterait la conjonction des extrêmes. La notion indéterminée de « populisme » joue naturellement un grand rôle dans cette analyse comme dans d'autres qui se sont multipliées au cours de la dernière période. C'est pourquoi je commencerai par revenir sur les usages qu'en propose Ernesto Laclau.[20]

Populisme « empirique » et « transcendantal »

Il y a clairement *deux usages* du concept de populisme, épistémologiquement distincts. D'emblée Laclau les oppose. Il dénonce la crainte des masses dont fait partie le discours sur la « convergence des extrêmes » (et des extrémismes), et de leur collusion anti-démocratique. Mais cette dénonciation implique-t-elle symétriquement une apologie, voire une idéalisation des masses, en tant qu'elles se veulent (et à l'occasion se nomment)

---

[19] J'avais rédigé et prononcé cette intervention après le résultat des élections municipales espagnoles, malgré le succès des listes « alternatives » de *Podemos* (dont beaucoup, même *a priori* favorables, avaient douté). Je la revois pour publication après la dramatique « conclusion » des négociations entre l'Union européenne et le gouvernement grec (2015), dans lesquelles celui-ci, malgré l'appui massif dont il dispose auprès de la population de son pays, a été obligé d'accepter les termes humiliants et destructeurs d'un *diktat* dont les conséquences sont encore imprévisibles. Voir, provisoirement, les éléments d'analyse que j'ai proposés avec Sandro Mezzadra et Frieder Otto Wolf : https://blogs.mediapart.fr/ebalibar/blog/190715/etienne-balibar-sandro-mezzadra-frieder-otto-wolf-le-diktat-de-bruxelles-et-le-dilemme-de-syriza

[20] J'ai déjà abordé cette question, mais hors contexte, dans mon compte-rendu du livre *On Populist Reason* : cf. E. Balibar, *La proposition de l'égaliberté. Essais politiques* (1989-2009), PUF 2010 (chapitre 7 : Populisme et politique : le retour du contrat ? (sur Ernesto Laclau)).

« le peuple » ? En d'autres termes comment fonctionne la négation de la négation ? Souvenons-nous ici de la perplexité qui en a saisi beaucoup lorsque, dans les manifestations de Leipzig et de Berlin en 1989, la revendication de la souveraineté populaire (« Wir sind das Volk ») a fait place à celle de l'unité nationale (« Wir sind ein Volk »). « Empiriquement », cette ambivalence est incontournable, elle est la matière même de la politique, en tant que celle-ci se tisse d'idéologie. Mais transcendentalement elle peut être dissipée, ou plutôt expliquée de façon critique.

En politique, on prend parti, donc on prend le risque de l'errance, mais on doit aussi chercher la clarification, et quand on s'exerce à la théorie, chercher à en donner à tous les moyens. Je ne discuterai pas ici des engagements de Laclau en Amérique latine (et dans son propre pays, l'Argentine), dont je n'ai pas tous les éléments pour juger. Mais je soulignerai que, sur cette base, Laclau s'est élevé à la construction d'un « populisme transcendantal », qui a pour noyau conceptuel la *construction de l'hégémonie*, ou mieux du *conflit d'hégémonie(s)* en tant que ressort de la politique moderne. Cette construction est inséparable du problème démocratique dans son acception « radicale », en tant qu'il comporte nécessairement deux versants : l'expression ou représentation des « demandes d'émancipation », c'est-à-dire des multiples *voix* du peuple, mais aussi l'articulation et l'unification de leur diversité dans le cadre d'une *alternative de pouvoir* et donc d'un *antagonisme*. Cette articulation comporte nécessairement une tension résiduelle (que je suis tenté de dénommer, dans la terminologie de Machiavel, le « conflit civil », ou la « civilité du conflit »). Dans son œuvre théorique, Laclau a bien montré qu'il doit subsister une « contingence » entre la composition même des intérêts et des revendications (« demandes ») qui entrent dans une chaîne d'équivalences, et la représentation du « peuple » dans le conflit politique, qui se fait au moyen d'un « signifiant » unique. C'est pourquoi la construction hégémonique peut être dite démocratique sur deux faces : en tant qu'elle reproduit et élabore du *dissensus* au sein de l'espace politique, et en tant qu'elle exprime dans un code *unitaire* un *pluralisme* des mouvements d'émancipation ou de résistance. De façon très intéressante, la « dialectique » de Laclau n'est donc ni une dialectique du *Un* et du *Deux* (unité et division), ni une dialectique de l'*Un* et du *Multiple*, mais une dialectique du *Deux* et du *Multiple*, dans laquelle s'opposent entre elles différentes sortes d'unité ou d'universalité.

On peut se demander pourquoi appeler « populisme » le mouvement concret (articulant du réel et de l'imaginaire) qui porte une hégémonie contre une autre, et quelle est sa relation avec ce que, naguère (dans *Hegemony and Socialist Strategy*), Laclau et Mouffe avaient appelé « socialisme ». Une partie de la réponse se trouve évidemment dans la reprise et l'adaptation de la catégorie gramscienne de la « volonté national-populaire », et à travers elle (contre la vision « classe contre classe » reprise au contraire par l'*operaismo*) dans l'héritage de ce qui caractérisait la conception « frontiste » de l'antagonisme dans la tradition communiste. Gramsci lui-même, quitte à essayer d'en repenser complètement les fondements, se situait clairement de ce côté. Je reviendrai plus loin sur les conséquences de l'adoption *a priori* du cadre national pour poser le problème politique, qui ne saurait être neutre. Mais on peut supposer aussi qu'un des objectifs de Laclau est de disqualifier les exemples au moyen desquels le discours bien-pensant qui invoque la convergence des extrêmes est mis en circulation. La plupart des « populismes » empiriques désignés par le journalisme et la science politique n'en sont pas au sens transcendantal construit par Laclau, de sorte qu'il apparaît une profonde dissymétrie là où ces discours communs voient une symétrie formelle et peut-être substantielle.

Pour ma part, je pense néanmoins que le « court-circuit » entre le populisme empirique et le populisme transcendantal n'est pas entièrement évitable, sauf à rendre compte au niveau « transcendantal » lui-même de *l'ambivalence* caractéristique des références au peuple, qui prête à leur instrumentalisation un sens opposé. Mais on peut vouloir compliquer encore davantage la configuration discursive. Dans la phase actuelle de « crise » de la construction politique européenne, j'ai soutenu (dans un débat à Athènes avec Yannis Stavrakakis), que le phénomène le plus frappant (et le plus inquiétant pour la démocratie) est le développement d'un « populisme du centre », qui est un populisme d'État politiquement « passif » (au sens de Gramsci) : essentiellement fondé sur la représentation d'une division entre « peuples créditeurs » et « peuples débiteurs » (donc implicitement travailleurs et consommateurs).[21] Cette promotion organisée des intérêts du *contribuable* allemand, français, néerlandais, finlandais, etc., censé devoir supporter les « fautes » (*Schulden*, qui en allemand signifie aussi les « dettes ») des mauvais citoyens de l'Europe du Sud (alors que les déficits viennent essentiellement de spéculations bancaires et les crédits publics retournent aux banques), est redoublée par la défense de la forteresse Europe contre un « terrorisme » généralisé dans lequel on inclut aussi l'immigration, les demandeurs d'asile, les musulmans. Ainsi se trouve dessinée une ligne de démarcation à la fois violente et incertaine entre « eux » et « nous », dont l'enjeu est de savoir qui est *légitimement européen* en « Europe ». Ce n'est pas l'instrument d'une politisation démocratique des conflits, mais d'une antipolitique contre laquelle doit se constituer un « radicalisme » que, dans la conjoncture actuelle, je préférerais appeler pour ma part un *contre-populisme*, mais dont la procédure constitutive est bien celle d'une construction hégémonique et conflictuelle.

La question du « politique » dans l'Europe actuelle

Je me pose alors la question de savoir comment on peut utiliser une problématique comme celle de Laclau pour analyser le statut extrêmement contradictoire de la politique de masse dans l'Europe d'aujourd'hui, considérée comme un espace historique aux limites indéterminées dont la construction même est suspendue à l'issue d'une bataille inachevée entre des formes « anciennes » et « nouvelles ». La politique au sens fort d'une confrontation stratégique entre des alternatives devenues conscientes d'elles-mêmes y fait largement défaut, et pourtant c'est à partir de ce défaut qu'il faudrait diagnostiquer des possibilités d'invention démocratique. Je propose de partir pour cela de trois données :

---

[21] Cf. Athènes, débat du 5 mai 2015 à l'Institut Culturel français entre E. Balibar et Y. Stavrakakis : « *Du populisme au contre-populisme: histoire et stratégie* ». Voir aussi nos contributions au numéro 54, 2013/2, de la revue *Actuel Marx* : « Populisme/contre-populisme ».

1. On assiste aujourd'hui en Europe (comme dans d'autres parties du monde) à une crise désormais très avancée de la démocratie « formelle », qu'il vaudrait mieux décrire plus largement comme un processus de dé-démocratisation et de délégitimation affectant aussi bien les « anciens » pouvoirs (nationaux) que les « nouveaux » (supranationaux). Cette crise affecte en particulier les systèmes traditionnels de représentations des « masses sociales » (comme disait Hegel) ou des « parts » (au sens de Rancière), donc le fonctionnement des *partis* politiques. En Europe aujourd'hui toute « masse » ou « part » est tendanciellement divisée en elle-même et contre elle-même : qu'il s'agisse de la classe ouvrière, des fonctionnaires, des « intellectuels », de la « bourgeoisie », des « communautés nationales » elles-mêmes…

2. Cette division engendre une ambivalence intrinsèque des mouvements ou des tendances qui expriment ce que Laclau appelle des « intérêts » ou des « demandes » : c'est à ce niveau primaire qu'il faut situer l'oscillation entre extrême gauche et extrême droite, ou mieux entre mouvements d'*indignés* autogestionnaires et néofascismes nationalistes – en particulier dans les classes « populaires » aux faibles ressources dont l'existence est déstabilisée par la crise. Ceci confirme l'élément de « contingence » dont parle Laclau : il n'y a pas de *détermination* économique ou de *destination* politique unique des opinions ou des discours qui *partagent* la société.

3. Énoncer une telle thèse ne veut pas dire qu'on « oublie la lutte des classes », ou le capitalisme devenu aujourd'hui pression néolibérale mondialisée. Mais cela veut dire qu'on doit tenir compte du fait que la *polarisation* accélérée de la société n'engendre pas une simple « scission » en masses sociales séparées ou séparables (que ce soit selon une proportion 50/50, ou selon la désormais mythique antithèse des « 1% » et des « 99% »). Les phénomènes d'endettement, de précarité, de dépendance, caractéristiques du capitalisme néolibéral, produisent en effet une interdépendance et une interpénétration conflictuelle. La question se pose aussi (sans réponse générale, évidemment) de savoir si les « pauvres » ont plus intérêt à se débarrasser des « riches » que les « riches » à se débarrasser des « pauvres »... Qui, tendanciellement, est « superflu » ? De ce point de vue, Laclau et Mouffe ont

eu, je pense, raison de reprendre à leur compte une importante idée de Carl Schmitt (exprimée chez lui dans le langage du « mythe ») : le problème politique n'est pas seulement d'intensifier le rapport ami/ennemi, mais de le *configurer*.[22] C'est le problème du « discours » politique dominant, ou de la constitution des « identités discursives » antagoniques dans l'Europe d'aujourd'hui. Ma conviction à cet égard est qu'il ne peut pas suffire (même si c'est nécessaire) de désigner un « ennemi » comme la corruption, la délocalisation, l'austérité, le « néo-libéralisme », la technocratie (ou ce que Habermas appelle le *postdemokratischer Exekutiv-Föderalismus*). Il faut un *programme* inséré dans une « invention démocratique » au sens de Claude Lefort : droits, mouvements, insurrections s'insérant dans une proposition institutionnelle, et formant avec elle ce que Sandro Mezzadra appelle un « moment constituant ». La forme commune ne peut être que celle d'une *Europe alternative*, se dégageant de l'Europe actuelle par un conflit interne prolongé. [23]

Mais, demandera-t-on, pourquoi localiser la question de l'alternative hégémonique *en Europe* ? Ou pourquoi la nommer de ce nom (« européenne ») ? À ce niveau se situe sans doute le clivage qui organise les autres.

Quelles équivalences, quelle « appartenance » ?

La question de la différence entre populismes empiriques et populisme transcendantal – dans lequel on pourrait voir aussi le *concept régulateur* du « conflit d'hégémonies » - est surdéterminée par la division interne à l'idée même de « peuple » telle que l'exprime le couple *ethnos/demos* ; entre le nationalisme et le démocratisme, donc l'appartenance collective et l'exigence d'une participation de la masse à son propre gouvernement.[24] Ces deux versants de la

---

[22] Voir en particulier l'essai de 1923, qui compare les « forces » politiques respectives du socialisme et du fascisme en tant que modalités de définition du rapport ami/ennemi : *Die geistesgechichtliche Lage des heutigen Parlamentarismus.*

[23] Voir Sandro Mezzadra : « Per un movimento costituente europeo », http://www.euronomade.info/?p=71

[24] Sur l'évolution des significations de cette antithèse et son insertion dans un paradigme plus vaste, cf. E. Balibar, « Demos – Ethnos – Laos », in B. Cassin

« souveraineté du peuple » ne sont jamais réconciliés mais jamais vraiment séparables non plus. Ce qui veut dire qu'historiquement l'un s'exprime dans le langage de l'autre ou se substitue à lui de façon à produire des effets qui ne sont pas prédéterminés. Choisir l'Europe « à venir » ou l'Europe « alternative » comme horizon politique de résistance et d'émancipation en Europe, donc la déconstruction et la reconstruction des institutions actuelles plutôt que leur disparition, c'est décider contre le « souverainisme national » sous ses différentes formes actuelles (y compris les formes de gauche, qui se présentent dans un langage « marxiste » ou socialiste). Cette décision prédétermine le type d'hégémonie que l'on recherche. Mais on voit bien par exemple, en comparant la rhétorique de J.L. Mélenchon en France avec celle d'A. Tsipras en Grèce (qui, il est vrai, ne se trouvent pas dans la même situation), que les équilibres entre les deux composantes sont fluctuants. D'où la question que nous nous posons inévitablement : ce choix est-il « rationnel » ? Ou bien relève-t-il d'un « pari » ? C'est ici qu'on peut tenter un détour théorique par les ressources que nous pouvons tirer de Laclau.

D'un côté on peut soupçonner que la définition du conflit d'hégémonies – de même que, plus explicitement, chez Gramsci, l'idée de « volonté national-populaire » - présuppose un cadre historique, territorial et culturel *donné*, donc à la fois prédéterminé et destiné à demeurer inchangé dans l'analyse et pour la stratégie politique, qui comporte en particulier une *langue commune* pour les « formations » et les « identités » discursives. On pense ici à l'objection – il faut bien le dire très solide – d'adversaires du fédéralisme européen (comme Régis Debray), pour qui l'absence d'une *langue européenne commune* est un obstacle insurmontable au développement d'une démocratie européenne (ce qui n'est pas un argument « ethniciste » puisque la langue commune est d'abord l'instrument de la communication populaire, non limitée aux élites plus ou moins polyglottes).[25] De son côté, Judith Butler, dans son

et al., *Dictionary of Untranslatables*, Princeton University Press, 2014. Et Carré, L., Berns, T. (dir.) (2013). *Noms du peuple*. Paris: Kimé.

[25] Voir les objections de R. Debray à la construction européenne : *Éloge des frontières*, Gallimard, 2010 (Umberto Eco avait proposé contradictoirement de considérer que « la langue de l'Europe est la traduction »).

intervention liminaire au cours de notre colloque, a parlé d'un *referential background* qui doit être historiquement « sédimenté ». La question est donc de savoir si un tel cadre est extensible, et à quelles conditions ? Est-ce qu'il peut exister simplement comme un « horizon d'attente » ? Est-ce que la construction européenne a produit une interdépendance matérielle des peuples qui soit suffisamment irréversible pour former un cadre en même temps qu'un enjeu ? Est-ce qu'on peut, *par analogie* avec un espace et une formation nationale, supposer que le conflit hégémonique *prend place* à l'intérieur d'un espace « postnational » (ou supranational) largement virtuel entre des politiques antithétiques ? On voit bien que ces questions ne font en réalité que déplacer le problème, car du point de vue de Laclau, à juste titre, le conflit a pour enjeu le fonctionnement, l'utilisation et la définition même d'*institutions réelles* et du « pouvoir » qu'elles matérialisent.

De l'autre côté on peut s'appuyer sur la *négativité* que Laclau inscrit dans sa définition même du « peuple » : le peuple tel qu'il le conçoit, en effet, n'est pas seulement *construit*, mais il est toujours encore divisé, et donc il « manque » à sa propre représentation mythique comme une identité ou une substance homogène. Pour exister historiquement, il faut justement qu'il soit partagé entre des productions identitaires de substitution et des inventions démocratiques visant une communauté de citoyens proprement « insurrectionnelle » fondée sur leur propre participation (ce qu'exprime le mot d'ordre et le nom même du mouvement espagnol : *¡ podemos !*).

Toute la question, on le voit, est de savoir dans quelle mesure la prise en compte simultanée de ces deux apories équivaut à une stratégie politique, ou du moins à une orientation. Si l'on demande *qui peut se réclamer de Laclau dans la « gauche de la gauche » européenne* actuelle, en dépit de certaines apparences, je pense que ce ne peut pas être le discours du souverainisme, même « de gauche », pris dans une sorte de *mimétisme populiste* avec le nationalisme. Mais ce pourrait être un « contre-populisme européen », fondé sur la mobilisation de mouvements débordant le cadre « corrompu » des systèmes représentatifs de délégation du pouvoir aux « élites », *en même temps* que sur la critique du nationalisme identitaire (y compris dans sa forme « nationale-sociale »).

L'impératif stratégique qui se dessinerait alors serait celui - rien moins qu'aisé à mettre en œuvre – d'une *lutte sur deux fronts*, correspondant à une hégémonie d'un type nouveau, postnational et d'abord tout simplement international, pour sortir de *l'interregnum* européen par une nouvelle construction historique de l'institution politique. Cela suppose qu'on surmonte l'opposition traditionnelle des deux façons de penser le conflit, soit comme antagonisme des États-nations entre eux, chacun mobilisant son « peuple » contre les autres, soit comme antagonisme des intérêts de classe, traversant les frontières ou même les ignorant au moyen d'un système d'équivalences purement « sociales ». De ce point de vue, on serait en effet au-delà du système de références propre à Laclau, mais on resterait encore dans la perspective de construction d'une chaîne d'équivalences démocratiques telle qu'il l'a définie, laquelle suppose l'identification d'un adversaire (l'austérité, la technocratie) qui peut à l'occasion se voir « personnifié » par un État dominant déterminé (c'est toute la difficulté d'une critique *non nationaliste* de la politique allemande en Europe aujourd'hui).

Le « problème de Thucydide »

Pour conclure brièvement, je voudrais rattacher cette esquisse d'une discussion et d'une utilisation des schèmes de pensée du politique que nous a proposés Ernesto Laclau, non seulement à une tradition de pensée du conflit (qu'on peut dire machiavélienne, mais qui est aussi bien entendu, avec des nuances, marxienne, wébérienne et gramscienne), mais à un héritage encore plus ancien : celui de Thucydide, auquel le moment présent confère soudain un renouveau d'actualité. Le paradoxe d'une politique d'émancipation en Europe aujourd'hui, c'est de chercher à faire émerger une division active non seulement entre deux « blocs » sociaux ou socio-culturels, mais entre deux « politiques », deux projets « hégémoniques », *en vue* de la constitution et de l'émergence d'une entité – et par conséquent d'une *unité* – encore largement inexistante sur la scène historique. Ce problème, si du moins on en croit les interprétations séduisantes de l'historien Jonathan Price, est analogue à celui que Thucydide s'était posé dans l'après-coup de la *stasis* qui avait ravagé les cités grecques au IVe siècle av. J.C. (« Guerre du Péloponnèse »).[26] Pendant trente ans, ce que nous appelons aujourd'hui la Grèce, mais qui n'est qu'un ensemble de cités rivales, a été en proie à l'imbrication d'une guerre « extérieure », entre les cités (que les Grecs nommaient *polemos*), et d'une multiplicité de « violences intérieures » (que les Grecs appelaient *stasis*, généralement traduit de façon imparfaite par le latin « guerre civile », *bellum civile*), entre les camps aristocratique et démocratique, chacune des forces sociales en lutte pour le pouvoir politique cherchant un appui dans une cité étrangère, et réciproquement. Dans cette imbrication, Thucydide qui en fait la chronique en vue d'une leçon universelle a aperçu la possibilité improbable d'une « Grèce » (*Hellas*) encore inexistante – ni simple « alliance » culturelle et religieuse, comme les Jeux olympiques, ni construction d'une *mégalopolis* impériale, comme le tenteront plus tard les rois de Macédoine en partant du « bord » de l'espace de civilisation grecque et en neutralisant le conflit des cités grecques en vue d'une entreprise de conquête du « monde ». Cette possibilité se lirait en négatif dans le fait que tous les camps se réclament de l'hellénisme, alors même qu'ils cherchent à en exclure leur adversaire.

On peut, par analogie, considérer que depuis 1917 au moins, l'Europe est le siège d'une « guerre civile » ininterrompue dont les guerres extérieures elles-mêmes font partie.[27] Ce qui pose aussi la question de savoir comment décrire et *hiérarchiser* les divisions de l'Europe contre elle-même, dont nous avons à gérer les héritages. Ce sont des divisions nationales et continentales (qui, au lendemain de la Deuxième Guerre mondiale, se sont disposées essentiellement suivant un axe est-ouest, dans le cadre de la « guerre

[26] Voir Jonathan J. Price, *Thucydides and Internal War*, Cambridge University Press, 2001. Et bien entendu aussi Nicole Loraux, *La cité divisée. L'oubli dans la mémoire d'Athènes*, Payot 1997.

[27] L'expression a été employée par les historiens des bords les plus opposés : Ernst Nolte, Eric Hobsbawm, Dan Diner. Voir mon article "The Rise and Fall of the European Union: Temporalities and Teleologies", *Constellations* Volume 21, Issue 2, pages 202–212, June 2014.

froide » entre les systèmes socio-idéologiques, et se disposent aujourd'hui essentiellement suivant un axe nord-sud, coïncidant avec de profondes inégalités de développement économique). Ce sont des divisions entre « bénéficiaires » (même relatifs) et « laissés pour compte » de la mondialisation, donc entre couches sociales polarisées par le développement des inégalités mondiales, qui se reflètent au sein de chaque pays. Et ce sont, ne l'oublions pas, des divisions au sein de la population européenne (des *résidents* en Europe) entre « autochtones » et « immigrés » (division beaucoup plus idéologique que juridique et, *a fortiori*, culturelle), qui se creuse et s'intensifie à la fois nationalement et à l'échelle supranationale. Suivant l'hypothèse de Thucydide, combinée avec la problématique de Laclau, la question serait alors de savoir à quelles conditions ces « divisions » qui affectent l'Europe dans sa totalité peuvent aussi la *constituer* comme une formation politique, en devenant les objets de son débat et de ses initiatives politiques internes. Comment faut-il *ordonner* les divisions pour que des « forces » existant dans chaque nation soient à la fois *opposables au nationalisme* ou au « souverainisme », *et opposables à la « gouvernance » européenne néolibérale*, à ses appareils et à ses pouvoirs dominants, donc pour qu'il y ait dans chaque nation une *stasis* « semblable » à celle qui doit s'affirmer pour ouvrir une alternative « constituante » en Europe. Lénine, dans sa discussion de la « question nationale » au début du 20e siècle, à la veille du déclenchement de la Première Guerre mondiale, avait posé que « dans chaque culture nationale il y a deux cultures opposées, l'une chauvine et réactionnaire, l'autre démocratique et internationaliste ».[28] Le problème actuel, à l'autre extrémité du cycle des guerres civiles européennes, se pose à nouveau dans des termes formellement semblables. Les analyses et les propositions théoriques de Laclau nous aident, sinon à le résoudre, du moins à le formuler au niveau qui est fondamentalement le sien, celui des *conditions de possibilité* du politique.

---

[28] V. I. Lénine : « Notes critiques sur la question nationale » (1913) (https://www.marxists.org/francais/lenin/works/1913/10/vil19131000.htm)

II

Leonor Arfuch,
Université de Buenos Aires

Laclau en Argentine

Pour moi, parler de « Laclau en Argentine » est une tâche sensible où s'entremêlent la vie et l'œuvre, la politique et l'amitié. Je vais donc essayer d'articuler ces aspects dans un parcours à la fois historique et conceptuel, visant à rendre compte de la parution de ses livres en Argentine, dans différents contextes sociopolitiques, de son impact dans le débat de quelques cercles intellectuels, universitaires et même politiques – souvent indissociables, de sa participation active dans la vie politique pendant les dernières années et de son héritage si l'on peut dire, en termes des catégories pour penser la dynamique politique de notre démocratie, toujours dans le vaste contexte du monde actuel. C'est un parcours personnel, bien sûr, qui, tout en accord avec la pensée d'Ernesto, ne prétend pas en être la « totalité ».

À l'inverse de ce qui se passe d'habitude, j'ai connu d'abord la personne – ou le personnage - et ensuite l'œuvre : c'était en 1985, à l'occasion de son premier voyage en Argentine après la dictature. Nous l'avions invité à un séminaire d'analyse du discours, je travaillais à ce moment-là sur l'analyse du discours politique – École Française - et avec sa grande générosité – un des traits les plus notables de son caractère, il avait esquissé, dans un entretien personnel, tout un effrayant programme de doctorat. À l'époque l'université recommençait à peine d'être en contact avec le monde : la pensée, les débats, les livres...... et alors, peut-être pour m'inspirer, il m'a donné son livre en Anglais, *Politics and Ideology in Marxist Theory* (1977) avec le sous-titre suggestif, *Capitalism-Fascism-Populism*, dont le dernier chapitre, « Towards a Theory of Populism » annonçait déjà ses parcours futurs.

On s'est rencontré deux ans plus tard, quand il est venu, avec Chantal Mouffe, présenter l'édition en espagnol de leur livre *Hégémonie et stratégie socialiste* dans un endroit presque obligé : le Club de Culture Socialiste, qui réunissait à l'époque des intellectuels, des universitaires, des écrivains, des militants, quelques-uns revenus de l'exil. Je me souviens de la scène : Ernesto était assis à côté de Juan Carlos Portantiero et Pancho Aricó face à l'auditoire quand il a prononcé une phrase prémonitoire : « le socialisme n'est pas le futur de la démocratie, la démocratie c'est le futur du socialisme ». Une figure de nom exotique – chiasme - qui sonnait aussi mystérieuse qu'inquiétante et qui a causé quelque agitation dans la salle, presque une petite révolte: c'était 1987 et le mur de Berlin n'était pas encore tombé.

Bien que dans ce cercle quelques figures remarquables avaient déjà abordé la déconstruction des catégories révérencielles du marxisme – soit dans l'exil au Mexique ou ailleurs -, la « démocratie radicale » que proposait ce livre emblématique, semblait être trop exigeante par rapport à l'horizon de notre actualité : une transition démocratique qui devait rétablir le lien social après l'horreur de la dictature et faire justice aux crimes contre l'humanité commis – ce qui avait eu lieu dans un premier jugement historique aux chefs militaires, en 1985 - et qui était encore menacé par des forces régressives. Néanmoins, le livre a fait son chemin tout au long des années, devenant une référence inéluctable et la conception d'hégémonie, aussi bien que celle de la constitution du social et du politique comme des espaces discursifs irréductibles à la totalisation, furent – et continuent à être - largement débattues, notamment à l'université, enrichies par les apports des œuvres – et des visites - suivantes.

C'est presque une décennie plus tard, en 1995, qu'est paru *Nouvelles réflexions sur la révolution de notre temps,* un texte qui semblait se demander quel signifiant serait capable d'incarner la « révolution de notre temps », précédé d'une dédicace singulière : « À Viamonte 430, où tout a commencé », un vrai hommage à l'université de Buenos Aires, berceau de sa militance juvénile, une expérience déterminante dans son œuvre, dont l'évocation préside aussi, curieusement, la préface de son dernier ouvrage. Un an après, en 1996, la parution d'*Emancipación y diferencia,* qui en anglais avait un pluriel suggestif, *Emancipations,* - je ne connais pas le titre en français - a marqué un point d'inflexion dans la réception et la discussion de sa théorie. C'était le temps du néolibéralisme sauvage en Argentine, la privatisation des espaces et des biens publics, le triomphe du marché, la conception de l'individu agent ou entrepreneur de son propre destin, et le livre ouvrait, au contraire, un horizon de pensée où le politique et le collectif étaient au premier rang. En plus de l'article célèbre sur « le signifiant vide », vrai mal de tête pour nos étudiants de sociologie, c'était l'impératif éthique et politique d'intervention dans les débats contemporains qui comptait, la problématisation du concept classique d'émancipation, la réaffirmation d'une conception non essentialiste des identités, la tension entre universalisme et particularisme, qui traverse toute son œuvre et, une fois de plus, la possibilité – et la difficulté - qu' entraîne la lutte par l'hégémonie. C'était la mise en valeur du politique face à l'esprit de gestion régnant et partagé par une bonne partie de la société. Ernesto aimait bien discuter de ces questions avec les étudiants, soit dans des conférences, soit dans des petits groupes, en tête à tête, sans formalité, ce qui a toujours été sa manière naturelle d'échanger avec les autres.

Ce livre a été très important pour moi. Je travaillais à l'époque sur l'espace biographique conçu comme un tournant subjectif, une certaine reconfiguration de la subjectivité contemporaine qui excédait les genres littéraires canoniques pour presque « coloniser » les médias, les arts, l'académie, la politique et la vie quotidienne – Facebook n'existait pas encore – et sa réflexion sur les (nouvelles) identités, le pluralisme et l'affirmation ontologique des différences a été vraiment inspiratrice. On partageait la même conception du langage et l'affection pour certains auteurs – Barthes, Bakhtine, Derrida, Paul de Man -, ainsi qu'une lecture symptomatique et politique du présent, et on a trouvé une sorte de complémentarité entre les identités sociopolitiques et les personnelles, de telle façon que le titre des conférences que j'ai données dans un de ses séminaires était justement « Rhétoriques de la subjectivité ».

En 2002 sortait un de mes préférés, *Mysticisme, rhétorique et politique* - un titre d'une rare perfection - qui, à partir du rôle central donné à la théorie et la critique littéraire avançait sur le terrain d'une *rhétoricité généralisée*, une des manières possibles de définir son œuvre à partir de là. Ce livre est remarquable par la sophistication des arguments, le raffinement du parcours qui mène du mysticisme à la politique et par l'articulation entre métaphore, métonymie et hégémonie. Par coïncidence le livre parut quelque mois après la terrible crise financière et sociale qui éclata en décembre 2001 dont la répression avait laissé des dizaines de morts dans les rues provoquant la chute du gouvernement suivie d'une succession de cinq présidents en une semaine. Un tel événement donna lieu à l'émergence de nouveaux mouvements sociaux – assemblées populaires dans les espaces publics, usines abandonnées par les propriétaires et « récupérées » par les ouvriers, coordination avec d'autres mouvements déjà existants comme les « piqueteros », etc. Une scène typique de la « multitude » en termes de Negri-Hardt, qui semblait incarner passionnément un nouveau pouvoir, la démocratie en direct, le refus des politiciens sous le slogan « ¡ Que se vayan todos ! » [Ils doivent tous partir!], mais qui ne produit pas une articulation de résistance durable. C'est dans ce contexte, avec des millions de personnes sous le seuil de pauvreté, un président provisoire et l'incertitude du futur, que *Mysticisme* apparaît, en bouclant la boucle, on pourrait dire, autour de l'articulation métaphorique des équivalences – sans perdre son hétérogénéité différentielle - comme l'instance supérieure, le moment essentiellement politique de l'hégémonie. Dans ses propres mots : *« l'hégémonie signifie le passage de la métonymie à la métaphore, d'un point de départ basé dans la contiguïté à sa consolidation en l' « analogie » (...) Pour [le] traduire en langage politique : on pourrait dire que lorsqu'il y a du récit il y a de la stratégie »* (2014:97) (Ma traduction). Si l'on me permet une « licence prophétique » ce livre préfigurait en quelque sorte la *démocratie à venir,* pour reprendre l'expression de Derrida, c'est-à-dire, la période du « kirchnerisme » qui commença après les élections de 2003, et qui dure, avec des changements, jusqu'en 2015.

Pourquoi prophétique ? Bien entendu, cette démocratie n'était point « radicale » et l'hégémonie n'était pas arrivée par miracle. Tout simplement parce que le nouveau président, Nestor Kirchner, peu connu, provenant d'une province éloignée, n'appartenant pas aux secteurs majoritaires du péronisme, était devenu, de façon inattendue, un personnage charismatique – un leader ? -, avec un discours – une rhétorique – progressiste, appelant à la mobilisation des sentiments et suscitant un investissement affectif qui deviendrait presque mystique et accentué après sa mort. Ernesto disait par exemple, se référant en perspective aux événements du 2001 avec une touche d'humour, que le slogan « Ils doivent tous partir! » impliquait néanmoins que quelqu'un devait rester et « ce quelqu'un » parfois n'était pas le meilleur, mais - je reprends ses mots - « nous avons eu de la chance avec Nestor ... » Un « nous » inclusif, bien entendu, parce qu'il ne parlait jamais, en Argentine, depuis l'extérieur.

Ici, à partir de cette reconnaissance, commence une nouvelle étape de sa relation avec l'Argentine, où chaque visite sera à la fois familiale, académique, intellectuelle et politique, dans tous les sens des termes : conférences dans les universités, entretiens avec la presse, dans les journaux ou à la télévision, invitations à différents programmes et aussi aux événements officiels, contacts avec les fonctionnaires et les ministres, circulation de son nom et de ses catégories dans la capricieuse divulgation des médias, avec différents partis pris selon l'orientation idéologique. Ce phénomène renvoie, une fois de plus, à ses œuvres : en 2004 sortait la deuxième édition en espagnol d'*Hégémonie* et en 2005 *La Raison populiste,* qui est devenue un best-seller et qui en quelque sorte venait donner un nom, dans le discours public au moins, à l'expérience du gouvernement kirchneriste. Je fais cette distinction sur le discours public parce que Laclau ne pensait pas bien entendu que ce gouvernement soit vraiment « populiste » d'après ses catégories. Cependant, le « récit » - je vous rappelle la citation de *Mysticisme* - est devenu curieusement presque un « signifiant vide » capable de rendre compte, favorablement ou non, de la « totalité » des discours, des actions et des passions du gouvernent, incarné dans la figure de la présidente Cristina Kirchner, qui succédait à son époux en 2007.

Comme la question du populisme est amplement traitée dans le Colloque, je vais tout simplement remarquer quelques aspects de l'œuvre qui ont été valorisés mais aussi critiqués dans mon milieu – collègues, étudiants, communicants sociaux-, dans un pays où la tradition vivante du péronisme offre un terrain particulier pour la réflexion à ce sujet. Tout d'abord la question du nom, qui avait été abordée dans un article précédent, « Populism : What's in a name ? » (2005a et 2005b). Elle visait, à partir de cet apparent oxymore (Raison/populisme), à remplacer l'idée de déviation, de malformation de la politique – usage péjoratif très répandu - par celle d'une logique de construction du peuple, à la limite et selon son ontologie, la forme par excellence de la politique. À partir de ce point de vue, la notion même de peuple est dépouillée de sa charge sociologique-descriptive, elle n'est plus une date de la structure sociale mais une catégorie instituante de la politique, en tant qu'articulation des revendications particulières dans une unité majeure qui met en question le système lui-même, en assumant de manière contingente la représentation d'un universel. « Peuple » et « Populisme » seront ainsi produits d'une force, d'une action autour de certains signifiants vides – « équité », « justice », « justice sociale », et cetera - qui, face à l'impossibilité d'atteindre un objet irreprésentable – la plénitude du social - seront investis de signification d'après la conjoncture, et ceci dans une opération qui a quelque chose d'un baptême original : nommer est ici instituant du phénomène nommé.

Si ce transvasement du concept d'hégémonie vers celui de peuple – ou le contraire - allait un peu plus loin dans son ontologie politique, l'autre aspect relevant était sans doute la référence au leader, qui s'éloigne des notions classiques de suggestion, d'imitation et de manipulation pour s'approcher de la notion freudienne d'identification et d'investissement affectif dans l'objet. Apparaît ici clairement le rôle instituant de l'affection dans la constitution du lien social, une problématique que Laclau avait déjà abordée auparavant : investissement, cathexis, qui s'identifie autant avec l'objet *petit a* lacanien, qu'avec l'hégémonie elle-même. Le leader est donc condition nécessaire du surgissement du peuple.

Si *La Raison populiste* a trouvé en Argentine un cadre privilégié de réception autant de la part des intellectuels que du milieu politique, donnant à son auteur une popularité inouïe, l'expérience de plus d'une décennie des gouvernements progressistes en Amérique latine signale aussi une tournure théorique des façons de lire et de parler qui ne peuvent pas faire abstraction d' une interprétation « populaire » ou « plébéienne » de la démocratie, ce qui amène/oblige à repenser la notion de raison instituée aussi bien qu'instituante. Dans ce sens, l'œuvre a marqué un chemin sans retour. On apprécie justement ce mode d'institution du social par lequel la pluralité des demandes démocratiques, sans perdre l'hétérogénéité, se traduisent en (demandes) « populaires », gagnent en extension et peuvent générer, par la médiation du leader, une unité, toujours inachevée, aspirant à l'hégémonie « par le bas ». Mais ce principe égalitaire, ce lien entre le dirigeant et le peuple, affronte le défi de rectifier, dans les limites de la logique populiste, sa dépendance de la figure individuelle d'un leader, figure qui ne laisse pas de susciter quelque méfiance parmi les analystes, même de gauche.

Dans quelques présentations Laclau répondait, par rapport à cette critique, par des exemples de l'histoire argentine et latino-américaine où, à la différence de celle européenne, le positionnement du leader a été indispensable pour concrétiser des changements de signe progressiste dans la région. La question reste ouverte et peut même être pensée par rapport aux positions qui, au lieu d'un leader, privilégient plutôt la constitution d'un mouvement ou d'une force sociale qui soit capable, avec d'autres acteurs, de développer une action politique hégémonique visant une forme plus juste et équitable de démocratie.

Une autre question que l'on peut se poser est de savoir si, en identifiant tout court le populisme comme construction du peuple, avec la politique elle-même, l'ontologie de Laclau ne perdrait pas sa visée plus universaliste, capable d'accueillir des formes diverses de démocratie qui puissent être définies comme « radicales ». Par là-même, et sans considérer Laclau comme un « formaliste », si le populisme ne peut pas se définir à partir d'une essence ou de certains contenus prédéterminés - mais plutôt en termes d'une logique politique d'articulation – en revenant à Saussure, on pourrait dire une *forme,* pas une substance - comment alors évaluer, d'un point de vue éthique, les différences entre populismes de signe idéologique divers?

La réponse d'Ernesto à cette dernière question renvoyait d'habitude à la singularité des contextes de situation, aux rapports de force et en tout cas au *résultat* de l'articulation hégémonique, à partir duquel il serait possible d'établir ces différences non négligeables. Il avait en général quelque résistance à parler de l'éthique par rapport à ses catégories. Cependant, il a abordé la déconstruction du terme et de l'expérience éthique vis-à-vis de l'ordre normatif, dans un article publié originellement en 2004, où il répondait à certaines objections concernant le caractère « neutre » de la théorie de l'hégémonie. Dans cet essai il refuse la prétendue nature « positive » des deux signifiants en mettant l'accent sur sa dépendance réciproque : il s'agira, une fois de plus, de l'articulation entre universel et particulier. Je cite : *« Ce n'est pas la particularité du contenu,* per se*, qui est éthique, mais ce même contenu dans la mesure où il assume la représentation d'une plénitude qui lui est incommensurable ».* (2014:158). (Ma traduction). Il refuse aussi la « neutralité » d'*Hégémonie* rappelant l'investissement idéologique et politique qui était à sa source, l'expérience vécue dans la tradition socialiste, avec ses défaites, ses transformations, et la renaissance de l'espoir que l'œuvre inspire.

Une fois je lui ai demandé s'il y avait, dans sa théorie, la possibilité de penser l'éthique comme une relation avec l'Autre et avec la vie de l'autre à la manière de Lévinas, même sans adhérer à sa « philosophie première ». Il refusait cette association, sous prétexte du « mysticisme » de Lévinas - lui, qui avait été tellement intéressé par le mysticisme - et voilà que quelque temps après j'ai eu la surprise de trouver, dans l'article de Simon Critchley publié dans *Laclau. A Critical Reader* (2004), le volume d'hommage qu'il avait coédité avec Oliver Marchart, les traces d'une ancienne discussion – d'un différend plutôt - avec Ernesto sur ce sujet. Son article posait la question « Is there a normative deficit in the theory of hegemony? » [Y a-t-il un déficit normatif dans la théorie de l'hégémonie ?] et reprenait ce « *disagreement* » essayant de trouver un accord. Il partait de la prémisse que la déconstruction a une énorme motivation éthique à condition que l'éthique soit conçue dans les termes donnés dans l'œuvre de Lévinas, tandis qu'Ernesto voulait seulement parler de l'éthique par rapport au concept gramscien de l'« éthico-politique ». Après de longues années de conversations et d'amitié où les positions semblaient parfois se rapprocher, Simon voulait trouver dans son hommage du *Critical Reader* un lien valable au niveau de la théorie : la possibilité d'une méta-éthique formelle, capable d'être articulée, selon la conjoncture, à certaines demandes éthiques normatives, réunissant ainsi l'éthico-politique. Néanmoins, à la fin de l'article, Critchley continue à penser qu'il y a un déficit normatif dans la théorie de l'hégémonie et par conséquent le différend – et les chemins de l'interlocution - reste ouvert. C'est peut-être à cet article qu'Ernesto répond, sans aucune référence à Lévinas, dans « Ethique, normativité et l'hétéronomie de la loi », l'essai que je viens de commenter et qui ferme, curieusement, son dernier livre, *Les fondements rhétoriques de la société* (2014), paru en Argentine quelques mois après sa mort.

Pour conclure

Quel serait l'héritage de Laclau en Argentine ? On pourrait dire tout d'abord que la trajectoire de son œuvre a configuré une zone parfaitement définie dans le champ intellectuel et ses catégories sont devenues une référence inéludable pour la réflexion autour du politique et même au delà, soit dans les disciplines les plus proches – la sociologie, la philosophie, la science politique, l'analyse du discours – comme dans d'autres domaines – la psychanalyse, la théorie littéraire, la critique culturelle, la communication. Cette vaste influence disciplinaire a été aussi générationnelle : à part les nombreux débats parmi les intellectuels tout au long des années sa perspective a suscité l'intérêt - et même l'enthousiasme - des jeunes, étudiants et militants.

Parfois, le signe distinctif de sa présence était l'articulation entre la perspective théorique et le « regard sur le monde actuel » - revenant à Valéry - un regard qui était à la fois « particulier », profondément concerné par la réalité de l'Argentine, et « universel », en tant que vision synchronique et comparative avec d'autres « particularismes ». Parce que, à la différence de certaines perspectives, qui, même avec de bonnes intentions, regardent l'Amérique Latine comme un « particularisme », souvent pittoresque, par rapport au « centre » – Europe, les États-Unis – Ernesto avait une *appartenance :* langue, histoire, tradition, expérience, *récit,* dans ses propres termes. L'Argentine – et par extension l'Amérique latine - a toujours été son pays, malgré tant d'années vécues en Angleterre. C'est peut-être cette raison qui a inspiré la *Raison populiste* et qui fait la différence – ou le différend - avec d'autres conceptions sur le sujet. Et c'est parfois cette appartenance « périphérique » qui lui a permis d'avoir une vision plus universaliste et l'a conduit partout dans le monde : les lieux, les pensées, les débats.

Au moment où j'ai mis le titre « Pour conclure » un appel sur mon portable m'a surprise : c'était la fille d'Ernesto, Natalia, qui m'appelait, après des mois de silence. On partagea l´étonnement quand je lui dis que j'étais précisément, à ce moment-là, en train d'écrire quelque chose sur l'héritage de son père en Argentine. Un « nous » m'a répondu tout d'abord, avec une touche d'humour, « Nous tous », a-t-on continué, remarquant l'inclusif - famille, amis, collègues, étudiants, lecteurs, discuteurs, opposants... - et après, elle a fait une synthèse: « il a offert un soutien théorique au projet politique dans lequel il croyait et en même temps il a donné une impulsion à un collectif de militants ».

Je pense qu'il serait bien d'accord avec cette phrase, qui renvoie aussi à sa jeunesse militante. Mais, à part l'héritage des idées et des idéaux, il y a, du côté des amis, un autre héritage : le souvenir de la personne, l'affection, le plaisir de chaque rencontre, le fil des conversations, les plaisanteries, les poèmes de Borges ou Carriego qu'il était capable de réciter par cœur et sans pause pendant tout un voyage, la passion du tango et la joie de son esprit chaque fois qu'il revenait à Buenos Aires qui n'a jamais cessé d'être sa ville et qui assurément a senti son absence.

Références bibliographiques

Laclau, E., 1977, *Politics and Ideology in Marxist Theory. Capitalism-Fascism-Populism*, London, Verso.

--------------------1993, *Nuevas reflexiones sobre la revolución de nuestro tiempo,* Buenos Aires, Nueva Visión.

--------------------1996, *Emancipación y diferencia,* Buenos Aires, Ariel.

--------------------2002, *Misticismo, retórica y política,* Buenos Aires, FCE

Laclau, E. & Mouffe, Ch., 2004, *Hegemonía y estrategia socialista,* Buenos Aires, FCE [1985]; *Hégémonie et stratégie socialiste : Vers une politique démocratique radicale,* trad. par Julien Abriel, Paris : Les Solitaires Intempestifs, 2009.

Critchey, S. & Marchart, O. (sous la dir. de), 2004, *Laclau. A Critical Reader,* New York, Routledge.

Laclau, E., 2005, *La razón populista,* Buenos Aires, FCE.

-------------2005[a], « Populism: What's in a name? » in Panizza, E. (sous la dir. de) *Populism and The Mirror of Democracy,* London, Verso.

-------------2005b, « Populismo: ¿qué hay en el nombre? » in Arfuch, L. (sous la dir. de) *Pensar este tiempo. Espacios, afectos, pertenencias,* Buenos Aires, Paidós.

-------------2014, *Los fundamentos retóricos de la sociedad,* Buenos Aires, FCE.

Nancy Fraser,
New School for Social Research, New York & Collège d'études mondiales, Paris

Hegemony as Capitalist Strategy: For a Neo-Marxian Critique of Financialized Capitalism

More than thirty years have passed since the 1985 publication of Ernesto Laclau and Chantal Mouffe's landmark book, *Hegemony and Socialist Strategy*.[29] Massively influential, this book shaped the thinking of an entire generation of leftwing thinkers, setting the terms of debate for decades to come. In the Anglophone world especially, *Hegemony and Socialist Strategy* charted the path traveled by many New Leftists as they exited Marxism, substituting allegiance to "radical democracy" for "socialism" and the "new social movements" for "class struggle." Of course, the book did not itself create the conditions that favored this shift. But it perfectly captured the impulses behind it and gave them their most searching theoretical expression.[30]

Today, however, with the benefit of hindsight, we can discern a striking irony: the brilliant argumentation that guided so many leftists toward a postmarxian worldview coincided with a major shift in the character of capitalist society, which Marxian thought

---

[29] Ernesto Laclau and Chantal Mouffe, *Hegemony and Socialist Strategy: Towards A Radical Democratic Politics*, tr. Winston Moore and Paul Cammack (London: Verso 1985); *Hégémonie et stratégie socialiste : Vers une politique démocratique radicale,* trad. par Julien Abriel, Paris : Les Solitaires Intempestifs, 2009.

[30] The present essay originated as a lecture delivered at the conference on "Hégémonie, populisme, émancipation: perspectives sur la philosophie d'Ernesto Laclau," Paris, 26 May 2015.

might well have clarified: the shift from the state-managed capitalism of the post-World War II era to the financialized, globalizing capitalism of the 21st century. Overseen by central banks and global financial institutions and centered on accumulation through debt, this new regime is systematically economizing public discourse, devolving democratic decision-making to "the markets," curtailing political agendas in the name of "austerity," and destroying the social worlds of billions of people.

In this context, the path to radical democracy must go through the critique of capitalism. There is no way to democratize society without confronting the force that is cannibalizing not "just" living standards, nature, and social reproduction but also the very substance of public power. Today, as never before, democratization requires structural critique and institutional transformation. And it is by no means clear that the social movements on which Laclau and Mouffe placed so much hope are up to the task. The problem is not only that these movements have failed to challenge the financialization of capitalist society–indeed, have largely ignored it. Even worse, dominant currents within them were hegemonized by neoliberalism, recuperated to legitimate the present regime by lending it an emancipatory veneer. Tied to "progressive-neoliberal" forces throughout the world, and now a focus of "populist" ire, they are in no position to lead a counter-hegemonic bloc that also includes working-class strata.

How should those of us who found inspiration in *Hegemony and Socialist Strategy* understand this situation? Does the idea of hegemonic articulation developed there afford an adequate perspective for grasping the prospects for emancipatory struggle in the current regime of financialized capitalism? And if not, can it be fruitfully articulated with a structural-institutional critique of this regime? In other words, is it possible today to recover another Marxism, obscured in the Anglophone reception of *Hegemony and Socialist Strategy*, a Marxism that avoids the traps that book dissected, while absorbing and extending its insights?

In what follows, I propose to address these questions in three steps. First, I shall outline a theoretical perspective that could in principle marry the discourse-theoretical analytic of Laclau and Mouffe with a structural-institutional critique of capitalist society. Second, I shall utilize the structural aspect of this perspective to sketch an account of financialized capitalism as an institutionalized social order, which harbors a *political* contradiction. Finally, I shall apply the discursive aspect of my perspective, which owes a lot to Laclau and Mouffe, to reflect on the grammar of present day efforts to build an anti-neoliberal counter-hegemony.

1. Theorizing capitalism's tendency to political crisis: combining institutional and hegemonic analysis

Famously, *Hegemony and Socialist Strategy* critiqued the orthodox Marxian tendency to "class essentialism." At least two important arguments were intertwined here: first, the argument that political subjectivation is not an epiphenomenal expression of social structure, but is constructed discursively, through processes of hegemonic articulation; and second, the argument that "class" enjoys no special *a priori* standing as the primary axis of struggle but is a discursively formed political identity like any other.

Both these arguments are persuasive to me, and I shall assume both of them in what follows. However, I reject the implication drawn by some readers of *Hegemony and Socialist Strategy*, and perhaps by the authors themselves, that discursive-hegemonic analysis can or should simply supplant social-structural/institutional analysis. On the contrary, I view those two approaches as complementary, not antithetical. Assuming that each by itself is incomplete and requires the other, I propose to make use of both of them here. More specifically, I propose to situate present prospects for counterhegemonic struggle in relation to social-structural and institutional features of the current order.

My claim is that prospects for emancipatory struggle today are shaped not only by the play of hegemonic articulations but also by a deep-seated structural contradiction at the heart of the capitalist society. I refer not to the economic contradiction that Marxists usually stress, but to an equally fundamental *political contradiction* that they often overlook. This contradiction can be summarized as follows: on the one hand, legitimate, efficacious public power is a condition of possibility for sustained capital accumulation; on the other hand, capitalism's drive to endless accumulation tends to destabilize the very public power on which it relies.[31] Although it is inherent in capitalism as such, this political contradiction assumes a different form in every historically specific form of capitalist society. It has become especially acute in the *financialized neoliberal capitalism* of the present time.

To speak of the "political contradiction of financialized capitalism" is to follow Laclau and Mouffe in rejecting economism. But it is also to reject the sort of discursive idealism that some readers read in (or read into) *Hegemony and Socialist Strategy*. Thus, I reject the economistic view that reduces capitalist society to an "economic system," while also refusing its culturalist counterpart, which treats society as a discursive construction, formed of free-standing significations. For me, rather, capitalism is an institutionalized social order, whose economic subsystem depends on a set of extra-economic background conditions.[32] These include processes of social reproduction, as scores of feminist theorists have long insisted, and a sustainable ecological order, as eco-political theorists have persuasively argued–but also, and most relevant here, the organizational capacities of *public power*. At several levels–state-territorial, regional, and global, public powers supply some indispensable preconditions for capital accumulation: the legal frameworks that underpin property rights, enforce contracts, and adjudicate disputes; the repressive forces that suppress rebellions, maintain order, and manage dissent; the

[31] For a fuller discussion, see Nancy Fraser, "Beyond Marx's 'Hidden Abode': For an Expanded Conception of Capitalism," *New Left Review* 86 (2014): 55–72; and Nancy Fraser, "Legitimation Crisis? On the Political Contradictions of Financialized Capitalism," *Critical Historical Studies* (forthcoming in fall 2015).
[32] Fraser, "Beyond Marx's 'Hidden Abode'," op. cit.

international regimes that administer the monetary system and facilitate transborder trade; and the myriad agencies that engage in efforts to forestall or manage crises. Absent such *political* preconditions, there could be no capitalist economy–no exploitation of labor, no production and sale of commodities, no sustained accumulation of surplus value.

Capitalist societies are peculiar, however, in separating the "political" from the "economic."[33] Whereas earlier societies merged political and economic power, capitalism has split them apart. The power to organize production is privatized and devolved to capital, which should deploy only the "natural," "non-political" sanctions of hunger and need; the task of governing the remaining "non-economic" orders, including the external conditions for accumulation, falls to the public power, which alone may utilize the "political" media of law and "legitimate" violence. In capitalism, therefore, the economic is non-political, the political non-economic.

In general, then, capitalist societies separate economy from polity, while simultaneously entrenching the dependence of the former on the latter. This peculiar relation of separation-cum-dependence is a built-in source of potential instability. On the one hand, capitalist economic production is not self-sustaining, but relies on public powers. On the other hand, its orientation to endless accumulation threatens to destabilize the very political capacities that capital needs. The effect over time, as we shall see, can be to destabilize the necessary political conditions of the capitalist economy.

Here, in effect, is a "political contradiction" inherent in the deep structure of capitalist society. Like the economic contradiction(s) that Marxists have usually stressed, this one, too, grounds a crisis tendency. In this case, however, the contradiction is not located

---

[33] Ellen Meiksins Wood, "The Separation of the Economic and the Political in Capitalism," *New Left Review* I/127 (1981): 66-95.

"inside" the economy but rather at the boundary that simultaneously separates and connects economy and polity in capitalist society. Neither intra-economic nor intra-political, it is a contradiction *between* those two constitutive features of the capitalist social order–or rather between their respective dynamics and normative bases. Whereas economy's dynamic centers on accumulation, polity's thrust is to develop capacities for public action and stores of public support to legitimate their use. Clearly, these two orientations can conflict. Whether a conflict between them erupts openly, and if so, what form it takes, depend on how exactly the separation between economy and polity is institutionalized and on where precisely the boundaries between them are drawn. But this much at least should be clear: efforts to "liberate" economy from polity tend in the long run to be counterproductive–more likely to trigger than to circumvent capitalism's inherent tendency to political crisis.

Often, of course, capitalism's political contradiction is muted, and the associated crisis tendency remains under wraps. It becomes acute, however, when capital's drive toward boundless accumulation becomes unmoored from political control and turns against its own conditions of possibility. In that case, economy overruns polity, eating away at public power and destabilizing the very political agencies on which capital depends.

Potentially, the ramifications are two-fold. One result can be an *institutional crisis*, in which public powers lack the necessary heft to govern effectively. Outgunned by private powers, such as large transnational corporations, they are blocked from making and implementing the policies needed to solve social problems. This is clearly the case today with respect to global warming and global finance. A second result can be a *crisis of hegemony*, in which public opinion turns against a dysfunctional system that fails to deliver. In that case, popular forces withdraw legitimation from existing arrangements and seek to redraw society's institutional map, in part by reinventing political powers that can serve the public interest. A hegemonic crisis of just this sort is unfolding around us today. For us, the burning question is, what is the relation between these two faces of capitalist crisis in the present conjuncture?

Hegemony and Socialist Strategy taught us structural-institutional conditions never by themselves dictate the responses of social actors. Everything depends, rather, on the commonsense through which those conditions are experienced and interpreted. Especially consequential now, in the wake of the epochal shift from state-managed to financialized capitalism, are commonsense suppositions about *distribution* and *recognition*. It is the set of received assumptions about how society should apportion jobs and income, on the one hand, and respect and membership, on the other, that shapes the responses of social actors to the present institutional crisis. I shall return to this point in the third and final step of my argument.

First, however, I want to clarify this initial step. In the present section, I have outlined a way of understanding of "capitalism's inherent tendency to crisis" that differs from that of the "class-essentialist" Marxism criticized by Laclau and Mouffe. Two differences in particular are worth noting. First, far from according primacy to capitalism's tendency to *economic* crisis, I have identified a relatively autonomous and equally deep-seated tendency to *political* crisis.[34] Second, instead of assuming that "system crises" dictate the responses of social actors, I have distinguished institutional crises from crises of hegemony and problematized the relation between them. In general, then, the view of capitalist crisis presented here does not fall prey to the criticisms advanced in *Hegemony and Socialist Strategy*. There is no class essentialism here–no economism, determinism, or teleology. On the contrary, this view offers a way of combining Laclau and Mouffe's

[34]Although they are not the focus of the present essay, my perspective also identifies relatively autonomous and equally deep-seated tendencies to crises of social reproduction and of ecology. For an account that includes those "contradictions" as well, see Fraser, "Beyond Marx's 'Hidden Abode'," op. cit.

insights concerning the hegemonic aspect of capitalist society with neo-Marxian insights concerning its structural-institutional aspect and inherent tendencies to crisis.

2. Institutional crisis of financialized capitalism: a structural account

So far, I have been elaborating the structure of this political crisis tendency for capitalism as such. However, capitalist society does not exist "as such," but only in historically specific forms or regimes of accumulation. The next step therefore is to historicize my account of capitalism's political contradiction in relation to its current phase.[35] Here, accordingly, I shall sketch an account of the institutional structure of financialized capitalism, which differs from that of the state-managed capitalism that preceded it. The effect will be to disclose the historically specific form in which capitalism's political contradiction appears today.

In financialized capitalism, central banks and global financial institutions have replaced states as the principal arbiters of an increasingly globalized economy. It is they, not states, who now make a major share of the rules that govern the central relations of capitalist society: between labor and capital, citizens and states, core and periphery, production and reproduction, society and nature, and–crucial for all of the above, between debtors and creditors. These last relations are central to financialized capitalism and permeate all of the others. It is largely through debt that capital now cannibalizes labor, disciplines states, transfers wealth from periphery to core, and sucks value from society and nature. As debt flows through states, regions, communities,

[35] I use the expression "financialized capitalism" to designate the current regime of capitalism as an institutionalized social order. Like its counterpart expression "state-organized capitalism," this one names a distinctive, historically specific way of institutionalizing capitalism's constitutive divisions among polity/economy, economic production/social reproduction, and society/nature. By contrast, I use the term "neoliberalism" to designate the hegemonic commonsense of that social order, whose core assumptions naturalize the basic presuppositions of financialized capitalism.

households, and firms, it effects a dramatic shift in the relation of economy to polity.[36]

Whereas the previous regime empowered states to subordinate the short-term interests of private firms to the long-term objective of sustained accumulation, this one authorizes finance capital to discipline states and publics in the immediate interests of private investors. The effect is a double-whammy. On the one hand, the state institutions that were previously (somewhat) responsive to citizens are decreasingly capable of addressing the latter's problems. On the other hand, the central banks and global financial institutions that have hobbled state capacities are "politically independent"–unaccountable to publics and free to act on behalf of investors and creditors. Meanwhile, the scale of pressing problems, most notably global warming, exceeds the reach and heft of public powers. The latter are, in any case, overmatched by transnational corporations and global financial flows, which elude control by political agencies tethered to a bounded territory. The general result is a growing incapacity of public powers to rein in private powers.[37] Hence, the proliferation in financialized capitalism of such terms as "de-democratization," "post-democracy," "façade democracy," and "zombie democracy."[38]

The new nexus of economy and polity arose in part through a transformation in the international order. We can date its begin-

---

[36] For an account of the pervasiveness of financial flows through virtually all social spaces and institutions in the current regime, see Costas Lapavitsas, *Profiting without Producing: How Finance Exploits Us All* (London: Verso, 2014).

[37] Nancy Fraser, *Scales of Justice: Reimagining Political Space in a Globalizing World* (Cambridge UK and New York: Polity Press and Columbia University Press, 2008); in French: *Qu'est-ce que la justice sociale ?*, trad. par Estelle Ferrarese, Paris: La Découverte 2011.

[38] For diagnoses that utilize such terms, see Wendy Brown, "American Nightmare: Neoliberalism, Neoconservatism, and De-Democratization," *Political Theory* 34,6 (2006): 690–714, and Colin Crouch, *Post-Democracy* (Cambridge UK: Polity Press, 2004).

nings to the 1970s, with the progressive dismantling of the Bretton Woods system of capital controls, fixed exchange rates, and the convertibility of the US dollar to gold, which opened the floodgates of global financial speculation. Along with this went the repurposing of the World Bank and the International Monetary Fund as agents of economic liberalization. Then came new international treaties, such as NAFTA, and new "intergovernmental organizations," such as the WTO, which enshrined "free trade" and "private property" as *Ur*-norms able to trump domestic legislation. Orchestrated by the United States, these moves served to prolong its hegemony, despite its loss of moral authority and shift in status to a debtor nation.

The new global order helped redraw the boundaries between economy and polity at every level. In the periphery, developmental states were subjected to a fierce assault–first, in Latin America, via "the Washington Consensus," as US-backed dictatorships began the process of opening markets and privatizing assets; and later, throughout the Global South, via "structural adjustment," as the International Monetary Fund and World Bank used "loan conditionalities" to compel cash-strapped postcolonial states to abandon import substitution industrialization for the shark-infested waters of the global market. Forced to scramble for hard currency, indebted states courted foreign direct investment by creating "export processing zones" and sought remittances by promoting labor emigration.[39]

These arrangements facilitated the relocation of manufacturing to the semi-periphery, which further altered the balance of private to public power. Decimating powerful trade unions in the capitalist core, "de-industrialization" weakened support there for social democracy, while initiating a race to the bottom that has enhanced the power of capital throughout the world. Meanwhile,

[39] David Harvey, *A Brief History of Neoliberalism* (Oxford: Oxford University Press, 2007); *Brève histoire du néolibéralisme*, trad. par Thierry Labica, Paris : Les Prairies Ordinaires 2014.

the abolition of capital controls deprived nearly all states of control over their currencies, putting them at the mercy of the bond markets and ratings agencies, and disabling previously available tools of crisis management, including the ability to "prime the pump" through deficit spending.[40] As a result, the states of the core were thrust into a position long familiar to those of the periphery: subjection to global economic forces they cannot possibly hope to control.

One response was a policy shift from "public Keynesianism," based on "tax and spend," to "privatized Keynesianism," which encouraged personal debt to promote continued high levels of consumer spending under otherwise unfavorable conditions of falling real wages, rising unemployment and precarity, and declining tax revenues.[41] The effect, as we know, was the 2007-08 financial crisis, which further solidified the hold of debt over public power. Responding to the prospect of financial meltdown, central banks and global financial institutions pressed states to bail out investors at citizens' expense, thereby provoking a rash of sovereign debt crises. Without missing a beat, these same financial institutions proceeded to compel states under assault by bond markets to institute "austerity." The effects in the Eurozone were especially catastrophic. Ignoring citizen protest and nullifying anti-austerity election results, the EU's governing "Troika" handed over to private investors every last drop of value that could be extracted from devastated populations. As a result, a European "community" once considered the avatar of postnational democracy was now revealed to be the servant of finance.

Generally, financialized capitalism is the era of "governance without government"–which is to say, of domination without the fig leaf of consent. In this regime, it is not states but transnational

---

[40] The principal exception is the United States, which can simply print more of the dollars that serve as "world money."

[41] Colin Crouch, "Privatised Keynesianism: An Unacknowledged Policy Regime," *British Journal of Politics and International Relations* 11 (2009): 382–399.

governance structures, such as the WTO, NAFTA and TRIPS, which make the lion's share of the coercively enforceable rules that now govern vast swaths of social interaction throughout the world. Accountable to no one and acting overwhelmingly in the interest of capital, these bodies are "constitutionalizing" neoliberal notions of "free trade" and "private property," hard-wiring them into the global regime, and thereby precluding democratically enacted laws limiting capital's freedom to abuse labor and pillage nature.[42] As neoliberal policies are constitutionalized, the political agenda is narrowed, preempted in advance.

Through a variety of means, finally, this regime has promoted the capture of public power by private (corporate) power. Examples include a rise in overt and covert lobbying; the revolving door between government and private firms; the long-term contracting out of public services to private firms, whose performance is monitored not by public political oversight but by private contract law; the rise of "public-private partnerships" oriented to serving "consumers" as opposed to citizens; and the "new public management," which enjoins public agencies to mimic the allegedly superior practices of large private firms.[43] Through such means, and others, public power is internally colonized. Foucauldian scholars of governmentality have described this "neoliberal political rationality" very well.[44]

---

[42] Stephen Gill, "New Constitutionalism, Democratisation and Global Political Economy," *Pacifica Review* 10,1 (1998) 23–38.

[43] Colin Crouch, *The Strange Non-Death of Neoliberalism* (Cambridge UK: Polity, 2011).

[44] Pierre Dardot and Christian Laval, *The New Way of the World: On Neoliberal Society*, tr. Gregory Elliott (London and New York: Verso, 2013); *La Nouvelle raison du monde*, Paris : La Découverte 2010. Wendy Brown, *Undoing the Demos: Neoliberalism's Stealth Revolution* (Brooklyn: Zone Books, 2015); *Défaire le démos : Le néolibéralisme, une révolution furtive*, trad. par J. Vidal, Paris: La Découverte 2018.

The overall effect has been to hollow out public power at every level. Political agendas are everywhere narrowed, both by external fiat (the demands of "the markets," "the new constitutionalism") and by internal cooptation (corporate capture, privatization, the spread of neoliberal political rationality). Matters once considered to be squarely within the purview of democratic political action are now declared off-limits and devolved to "the markets"–to the benefit of finance and corporate capital. The response to those who question these arrangements is TINA: "there is no alternative." Polity must adapt to economy's laws. In the brave new world of financialized capitalism, public powers cannot deliver solutions to those in whose name they govern.

And woe unto those who object. In the current regime, capital's enablers brazenly target any public powers or political forces that might challenge them–whether by nullifying elections and referenda that reject austerity, as in Greece in 2015, or by preventing the candidacies of popular figures who appear likely to choose that path, as in Brazil in 2017-18. Throughout this era, too, leading capitalist interests (Big Fruit, Big Pharma, Big Energy and Big Arms) have continued their longstanding practice of promoting authoritarianism and repression, imperialism and war throughout the world. We owe the current refugee crisis in large part to them, as well as to the state actors to whom they are tied.

Here, then, is the institutional setting that provides the context for current political struggles. An institutional order designed to liberate economy from polity has weakened the public powers that capital needs to underwrite a sustained period of accumulation. The result is a major institutional crisis, as public powers are increasingly unable to deliver the results that capital–and the rest of us–need.

3. Hegemonic crisis of financialized capitalism: A discourse-theoretical account

But that is only half the story. The flip side of an objective structural crisis is the subjective response of those living through it. In the present period, masses of people throughout the world are responding to financialized capitalism's dysfunctions by defecting from politics-as-usual. We need only mention the Brexit vote and its fallout in the UK; the election and subsequent unfolding of the Presidency of Donald Trump in the US; and the waxing fortunes of rightwing populist and quasi-fascist parties, no longer "only" in South Asia and northern and east-central Europe, but now also in Brazil. We should also mention, conversely, the strong showing of leftwing populist candidates in southern Europe, France, Mexico, and the United States (including some self-described "democratic-socialists") and of the Corbyn wing of the British Labour Party.

Different as they are, these developments suggest a widespread resolve to have done with neoliberalism and the parties that enabled it. The voters in question have rejected the reigning commonsense and the established political elites. Willing to think outside the box, they are actively seeking alternatives. The result is a new phase in the unfolding of the present crisis. The objective dysfunctions of financialized capitalism have found their subjective correlative. A "mere" conglomeration of structural impasses is now a full-blown *crisis of hegemony*.[45] Together, these two aspects–the structural and the hegemonic–form the mutually propelling dynamics of the current conjuncture.

A two-sided crisis requires a two-sided analysis. Neither discourse analysis alone nor structural analysis alone can clarify a crisis that is at once institutional and hegemonic. Both perspectives are needed, and each must be linked to the other. The trick

[45] For an analysis of the hegemonic dimension of the present crisis of democracy, see Nancy Fraser, "From Progressive Neoliberalism to Trump–and Beyond," *American Affairs* vol. I, no. 4 (Winter 2017), pp. 46–64.

is to join a structural account of financialized capitalism's contradictions to a discourse-theoretical account of the unraveling of the regime's commonsense. In the present context, that means freeing Laclau and Mouffe's best insights from the postmarxian blinders that distorted their initial reception and resituating them in a broader, neo-Marxian framework.

To this end, consider how their notion of "hegemonic articulation" might clarify the recent and ongoing breakdown of neoliberal commonsense. Like its social-democratic predecessor, this hegemonic nexus interwove interpretations of two different aspects of right or justice: a *distributive* module, focused on the norms that should govern "the economy," especially those allocating income and jobs, and a *recognition* module, concerned with the values that should underpin the status order, especially those conferring membership and respect. Such understandings were among the basic building blocks of neoliberal commonsense, but they were articulated in two different ways.

Progressive neoliberalism combined upward redistribution through financialization with meritocratic-individualist recognition. Promising to admit "talented" women, gays, and "minorities" to the ranks of corporate management, it deployed liberal, -capital-friendly memes of "diversity" and "merit" to cast an emancipatory veneer over an economic agenda designed to benefit cognitive capital (finance, IT, media and entertainment) at the expense of manufacturing and of working-class people in general, all the while boasting of its cosmopolitan concern for "the global poor". This strain of neoliberalism prevailed in many countries of capitalism's historic core, where it successfully hegemonized mainstream currents of progressive social movements, such as feminism and anti-racism. The effect was to inflect such movements as "globalist" and "elitist," hostile to national working-class fractions reeling from deindustrialization.

But progressive neoliberalism was contested, and at times defeated, by a rival bloc. *Reactionary neoliberalism* promoted an equally plutocratic agenda. While claiming to foster small business and manufacturing, its true economic project centered on bolstering finance, military production, and extractive energy, all to the principal benefit of the global one percent. What was supposed to render that palatable for the base it sought to assemble was an exclusionary politics of recognition. Bent on distinguishing itself from a progressive competitor tarred as globalist and elitist, reactionary neoliberalism affected the accents of the "common man": ethnonationalist, anti-immigrant, and pro-the majority's religion–whether Christianity or Hinduism, Judaism or Islam.

The opposition between progressive and reactionary neoliberalisms structured the hegemonic field in many countries for several decades. Fierce though they were, their battles hardly ever touched basic questions of political economy. Sectoral differences aside, both blocs supported "free trade," low corporate taxes, curtailed labor rights, the primacy of shareholder value, winner-takes-all compensation, and financial deregulation. Both elected leaders who sought "grand bargains" aimed at "flexibilizing" labor markets and cutting entitlements. The key differences between them did not concern distribution, but recognition.

As a result, the political commonsense of the preceding period was highly restrictive. Granted, voters could choose between multiculturalism and ethnonationalism. But they were stuck, either way, with financialization and deindustrialization. With the menu limited to progressive and reactionary neoliberalisms, the political universe excluded narratives that opposed the decimation of working- and middle-class standards of living. And that left a *gap* in the hegemonic field: an empty, unoccupied zone, where anti-neoliberal discourse might have taken root. Given the accelerating pace of deindustrialization, the proliferation of precarious, low-wage McJobs, the rise of predatory debt, and the consequent decline in living standards for the bottom two-thirds, plus the systematic hollowing out of public power, it was only a matter of time before someone would proceed to occupy that empty space and fill the gap.

That is precisely what the various "populisms" now proliferating have proceeded to do. These, too, articulate distributive norms with recognition values; and they, too, differ among themselves. *Reactionary populists* combine "anti-globalist" views of recognition with distributive ideals aimed at supporting (the "right" kind of) families: in effect, strict immigration controls for "outsiders" plus generous social provision for "insiders." By contrast, *progressive populists* join inclusive views of recognition with egalitarian ideals of distribution: in a nutshell, opposition to gender, racist, and anti-immigrant violence plus job creation and financial reform. Thus, both types of populism excoriate "the rigged economy" and appeal to "the people." Increasingly, too, both claim to speak for "the working class." But they interpellate the latter in different terms. The reactionary populist view is traditional and narrow: "workers" are white, straight, male, and Christian, based in mining, drilling, construction and heavy industry. By contrast, the progressive populist view is more expansive, encompassing not only factory operatives, but also agricultural, domestic, public-sector and service-sector workers, who are often women, migrants, and people of color. The resulting battle of populisms turns largely on the definition of political community. The litmus test, increasingly, is migration.

Here, then, is the current field, as viewed through the "hegemonic articulation" lens of Laclau and Mouffe. At the moment, the reactionary populists have the upper hand. Yet their exclusionary politics of recognition prevent them from forging a broad subaltern bloc with sufficient political heft to defeat the neoliberals in the longer term. Only progressive populism has to chance to accomplish that and thus to point toward an emancipatory resolution of the present crisis. But it faces some formidable competition–and not only from its reactionary-populist counterpart Equally if not more perilous are the concerted efforts now underway to revive progressive neoliberalism in a new guise. Faced with the populist threat, partisans of global finance seek to convince progressives of every stripe, including progressive populists, to close ranks with their liberal "protectors." Warning of "the return of fascism," they insist that egalitarians abandon their ambitious projects of social transformation and work instead to restore the *status quo ante*, which means resurrecting the very arrangements that created all manner of Trumpisms across the globe. They seek in effect to hegemonize progressive populism, to harness the latter's forces for their own neoliberal agenda, now repackaged as militantly anti-racist amd "anti-fascist." The aim, in other words, is to reorganize the field of hegemonic struggle, eliminating progressive populism as an independent force and simplifying the map into a single sharp opposition between two and only two options: progressive neoliberalism or reactionary populism.

This much is clear when we connect Laclau and Mouffe's conception of hegemonic articulation to a structural account of the present institutional crisis of financialized capitalism. Equally clear are the outlines of another possibility. Progressive populists might decline the invitation to join with progressive neoliberals against reactionary populism. Pursuing a different line of attack, they might seek to build an alternative counterhegemonic bloc through a strategy of *double separation*. Rejecting not only reactionary populism but also progressive neoliberalism, they might try to split both of those blocs and win over fractions of each to a new alliance, premised on egalitarian distribution and inclusive recognition. In the case of progressive-neoliberalism, the aim would be to separate the mass of working-class women, immigrants, and people of color from the lean-in feminists, from the meritocratic anti-racists and anti-homophobes, and from the corporate-diversity and green-capitalism shills who hijacked their concerns and inflected them in capital-friendly terms. With respect to reactionary populism, the idea would be to separate working-class communities from the forces promoting militarism, xenophobia, and ethnonationalism that falsely present themselves as defenders of the "common man," while promoting plutocracy on the sly. By winning over the working- and middle-class class fractions of both of those pro-capitalist political blocs, progressive populists might build an anti-capitalist force that is large and powerful enough to transform society.

The chances for achieving this outcome may appear slim. But to discount them entirely would be to foreclose historical possibility through self-fulfilling prophecy. In sketching the outlines of this scenario here, I have drawn on a reading of *Hegemony and Socialist Strategy* that diverges from the one that guided many new leftists of my generation to postmarxian discursive idealism. In my reading, the book's account of hegemonic articulation can itself be fruitfully articulated with a structural-institutional critique of financialized capitalism. Today, in other words, we can articulate its ideas to another Marxism, a Marxism that avoids the class essentialism so skillfully criticized by Laclau and Mouffe. This Marxism would combine their stress on the importance of counterhegemony, as opposed to mere opposition, with an account of the institutional context that demands it today. Analyzing hegemony as capitalist strategy, this framework would also clarify how a radical challenge to financialized capitalism might emerge. It is a Marxism that aspires both to honor Laclau and Mouffe's insights and to overcome their blindspots.

Maria Kakogianni, LLCP, Université de Paris-8
et Jacques Rancière, professeur émérite, Université de Paris-8

Peuple, populaire, populiste : usage des mots

Maria –

Il y a un certain nombre de choses que vous partagez avec Ernesto Laclau. Par exemple, vous refusez tous les deux cette tendance généralisée de stigmatiser ce qui peut se présenter sous le nom de « populiste ». J'aimerais procéder non pas à partir des éléments communs, mais plutôt à partir de ce qui peut faire litige. Pour Laclau, votre conception de la politique ne rend pensable que la politique émancipatrice. Dans ce sens, il vous adressait la question que quelque chose comme une politique fasciste est pour vous impensable. Cela renvoie, d'une certaine manière, à l'usage du mot « peuple », à la possibilité ou l'impossibilité, d'un « peuple » non émancipateur sans pour autant qu'on l'appelle *ethnos*.

Dès le début de l'occupation de la place Syntagma, il y a eu en quelque sorte deux places. La place du haut était celle où le drapeau national dominait, les gens gueulaient, scandaient des slogans, criaient, gesticulaient avec leurs mains et se tenaient toujours face au parlement. Puis, il y avait la place d'en bas, l'occupation organisée, avec les tentes, les assemblées générales, les repas collectifs, etc. Cette place avait créé son propre décentrement, les gens ne se tenaient plus face au parlement. Dans cet épisode grec, quelque chose comme un « peuple » a émergé à partir et en fonction d'un litige autour de la dette, ceux qui étaient censés accepter la dette comme étant la leur et les mesures imposées pour son remboursement ont pris la parole pour dire « nous ne payerons pas votre dette ». Dans quelle mesure convoqueriez-vous la distinction entre *démos* et *ethnos* pour ce sujet divisé de la place Syntagma ? Est-ce qu'il y a d'un côté le « bon peuple », et de l'autre l'incorporation identitaire, le « mauvais peuple » ou est-ce qu'il n'y aurait pas plutôt, au sein d'une procédure de subjectivation politique, une mise en abîme, à l'intérieur du *démos,* de la division du commun ? Qu'est-ce qui résiste au partage du *vrai démos* à l'intérieur du *démos* ?

Jacques –

Je suis d'accord avec Laclau pour critiquer l'usage confusionniste et stigmatisant du mot « populisme ». Mais, pour moi, « populisme » est en soi-même un concept négatif, une manière de disqualifier la notion du peuple comme sujet politique en l'assimilant à la figure de la foule ignorante et inquiétante héritée de la psychologie des masses de Gustave Le Bon. Pour Laclau, au contraire, « populisme » est une notion qui doit être débarrassée de ses connotations négatives et rendue à sa valeur entièrement positive. C'est pourquoi sa construction de la raison populiste passe par un long trajet à travers la psychologie des masses où Freud donne la bonne réponse à la question de Le Bon et où la psychanalyse, avec le signifiant vide et l'objet a, permet de penser positivement l'identité populaire et sa représentation. Le populisme n'est donc pas la notion équivoque à écarter. Il est la politique elle-même comme construction du peuple.

Cette construction du peuple par identification de la partie (plebs) au tout (populus) est apparemment très proche de mon idée de la part des sans-part. Mais elle se constitue en écartant le terme central pour moi, celui de démos. Je vous renvoie à l'usage très singulier du mot « démocratique » dans *La Raison populiste.* « Démocratique » désigne la demande isolée et, par cela même, susceptible d'être satisfaite. La démocratie est le règne des différences. C'est au contraire par le fait d'être insatisfaites que les demandes peuvent devenir équivalentes en constituant la ligne de division qui les oppose à l'ennemi commun. La politique n'existe que par l'identité populaire et celle-ci ne se gagne que par la division. C'est sa réponse au multiculturalisme prédominant alors dans le monde anglo-saxon. Mais cette réponse en reste dépendante. On part des demandes particulières de tel ou tel groupe et le peuple se constitue par mise en équivalence de ces demandes. La pensée de la composition pèse encore sur celle de la division. On pourrait dire, à la limite, que la division est le « bon » mode de la composition.

Pour moi, en revanche, les choses ne se jouent pas entre les particularités existantes et l'universel à atteindre mais comme tension inaugurale entre des manières opposées d'être en communauté. Politique et police définissent des figures de communauté alternatives. Et le « démos » nomme un principe de communauté qui est en même temps une manière de faire monde : il définit le peuple en termes d'arrachement à la naturalité des groupes, de leurs intérêts et de leurs « demandes ». Cette séparation est déjà à l'œuvre dans la constitution originale du démos due à la réforme de Clisthène: une unité spatiale faite de morceaux d'espaces hétérogènes, faite donc d'un démembrement des identités sociales. Et c'est ce qui se subjective dans l'affirmation du tout constitué par la part des sans-parts.

C'est peut-être l'occasion de répondre à l'objection que, pour moi, la politique n'est pensable que comme politique d'émancipation. Non. Il n'y a pas la police qui serait l'ordre – donc le mal -, et la politique qui serait le bien d'une insurrection éphémère. Les deux s'entremêlent et se contaminent sans cesse. La manière même dont nos États oligarchiques maintiennent les symboles de la politique comme affaire du peuple tout en les vidant de leur contenu est un appel à re-subjectiver le signifiant populaire défaillant. L'ordre consensuel voudrait se passer du peuple comme sujet de division, mais on ne se passe pas de peuple quitte à ce qu'il s'incarne dans des croisements singuliers. On pense, bien sûr, au Front national - c'est-à-dire à la situation où c'est le corps collectif identitaire qui joue le rôle du peuple diviseur, opposé à l'oligarchie. Mais on a un exemple plus significatif encore si on pense à la façon dont les campagnes « républicaines » en France ont donné une figure subjective polémique à la logique policière en opérant une confusion entre deux figures de l'universel : l'universel policier comme règle générale s'imposant à tous les individus et l'universel politique comme construction d'un plan d'égalité. C'est ainsi que, par exemple, un problème de discipline des institutions scolaires – le port du foulard – a été subjectivé comme le grand principe universel de la laïcité identifié au principe de la République française et qu'on a fini par constituer une sorte de racisme d'un type nouveau où les grandes figures de la rationalité française – Descartes, Voltaire, Jules Ferry – se trouvent transformées en un patrimoine génétique.

Cela montre effectivement – et là la critique est juste - que la simple opposition démos/ethnos est insuffisante pour penser ces phénomènes. On ne peut pas opposer simplement la figure identitaire du peuple au sujet construit par l'action politique. Il y a plusieurs manières de subjectiver la « part des sans-part », toute une série de transitions et de compositions entre plusieurs peuples. Le signifiant « républicain » est exemplaire de cette élasticité qui se déploie entre le pur signifiant abstrait et le signifiant plein d'un mode de vie global.

Concernant les deux peuples de la Place Syntagma, je n'ai pas les moyens de juger du rôle du signifiant proprement national ; en revanche ce que vous décrivez me semble relever de l'opposition entre deux logiques que l'on a vues à l'œuvre dans le mouvement des occupations : la « démocratie réelle », c'est-à-dire la constitution d'un peuple autonome avec ses deux emblèmes - l'assemblée et la tente - contre la pratique oppositionnelle de gauche, avec ses manifestations, ses demandes et ses slogans. C'est comme cela qu'Occupy Wall Street s'est volontiers décrit : comme le détournement d'une manifestation avec un petit groupe de gens qui décident, au lieu de marcher en criant des revendications, de s'asseoir et de faire une assemblée. En Grèce, cette tension prend une signification toute particulière parce que la « démocratie réelle » y rencontre une tradition de gauche où le marxisme et ses variantes les plus orthodoxes conservent un poids plus grand qu'ailleurs. En tout cas, il me semble que ce genre de tensions se conçoit mieux si l'on pense la lutte politique en termes de conflit de mondes plutôt qu'en termes d'universalisation des particularités.

Maria –

Laclau est devenu, en quelque sorte, le prince-philosophe des partis comme Syriza en Grèce et Podemos en Espagne. Je veux dire par là simplement que beaucoup des gens qui essayent de réfléchir à des alternatives à l'intérieur de ces partis ont recours à son œuvre. On ne peut pas savoir comment Laclau aurait pu réagir à tout cela. En tout cas, cela change par rapport au statut de rois-philosophes avec lequel ont pu flirter les dirigeants communistes dans la séquence qui va de Lénine à Mao. Je voudrais aborder avec vous une question à travers un détour.

Costas Douzinas a soumis l'hypothèse que Syriza fait partie d'un « nouveau genre » de partis politiques. *Ce sont des partis qui tentent d'incorporer des mots d'ordre des récents mouvements d'occupation des places : 1) Faire la politique par des non-politiciens, une affaire non professionnelle. 2) L'adoption partielle, en interne, des procédures de démocratie directe, d'organisation dite « horizontale ». 3) Le maintien d'un certain rapport d'extériorité avec les mouvements sociaux autonomes.*

Si on admet l'hypothèse d'un nouveau genre, on peut dire qu'ils sont en quelque sorte des partis qui « viennent après », après les mouvements de protestation (Podemos ne préexistait pas au mouvement du 15 mai ; quant à Syriza il ne semble pas avoir joué un rôle hégémonique à l'intérieur des multiples résistances qui se sont développées en Grèce depuis 2008, c'est dans un deuxième temps qu'il s'est construit comme force politique majeure et alternative gouvernementale).

Une certaine conception classique de la politique stipulait que la lutte des classes ne suffisait pas, que la politique devrait avoir constitué un lieu propre organisé - le Parti - capable d'accueillir le soulèvement populaire. Dans le cadre de cette logique, l'organisation politique devrait préexister l'intrusion émeutière ou insurrectionnelle, il y avait l'idée de tout un travail de préparatifs, il fallait travailler en amont, en avant-garde, pour préparer ce qui pourrait accueillir le soulèvement populaire. *Or, on s'est rendu compte que non seulement la forme d'organisation politique venait en amont, mais parfois, voir très souvent, elle faisait la police du mouvement et lui faisait la leçon si le mouvement réel ne correspondait pas exactement à la matière attendue, à ce qui était prévu. D'une certaine manière Mai '68 est le symbole de l'éclatement de cette contradiction et de ces problèmes. Maintenant ce « nouveau genre » prétend maintenir la forme parti mais en l'inscrivant dans une perspective de « ce qui vient après », en étant à l'écoute des mouvements et, dans le but de résister à leur caractère évanouissant, d'être capable de traduire leurs gestes en une puissance politique institutionnelle et instituante. Pour une grande partie des penseurs radicaux, ces partis « nouveau genre » ne sont qu'une nouvelle forme de récupération du mouvement, de re-normalisation et de réincorporation dans le jeu parlementaire, c'est-à-dire de la fausse nouveauté. À l'opposé, il y a cette idée que la « vraie nouveauté » est cette « nouvelle gauche », sœur des récentes expériences latino-américaines, et nouvelle par rapport au cadavre ambulant de la social-démocratie. Évidemment c'est ici qu'est convoquée la pensée d'Ernesto Laclau pour un populisme de gauche, et la construction d'une forme politique qui a pu digérer les vieilles dérives « avant-gardistes ».*

Il y a eu beaucoup d'enthousiasme pour les mouvements des places qui ont éclaté, mais après, une fois fini, ou bien il y a un discours de l'impuissance : qu'il ne se passe plus rien ou que la nouveauté a été avortée faute de ceci ou cela, selon les diagnostics ; ou bien il y a ce discours de la nouvelle gauche qui propose une évaluation de la nouveauté dans un cadre bien strict. Comment vous vous situez entre ce discours de l'impuissance (pas de nouveauté) et ce discours de pouvoir (une vraie nouveauté) ? Plus généralement, comment pensez vous cette double radicalisation : d'une part, la crise des grands stratèges et des stratégies globales qui se mue en une exaltation des résistances a-stratégiques et une mystique de l'événement, d'autre part, l'acceptation du caractère éphémère de toute subjectivation politique qui se mue en la recherche de l'oxymore d'une « meilleure police ».

Jacques –

Il y a des disciples de Laclau parmi les universitaires actifs dans Syriza. Mais qu'en est-il du rôle de sa pensée ? Les commentaires qu'on a pu lire là-dessus dans le *Guardian* sont assez superficiels. On nous explique que le succès de Syriza illustre la théorie de Laclau parce qu'il a tenu à sa capacité de lier différentes demandes contre un ennemi commun. Cette formulation est un peu trop large pour spécifier la pensée de Laclau. On évoque aussi le thème des 99% contre les 1%. Mais l'idée des

99% est une idée d'opposition des mondes plutôt que de composition des demandes. La référence à Laclau n'était pas très présente dans les mouvements d'occupation des places. Elle a surgi à propos de la stratégie électorale de Syriza et Podemos. Il y a une raison à cela. À la différence de la plupart de ceux qui ont cherché à penser la forme post-classiste de la lutte politique émancipatrice, Laclau a toujours lié la question de l'universalisation à celle de la représentation, y compris dans la forme classique de la représentation électorale et du rôle des leaders, chefs de partis ou de gouvernements. Sa pensée n'avait donc guère sa place quand les militants du 15 mai opposaient la démocratie réelle à la campagne électorale en cours et l'égalité des membres des assemblées populaires au rôle des leaders. « On ne demande rien » a souvent été le mot d'ordre de ces mouvements.

Il en va différemment quand il s'agit de traduire la puissance de ces mouvements en forces électorales et programmes de gouvernement, avec la création de Podemos ou quand Syriza a traduit certaines aspirations du mouvement de la place Syntagma en termes de programme de gouvernement. L'influence de la pensée de Laclau tient alors moins aux spécificités de son modèle théorique qu'aux deux orientations fondamentales qu'il a déterminées et articulées l'une à l'autre : la réhabilitation du « populisme » et la réhabilitation de la représentation ; elle tient dans la conjonction entre une affirmation du peuple comme sujet politique et une affirmation de la compétition électorale comme lieu de cette affirmation.

Peut-on parler de parti de type nouveau ? On est plutôt dans une hybridation entre la logique autonome et « anarchiste » des mouvements d'occupation et la logique des partis de « gauche de la gauche », qui tentent de faire la synthèse – ou le grand écart – entre plusieurs logiques : mouvement autonome et jeu électoral, rigueur marxiste et modèle du leader populaire à la Chavez. La référence à l'hégémonie peut servir à couvrir cette ambiguïté, mais je pense que Laclau a cherché avec cette notion à soulever des problèmes et non à les escamoter.

Le fond du problème, c'est que, pour qu'il y ait un parti nouveau, il ne suffit pas qu'il y ait un fonctionnement plus démocratique ; il faut qu'il y ait une forme nouvelle d'inscription dans le temps, une manière nouvelle de se donner un programme. Le programme d'un mouvement populaire n'est pas d'abord un programme de demandes, c'est un programme d'actions, un programme de tâches qu'il se donne à lui-même pour développer sa capacité subjective, c'est-à-dire, encore une fois, sa capacité à faire monde. De ce point de vue, on voit bien comment la dynamique d'une lutte contre les expulsions peut se prolonger dans celle de la gestion d'une ville, même si ce n'est pas la même chose d'organiser une lutte et de gérer un budget. C'était différent quand Podemos, à peine né, proposait un programme pour les élections européennes. On y trouvait des propositions en rupture avec celles des partis de droite et de gauche, mais ces propositions restaient inscrites dans la logique des programmes électoraux : celle de mesures que des élus se proposent de soutenir dans des assemblées. Dans de tels cas, l'idée de programme – c'est-à-dire la temporalité du parti – est déterminée par la logique de l'institution plus que par la dynamique d'une manière de faire monde.

Pour le reste, on peut discuter sans fin pour savoir s'il vaut mieux, pour un mouvement, s'exténuer dans sa pureté ou s'inscrire dans la logique de « gauche de la gauche ». Mais c'est une façon trop simple de poser le rapport entre les actions et leurs fins. Se demander quelles actions permettent d'obtenir ce qu'on veut est une manière de ne pas se demander quel type de vouloir est constitué par tel ou tel type d'action. Est-ce que ce qui est voulu par elles, c'est vivre quelques journées ou quelques semaines où la liberté, l'égalité et la fraternité deviennent une réalité matérielle, créer des mondes parallèles au monde dominant, participer au gouvernement avec l'idée qu'on peut y faire quelque chose pour rendre nos sociétés un peu plus justes, ou autre chose encore ? C'est la question que je renvoie toujours aux questionneurs qui, en fin de conférence, me demandent ce qu'il faut faire : la première chose à faire, c'est de chercher à éclairer un peu – un peu seulement parce qu'on ne le sait jamais complètement – ce qu'ils veulent. C'est par rapport à cela qu'il y a un sens à déterminer ce qu'on juge possible et souhaitable au lieu de faire comme si la fin pour laquelle se battaient les partis révolutionnaires d'hier était toujours identique et qu'il y avait seulement à trouver des moyens plus appropriés pour l'atteindre

Maria –

Je voudrais rebondir un peu sur la question de l'universel. Je suis d'accord avec vous lorsque vous soulignez que la vision du peuple chez Laclau est la vision d'une composition. En revanche, je suis moins sûre que les choses se jouent entre les particularités existantes et l'universel à atteindre. Laclau résume sa conception du peuple à l'aide de cette double formulation : « l'universalité du partiel et la partialité de l'universel ». La demande populaire comme *objet partiel* n'est pas « *une partie d'un tout mais une partie* qui est *tout* ». Entre ces deux termes *populus/plebs*, Laclau souligne l'irréductible tension dans laquelle chaque terme absorbe l'autre en même temps qu'il l'exclut. Le peuple nomme cette irréductible tension entre la communauté comme tout (le *populus*) et une partie de la communauté qui s'identifie à la communauté en général (le *plebs*). Or il y a cette idée fondamentale, chez Laclau, qu'il n'y aura jamais une pleine réconciliation de la société avec elle-même. Cela fait penser un peu à votre formule qu'on n'émancipera jamais une société, que la communauté des égaux ne peut prendre consistance sous forme d'institution sociale. Donc il me semble que vous partagez une certaine rupture entre universel et totalité mais aussi de finalité si on entend par là cette pleine réconciliation.

Mais là où vous parlez d'une tension inaugurale entre des manières opposées d'être en communauté, d'une certaine manière, chez Laclau la tension arrive par « le milieu », dans le bruit des demandes en quelque sorte. Chez lui ce n'est pas une question d'archè, de rupture de la logique de l'archè, et donc de tension principielle, mais ce n'est pas exactement une question d'universel à atteindre. *Démos* définit pour vous le peuple en termes d'arrachement aux groupes sociaux et à leurs demandes particulières, chez Laclau on part des demandes et le peuple se constitue par mise en équivalence de ces demandes, mais il me semble que le mot « demande » ne nomme pas ou n'opère pas de la même manière, n'y a-t-il pas là une mésentente ?

Vous affirmez que la politique a son universel dont le nom est l'égalité, mais que cette mesure ne s'applique jamais directement, seulement à travers l'incorporation d'un tort. Le *démos* est la classe du tort, il s'approprie la qualité commune comme qualité propre, la liberté comme titre vide. Dans la pensée de Laclau, on dirait que le mécompte des parties arrive par la formation d'une demande populaire (à distinguer des demandes sociales), en tout cas le peuple émerge par l'identification avec un signifiant vide. Or cet objet partiel n'a pas d'orientation principielle, il est absolument contingent, il peut être de type fasciste ou démocratique, etc.

Jacques –

Il y a certainement accord entre nous pour séparer universalité et totalité. Depuis le début la théorie de Laclau et Mouffe s'est fondée sur une logique structurale de l'incomplétude du tout. Et elle n'a pas varié là-dessus. Mais cette formule même se prête à des articulations conceptuelles et à des tonalités affectives très différentes. Les formulations *d'Hégémonie et stratégie socialiste* insistaient sur l'incommensurabilité de la partie et du tout qu'elle représente, sur la constitution discursive du social, sur la performativité de l'action politique et le rôle des « positions de sujets ». Pour moi les formulations de *La raison populiste* traduisent un glissement par lequel l'incomplétude du tout devient « plénitude absente » et ordonne la politique autour de la plénitude désirée plus que de son absence. Ce qui vient à la place des groupes sociaux, ce ne sont plus des « positions de sujets » mais, dès la première page de la préface, des « demandes ». Cette notion était, je crois, absente dans les premiers textes. Or elle vient occuper une place centrale dans les derniers. L'incomplétude structurale prend alors le nom de manque, et c'est ce manque qui vient relever et universaliser les manques particuliers, les manques empiriques qui font l'objet de la souffrance et des revendications de telle ou telle catégorie. D'où le risque que, à l'encontre de l'intuition fondamentale de la pensée de Laclau et de Chantal

Mouffe, l'unité de base de la politique, ce soit la demande, que les sujets appelés à entrer dans le jeu de l'universalisation soient des groupes définis par la spécificité de leurs demandes, que les luttes « partielles » soient les luttes de groupes particuliers.

Il y a, pour moi, deux aspects dans ce glissement au sein d'une même logique. Il y a le fait que dans les derniers écrits de Laclau, le contexte dominant soit l'Amérique du Sud, le chavisme et ses variantes, l'histoire du populisme en Argentine, le rôle du leader autour duquel s'opère « l'unification symbolique du groupe ». Mais il y a peut-être un élément plus constitutif : il me semble qu'il se passe pour la théorie de Laclau la même chose que pour toutes les théories qui veulent donner à la politique un fondement ontologique, à savoir qu'il y a dans ces théories un point d'amphibologie où l'ontologique et l'empirique se confondent d'une manière plus ou moins subreptice. Dans *La Raison populiste,* il me semble que les concepts de manque et de demande opèrent cette subreption.

Bien sûr, on peut dire que le concept de demande doit être interprété différemment. Le livre est écrit en anglais et *demand* en anglais signifie exigence et ne suppose pas de manque à combler. On peut alors rapprocher les demandes de ce qu'ils appelaient naguère « positions de sujets ». On dira que les unités en jeu sont non pas des groupes et des demandes mais des formes singulières de subjectivation : par exemple le « tous ensemble » des grèves françaises de 1995, le « vous ne nous représentez pas » du 15 mai madrilène, l'occupation des places, la déclaration « nous ne paierons pas leur dette », etc. Mais on n'est plus alors dans le cas d'une hétérogénéité des demandes nécessitant le passage du démocratique au populaire. Chacun de ces « nous » est déjà une actualisation du démos. On touche là pour moi à un point de tension entre les deux logiques que Laclau a voulu unifier : la logique de la performativité et la logique du manque. C'est peut-être aussi la limite du modèle rhétorique par lequel il a tenté de les nouer autour des notions de la métaphore et de la métonymie.

Maria –

Sans vous demander de revenir sur le cas grec, je voudrais simplement faire une remarque : à la différence des événements de décembre 2008 en Grèce où là, effectivement, il y a une multiplicité d'actions mais « on ne demande rien », dans le mouvement d'occupation des places qui s'est déployé en 2011, il y a bien une demande ou en tout cas une déclaration : « nous ne payerons pas leur dette » ; ce n'est pas un hasard si cela a fait beaucoup reparler de l'histoire de la démocratie athénienne. Les réformes soloniennes peuvent être considérées comme une réponse partielle, dans une longue période de perturbations et de *stasis*, à deux demandes populaires : l'extinction des dettes et la redistribution des terres. D'une certaine manière, la démocratie athénienne prend forme à travers plusieurs réformateurs (de Solon à Clisthène) qui cherchent à apaiser la *stasis* alors qu'elle ne cesse de revenir et que pour autant précisément cette double demande populaire ne peut être absorbée sans perturber l'ordre de la polis, ou de la police.

Ma question porte sur la différence entre demande et déclaration, entre par exemple une demande d'annulation de la dette et la déclaration « nous ne payerons pas leur dette ». Il y a une décision chez Laclau qui consiste en une conceptualisation du sujet politique surgissant à partir et en fonction de l'unité première de la demande. Dans ce cadre, le sujet politique est irréductiblement un sujet de manque, donc de désir. L'apport de la psychanalyse, c'est de conceptualiser la différence qu'il peut y avoir entre la recherche d'un bien et la réalisation du désir; celle-ci relève justement non pas de la possession d'un objet, mais de l'émergence dans la réalité du désir comme tel pour autant qu'il est subjectivé.

Dans quelle mesure, chez vous, la politique est la création d'un espace à partir d'une déclaration et le sujet politique se distingue-t-il radicalement d'un sujet de manque ? Deuxième question. J'ai l'impression, mais ce n'est peut-être juste qu'une impression, que chez Laclau un peuple se constitue avant tout « en face de », d'un ennemi commun, alors que votre point d'appui semble plutôt l'émergence égalitaire au sein même du collectif, un rapport à soi avant d'être un rapport à l'autre.

Enfin, en ce qui concerne la question que vous renvoyez à vos interlocuteurs quand ils vous demandent ce qu'il faut faire, en leur répondant que la première question est de chercher à éclairer un peu ce qu'ils veulent. Dans quelle mesure ce qu'ils veulent ne renvoie-t-il précisément pas au désir et à ce que l'on peut nommer une demande ? Ce qui est peut-être autre chose qu'une forme de « revendication à » l'État ou au gouvernement, à l'Union européenne ou au FMI, etc.

Jacques –

Pour moi, la formule « Nous ne paierons pas leurs dettes « n'est pas une demande. Elle est une déclaration, c'est-à-dire qu'elle est l'unité de deux actes de langage : premièrement, elle est une contre-argumentation : il n'est pas vrai que la dette grecque est due au fait que les travailleurs grecs soient des privilégiés qui dévorent la richesse nationale, elle est due à ceux qui nous gouvernent et nous exploitent. Deuxièmement elle est la constitution d'un nous dans une affirmation d'écart par rapport au monde des gouvernants et des possédants. « Nous ne paierons pas leur dette » - la formule ne réclame pas des pouvoirs en place une action pour renégocier la dette grecque. Elle dit : « nous ne sommes pas de leur monde », et elle constitue ce nous qui oppose un monde à un autre : le monde où une juste rémunération du travail et une redistribution des richesses au profit des plus démunis sont une bonne chose et le monde où elles sont un calcul erroné. Il y a un jeu de la négation affirmative que j'aime mieux penser en termes de subjectivation dissensuelle que de demande. Et cela correspond bien à ce que Laclau disait en définissant la politique en termes de constitution performative de son propre espace. On retombe là sur la tension dont nous parlions précédemment.

Cette tension affecte aussi la question de l' « ennemi commun ». Deux choses à ce sujet : vous dites que l'émergence égalitaire chez moi est peut-être davantage un rapport à soi qu'un rapport à l'ennemi. Mais ce rapport à soi est un rapport d'opposition entre deux manières d'être soi. Elle est un travail de désidentification, c'est-à-dire de rupture avec l'identité dans laquelle la logique dominante, la logique policière, vous a installé. Elle consiste à se rendre capable de ce dont cette logique vous dément la capacité. Affirmation de soi et réfutation du partage dans lequel l'autre vous a enfermé vont ensemble.

Deuxième point : la notion d'ennemi commun prête à équivoque. Dans les mouvements récents, le refus du monde des autres, des 1%, de la « caste » effectue un partage des mondes qui s'oppose à une idée réductrice de l'ennemi commun, comme celui qui est commun à plusieurs demandes. Il y a une communauté posée d'emblée chez ceux qui plantent leur tente dans l'espace public, soit qu'ils viennent d'un groupe militant qui peut s'être occupé de parité entre les sexes, de lutte contre les expulsions, de défense des sans-papiers, de culture *queer*, de radios libres ou de mille autres combats, soit qu'ils aient simplement répondu à la singularité de l'événement. Ce ne sont pas des particularités assemblées qui font un peuple. C'est bien plutôt le fait que tous ces gens font de mille manières l'épreuve des conditions de précarité et d'injustice que l'ordre dominant impose à la plus grande majorité. Et c'est aussi que la particularité de tous ces combats est déjà en elle-même la tentative de construction de cet « autre monde » ou de ce monde des 99% qui se déclare comme tel dans les mouvements d'occupation. Autrement dit ce qui se découvre équivalent, ce sont des écarts et non des différences, ce sont des gestes de communauté, des gestes d'universalité et non des particularités.

À partir de là se pose la question de ce qui est voulu par ces actes de subjectivation, une question qui peut éventuellement être formulée comme celle du désir qui doit apparaître derrière la demande. Et on en revient à ce que je disais plus haut : il y a une infinité de réponses possibles : vivre avec les autres une fois dans sa vie d'une manière différente, constituer une force autonome, faire pression sur les gouvernements, constituer une force de gouvernement, marquer une étape sur le chemin de la révolution, etc., etc.

Maria –

Je voudrais revenir sur ces deux manières d'être soi. Vous dites qu'affirmation de soi et réfutation du partage dans lequel l'autre vous a enfermé vont ensemble. Ceux qui sont enfermés dans une incapacité se déclarent capables, à travers un programme d'actions, de ce dont la logique policière leur refuse. Mais dans l'autre sens, il y a ceux qui peuvent se déclarer incapables de ce dont la logique policière leur accorde comme capacité. C'est le cas de certains intellectuels, comme vous le disiez précédemment, à plusieurs reprises et de plusieurs manières.

Une des fractures introduites par les mouvements des années 1960-70 et de l'effondrement du marxisme d'État a été la remise en cause de la figure classique de l'intellectuel. Et cette remise en cause passe centralement par la question de la représentation. Dans le fameux entretien de Foucault et Deleuze sur les intellectuels et le pouvoir, il s'agit précisément de réfuter toute capacité des intellectuels d'être une « conscience représentante ». Il y a eu, depuis, l'amorce d'une critique postcoloniale, notamment avec Chakravorty-Spivak et la question qu'elle posait sur les femmes subalternes se trouvant dans une double incapacité (la domination coloniale et la domination masculine traditionnelle dans la culture indienne). Il me semble que Laclau se positionne plutôt dans ce cadre. C'est pourquoi chez lui la représentation fait retour : avant de se déprendre d'une image de soi il faut pouvoir accéder à une forme de soi. Pour lui, il y a des secteurs marginaux qui ne sont pas constitués comme un soi, « *dont la constitution requiert, précisément, la représentation avant tout*[46] ».

Ce n'est pas la question des intellectuels qui m'intéresse mais celle du pouvoir-parler et de l'accès au symbole. Ma question est double. Est-ce qu'il y a des cas où la logique policière installe une double incapacité et qu'est-ce que cela pourrait vouloir dire pour la sortie ? Ou est-ce que parler d'une double incapacité est une manière de faire rentrer par la porte arrière ce qu'on a jeté, pour commencer, par la fenêtre ? La part des sans-part n'a pas de support réel, c'est une fonction d'inscription qui reste partielle,

[46] E. Laclau, *La raison populiste*, traduit par Jean-Pierre Ricard, Paris, Seuil 2008, p. 190.

toute la part des sans part ne s'inscrit pas dans/avec le démos, il y a toujours des restes du tort (les femmes ou les esclaves d'Athènes), dans ce sens dans le surgissement d'un peuple la question devient comment une inscription permet ou reste ouverte à d'autres inscriptions. Et d'une certaine manière une inscription populaire peut réfuter un partage tout en maintenant forclos d'autres types de partage. Pour les traduire autrement, en extrapolant un peu, la critique de Laclau ou Chakravorty-Spivak opère dans la différence entre exclusion et forclusion, la différence entre un désir refoulé (qui a cependant un accès au langage) et la forclusion symbolique.

Jacques –

Je vois là deux problèmes distincts mais liés. Le premier porte sur la notion de « représentation ». Dire, avec Laclau, que le représenté ne précède pas le représentant, qu'il n'existe que par lui, c'est dire deux choses différentes : l'une est qu'un sujet politique n'existe qu'à travers la symbolisation qui le sépare de toute identité sociale ; l'autre est qu'il n'existe que par le rôle de représentant joué par une incarnation de ce symbole, fonctionnant comme délégation de sa « volonté ». Dans le chapitre de *La Raison populiste* auquel vous vous référez, ces deux choses distinctes me semblent en fait confondues. Or cette confusion conduit à penser la subjectivation comme identification et plus précisément comme identification à la figure du leader, au nom de l'argument : il y a des gens qui ne peuvent exister collectivement que par leur identification avec un représentant.

Cet argument est en fait une tentative de récupération positive du fameux argument de Marx sur les paysans parcellaires français qui ne pouvaient exister collectivement qu'en s'identifiant à un individu emblématique, en l'occurrence Louis-Napoléon Bonaparte. On construit alors une alternative qui ne laisse que le choix entre deux logiques : une logique « démocratique » qui serait une logique d'égalité restreinte, fondée sur des exclusions de droit ou de fait ; et une logique populiste où tous ceux que la précédente laisse de côté pourraient être inclus par leur identification à une figure charismatique. Je persiste à penser que cette alternative n'a rien de nécessaire et que le processus par lequel un grand nombre de ceux et celles qui étaient privés de parole et d'existence civile ont pu s'inclure comme exclus est toujours susceptible de nouvelles inclusions. On peut constater que beaucoup en sont aujourd'hui empêchés sans être obligé de conclure ou qu'ils ou elles le seront toujours ou ne pourront sortir de leur incapacité que par identification à un leader charismatique. Au demeurant il n'est pas vrai que les subalternes ne peuvent pas parler parce qu'ils ne peuvent pas s'identifier. C'est au contraire leur identité bien définie qui les empêche de parler.

L'inégalité se constate assurément partout, sa nécessité nulle part. Sur ce point, je reste fidèle à l'alternative jacotiste : on part de la présupposition de l'égalité ou on part de celle de l'inégalité. Dire qu'il y a des cas où on ne peut pas partir de l'égalité, c'est aussi bien dire qu'il y a des cas où l'on n'y arrivera jamais.

Maria –

L'égalité existe dans son actualité, et non comme un idéal qu'on atteindra grâce à une bonne stratégie.

Si la rupture n'est pas de vaincre l'ennemi mais de cesser de vivre dans le monde que cet ennemi nous a construit, quelque part votre idée de l'émancipation n'est pas a-stratégique, comme on vous le reproche souvent. Ce dont il s'agit est peut-être une torsion de la notion même de « stratégie ». À la stratégie comme poursuite d'une fin se substitue la stratégie comme construction d'une durée.

Et si la lutte politique est une lutte pour les mots, dans quelle mesure la « stratégie » peut être autre chose que la stratégie comme science des grands stratèges d'une égalité toujours à venir ?

Jacques –

Dans l'idée de stratégie, il y a deux idées distinctes. Il y a l'idée d'un enchaînement d'actions qui produit une augmentation de la puissance d'agir, et il y a l'idée du choix des meilleurs moyens pour arriver à un but. Conquérir des territoires, renforcer sa puissance d'agir est une chose. Dire : c'est là qu'il faut aller et il faut trouver le meilleur moyen pour y arriver, en est une autre. On a longtemps confondu les deux avec l'idée que le but était connu - la révolution – et que le problème était de trouver les bons moyens pour y arriver. On posait l'existence d'une science des rapports sociaux qui permettait de trouver ces moyens et d'une science de l'action organisée qui permettait de les mettre en œuvre, de définir des étapes, de produire des d'effets susceptibles de devenir causes d'autres effets, etc.

En même temps, on a pu vérifier, depuis plus de deux siècles, que les forces militantes naissaient des moments d'exception bien plus qu'ils ne les provoquaient, que le problème n'était pas de ranger des troupes en bataille mais de maintenir dans la durée la puissance d'explosions singulières, c'est-à-dire la capacité de l'égalité à faire monde. Les années 1968 ont été la grande vérification de ce conflit des temporalités, la recherche d'une temporalité du mouvement à l'encontre de la temporalité du parti, destiné à la prise du pouvoir – révolutionnaire ou parlementaire. Et c'est un trait encore plus marquant dans les mouvements récents. Ils sont advenus dans une logique du mouvement qui se déclare en créant un espace-temps hétérogène à celui du jeu étatique et parlementaire mais aussi à celui des stratégies révolutionnaires. La question qu'ils posent alors est : comment développer une puissance d'agir sans représentation d'un but global de l'action ? C'est alors le choix d'exigences qu'un mouvement s'impose à soi-même : par exemple re-décrire les situations, inventer des thèmes propres de campagne, se fixer ses propres agendas, explorer des terrains nouveaux d'autonomie, créer ses propres organes d'information, favoriser des expériences économiques d'autonomie, etc.

L'élaboration de la pensée Laclau-Mouffe s'est inscrite dans cette configuration. Mais elle l'a fait au prix d'une certaine tension. D'un côté, elle laisse de côté la détermination du but global : la stratégie socialiste n'est pas une stratégie pour arriver au socialisme qui donne figure au but atteint et définisse des étapes. Elle est une stratégie de la pratique socialiste, une manière de constituer un camp dans une lutte, excluant tout terme final et même tout objectif de « prise de pouvoir ». D'un autre côté, la question d'une temporalité autonome lui est relativement indifférente. Et le terme d'hégémonie – même s'il est entièrement réélaboré - est marqué lui-même par une certaine tension. Chez Gramsci l'hégémonie se laisse décrire, d'un côté, en termes de stratégie d'alliances, de l'autre, en termes d'opposition de mondes. Dans l'histoire des partis marxistes la logique de l'accroissement de puissance d'agir s'est trouvée intégrée au jeu stratégique entre deux types de temporalité : la temporalité des échéances étatiques et parlementaires au sein de laquelle on élabore des luttes ciblées, on popularise son programme, on mesure son effet et on noue des alliances, et la temporalité à long terme de la « prise du pouvoir » révolutionnaire. Quand le second s'efface, reste la tension entre la logique du développement autonome et celle de la prise du pouvoir – ou de la collaboration au pouvoir - au sein des États existants et de la configuration des temps et des espaces qu'ils déterminent.

III

Fabienne Brugère,
LLCP, Université de Paris-8

Le féminisme est-il un populisme ?

Le féminisme, mouvement politique qui revendique l'égalité des sexes (devant la loi et dans d'autres domaines) peut-il être un populisme au sens où l'entend Ernesto Laclau dans *La raison populiste*, celui de la constitution d'un peuple à travers des identités populaires conciliant l'individuel et le collectif ?

Même si Laclau fait du populisme une opération politique qu'il s'agit de penser et pas seulement de dénigrer, le rapprochement peut tout d'abord sembler incongru tant l'image que le populisme donne du peuple est loin des préoccupations féministes qui sont la subordination des femmes, la coexistence égalitaire des sexualités, l'attribution des tâches de soin, etc. Sans doute que des usages illégitimes du féminisme pourraient relever du populisme -comme la présidence Bush justifiant la guerre en Afghanistan par la nécessité de promouvoir l'égalité des femmes ou l'une des épouses de l'émir du Qatar se réclamant du féminisme-, ce qui ne veut pas dire bien sûr que le féminisme soit pour autant un populisme. Il semblerait beaucoup plus aisé de poser la question : le féminisme est-il un socialisme ? grâce à une lecture de *Hégémonie et stratégie socialiste*.

Pourtant, il n'en reste pas moins la possibilité d'une mise en convergence. Le populisme est une raison politique qui réinscrit le *demos* au cœur de la démocratie. Le peuple selon Laclau, si l'on suit la piste d'une rationalité populiste, n'est ni la masse, ni la foule, ce qui lui permet d'échapper à toute expression idéologique pour se constituer comme une « relation réelle entre des acteurs sociaux »[47]. L'unité du groupe se fait à partir de la « demande », d'une demande suffisamment large pour devenir un

[47] Ernesto Laclau, *La Raison populiste*, traduit par Jean-Pierre Ricard, Paris: Seuil, 2008, p. 91.

système de significations stables. Le populisme peut alors se situer contre l'*establishment* démocratique (dont la marque la plus visible est la présence d'un fossé de plus en plus grand entre le système institutionnel et les gens) tout en étant porteur d'une raison démocratique.

Sans aller plus loin, on peut dire que le féminisme lui-même est porteur d'une telle raison démocratique, de demandes insatisfaites qui réclament une satisfaction, et qui tentent de ne pas demeurer isolées, de former une unité[48]. Plus encore, de mon point de vue, le féminisme est démocratique en tant que les féministes veulent promouvoir une égalité des voix (droits politiques, égalité économique, égalité dans le domaine de la sexualité, égalité dans les partages entre le public et le privé). Toutefois, cette égalité des voix est démocratique non seulement au sens d'un idéal et d'une demande mais au sens d'une expérience démocratique, celle du désordre pensée par Rancière : le féminisme est une subversion des places. Il réclame une autre distribution des places en refusant toute naturalisation qui fixerait les devenirs masculins et féminins. En tant qu'activisme politique, il est pour le soulèvement tout en se méfiant des prises de pouvoir qui se jouent dans une révolution en train de s'établir comme gouvernement, et qui risquent de fixer à nouveau des identités masculines et féminines. En ce sens, le féminisme ne fait pas que croiser la démocratie ; il est démocratique. Il n'existe, comme l'écrivent Laclau et Mouffe dans *Hégémonie et stratégie socialiste,* que lorsque le discours démocratique devient disponible, ce qui implique une critique des identités fixes, le surgissement d'identités politiques conflictuelles, instables ou contingentes. Ainsi, il n'y a pas de revendications féministes sans culture démocratique. En d'autres termes, sans transformation des relations de subordination (dans lesquelles « un agent est soumis aux décisions d'un autre »[49]) en relations d'oppression (« celles des relations de subordination qui

---

[48] *La Raison populiste*, p. 92.

[49] Ernesto Laclau et Chantal Mouffe, *Hégémonie et stratégie socialiste : Vers une politique démocratique radicale,* trad. par Julien Abriel, Paris : Les Solitaires Intempestifs, 2009, p. 268.

se sont transformées en lieux d'antagonismes » jusqu'à être nommées des relations de domination (où « l'ensemble des relations de subordination [...] sont considérées comme illégitimes »)[50]. Ce qui caractérise le féminisme, c'est bien la question de la démocratie dont on peut analyser la naissance selon Laclau et Mouffe, suivant sur ce point Hannah Arendt dans l'esprit de la Révolution française, première révolution à ne se fonder sur aucune autre légitimité que le peuple. Cette révolution aurait ainsi initié ce « que Claude Lefort a défini comme un nouveau mode d'institution du social »[51] régi par le vide, un vide qui seul peut permettre la diffusion de l'égalité et de la liberté parce que les places de pouvoir sont rendues inessentielles, ou sont en tout cas amovibles. On peut pousser plus loin la théorie et la pratique féministes et rappeler qu'elle se veut aussi émancipatrice, acquise de plus en plus à travers son histoire, au pluralisme, et porteuse d'une démocratisation radicale ; le sujet politique féministe n'est pas un sujet unifié dont les positions pourraient être ramenées à un principe positif unitaire et simple.

Peut-on aller aussi loin dans le rapport du populisme à la démocratie ? Pour que le populisme puisse converger avec la démocratie, Laclau pose trois critères sur lesquels j'aimerais revenir : 1/ la nécessité d'un chef porteur d'un discours émancipateur (d'où la référence au charisme), 2/ une requalification de la représentation : la représentation n'est pas déjà là, elle est à faire pour pouvoir gouverner avec celles et ceux qui ont été appréhendés comme « exclus » et 3/ le discours populiste tient alors avec des « signifiants vides », une unité ou une image du peuple suffisamment indéterminée ou générale pour qu'une grande chaîne d'équivalences puisse s'y constituer.

Or, ces trois critères se combinent mal avec le féminisme. Bien sûr, le féminisme s'est identifié avec l'impossibilité du chef, tant le chef a tous les risques de représenter et d'incarner ce qui est à combattre : le patriarcat ou le paternalisme. Le chef peut être le meneur du groupe au sens où l'entend Freud : il est le père, le

[50] On peut citer, comme le font Laclau et Mouffe, Mary Wollstonecraft en 1792 et bien plus récemment on trouve le terme d'oppression des femmes dans Simone de Beauvoir, *Le deuxième sexe*.

[51] *Hégémonie et stratégie socialiste*, *op.cit.* p. 270.

frère, certes responsable devant la communauté, mais toujours selon un signifiant masculin. Les mouvements féministes ont expérimenté de nombreuses fois, à partir des années 1970, la difficulté à élaborer des groupes mixtes où non seulement les demandes, les intérêts et les identités ne se font pas selon la même direction, mais plus encore, où les organisations qui se créent font revenir des automatismes de la prise de pouvoir à travers une imagerie virile la plus classique[52] bien sûr beaucoup plus habitable pour les hommes que pour les femmes.

La requalification de la représentation paraît bien sûr nécessaire pour le féminisme puisque les femmes ont été exclues de la représentation politique pendant longtemps (et le sont d'ailleurs encore). Les mouvements féministes formulent des demandes insatisfaites et appartiennent bien en ce sens aux non-représentés, aux exclus d'un système politique en place. Ils devraient en arriver à constituer une volonté politique qui se déploierait dans ce que l'on peut appeler une opération hégémonique selon une tradition héritée de Gramsci que Laclau reprend à son compte en la modifiant. Toutefois, c'est sur cette opération hégémonique, qui élargit la représentation et la subvertit, que le féminisme bute. Pourquoi ? L'hégémonie dessine la limite d'un corps social de manière contingente (sans au-delà en quelque sorte) à partir d'une demande élargie qui a pu produire une équivalence entre des demandes spécifiques pour constituer une subjectivité sociale élargie. Or, justement, l'hégémonie est structurellement difficile pour le féminisme ; on sait bien qu'il y a des féminismes (égalité des sexes/égalité des sexualités-différencialiste/universaliste), que le féminisme n'a jamais cessé de se développer en se particularisant au nom de la représentation (le moment le plus spectaculaire étant quand le *black feminism* se sépare d'un féminisme dit « universaliste » mais accusé de ne représenter que les intérêts des femmes blanches de la bourgeoisie américaine). Plus encore, le féminisme des années 1990-2000 s'est déployé à travers la revendication de modes de vie minoritaires (souvent liés aux pratiques sexuelles et aux mouvements gays et lesbiens) qui

[52] Le plus symptomatique, à ce titre, est sans doute la séparation des gays et des lesbiennes dans les années 1970 tant les gays s'accaparaient tout le pouvoir du point de vue lesbien.

demandaient à bénéficier des mêmes droits que ceux des modes de vie majoritaires dans un jeu entre les normes et leurs écarts, l'écart étant appréhendé à travers la constitution de sujets politiques antagonistes qui réclamaient une reconnaissance. Le vrai danger pour le féminisme a bien été alors (et demeure) la dispersion du sens, des revendications, les divisions et l'impossibilité de créer une unité au nom d'une crise assumée de l'universel (l'universel cachant toujours des intérêts représentatifs d'un groupe qui cache sa prise de pouvoir). Ce féminisme a été appréhendé comme avant tout « culturel », postmarxiste (structuré par l'abandon du projet matérialiste du marxisme et de la structuration du conflit politique autour de la lutte des classes). Il a été accusé de mener à des politiques fractionnelles, identitaires et particularistes privant la lutte politique d'idéaux communs. En même temps, ce n'est pas si simple et la mise en cause d'un universel peut se faire au nom du commun si l'on assume le fait que tout universel est concret ou historique, et porte en lui-même des angles morts, des individus ou des groupes que, pour des raisons historiques et des rapports de pouvoir, il n'arrive pas à représenter.

Le féminisme, et c'est particulièrement vrai pour les années 2000, à partir du moment où il s'identifie aux nouveaux mouvements sociaux, travaille à un élargissement de la représentation. C'est bien le sens de la lecture du féminisme chez Laclau et Mouffe qui place le féminisme dans le cadre de la révolution démocratique. De cette façon, la pluralisation des luttes ne peut se faire sans une universalisation des états de domination à combattre (femmes, ouvriers, migrants, homosexuels, etc.). En d'autres termes, l'hégémonie peut se produire au sens où une demande peut se constituer à partir d'une équivalence entre des demandes spécifiques, pour constituer une subjectivité sociale élargie, démocratique. Plus encore, un article de Chantal Mouffe, « Quelques remarques au sujet d'une politique féministe »,[53] déploie cette approche anti-essentialiste d'une politique féministe

[53] Mouffe Chantal, « Quelques remarques au sujet d'une politique féministe », dans *Les rapports sociaux de sexe*. Paris : Presses universitaires de France, *Actuel Marx Confrontations*, 2010, p. 142-151. https://www.cairn.info/les-rapports-sociaux-de-sexe--9782130584742-page-142.htm

(rendant plus complexe l'unité) au nom du projet d'une démocratie radicale qui établit des alliances des opprimés.

On peut donner d'autres versions de ce qui manifeste pour Laclau et Mouffe une logique égalitaire diffuse au nom du droit à avoir des droits. Ces autres versions, celle de Judith Butler ou de Nancy Fraser dans des registres philosophiques différents, montrent également la nécessité politique actuelle d'éviter l'atomisation des mouvements et des théories féministes si l'on veut maintenir la possibilité d'une transformation sociale démocratique.

Pour Judith Butler, il s'avère nécessaire de reconsidérer l'universel à partir de la constitution d'une unité non *a priori* mais *a posteriori* et qui permet à la différence de rester constitutive de tout combat. C'est sur la base des nouveaux mouvements sociaux, où le sentiment d'alliance est élaboré dans de nouvelles formes de rencontres conflictuelles, que peut s'élaborer une « coalition des différences », avec pour but commun de forcer la participation démocratique. Crise assumée de l'universel disais-je, qui prend alors cette forme : « il est impératif de demander comment la catégorie même d'universel est devenue possible si ce n'est en gommant les opérations préalables du pouvoir social. Cela ne revient pas à dire que les universaux sont impossibles, mais simplement que s'il ne dit pas d'où il exerce son pouvoir, un universel sera toujours source de falsification et de territorialisation, et devra être combattu à tous les niveaux. Quel que soit l'universel qui s'impose [...], ce sera alors le fruit d'un travail difficile de traduction dans lequel les mouvements sociaux offrent leurs points de convergence sur un arrière-plan de contestation active »[54].

Pour Nancy Fraser, les modes de production sociaux et économiques restent déterminants dans le cadre d'un capitalisme post-industriel qui modifie toutefois les rapports entre sphère publique et sphère privée, travail et non-travail. L'enjeu, en différents

---

[54] Judith Butler, « Simplement culturel ? », trad. par Brigitte Marrec, dans *Les rapports sociaux de sexe*. Paris : Presses universitaires de France, *Actuel Marx Confrontations*, 2010, p. 174.
Page 168 à 183

points proche des thèses de Laclau et Mouffe, mais aussi de Butler, est bien l'identification des nouveaux mouvements sociaux selon un projet de démocratie radicale. Mais, à la différence de Butler, l'accent n'est pas tant mis sur la notion de « différence » que sur celle d'un renouvellement démocratique qui croiserait la redistribution, la parité et la reconnaissance, manière de lier à nouveaux frais le féminisme avec les injustices de répartition des richesses et de représentation politique tout autant que les injustices liées à l'impérialisme culturel. Dans l'introduction du *féminisme en mouvements*, Fraser qualifie ainsi un jeune féminisme et une réinvention de l'imagination féministe : « sortant déjà du long tunnel de la politique de l'identité, les jeunes féministes semblent sur le point d'opérer une nouvelle synthèse de la démocratie radicale et de la justice sociale. Combinant la redistribution, la reconnaissance et la représentation… »[55], elles cherchent à transformer le monde.

Pour le troisième critère, celui des « signifiants vides », on ne peut que noter une difficulté inhérente au féminisme dans la mesure où le féminisme a besoin de luttes ponctuelles pour faire valoir des droits, les faire appliquer, mais aussi lutter contre des stéréotypes. Il ne peut se défaire totalement d'un contexte, d'une organisation politique ou nationale spécifique, etc., la situation des femmes étant très différente d'un pays à un autre, par exemple. Sans doute, « Ni putes, ni soumises » avait tenté de constituer une sorte de signifiant vide en France. Toutefois, le féminisme c'est bien évidemment la défense de luttes ponctuelles qui s'arrêtent au moment où une demande est satisfaite (la finalité n'étant pas la prise de pouvoir). Que veulent dire « la femme », et même « les femmes » ou l' « oppression des femmes » quand ces catégories sont critiquées par le féminisme lui-même ?

En conclusion, disons que le féminisme n'est pas un populisme car trop profondément subversif et trop engagé dans une démocratie radicale ou des devenirs minoritaires. En même temps, il

---

55 Nancy Fraser, *Le féminisme en mouvements*, trad. par Estelle Ferrarese, Paris : La Découverte, 2012, p. 28.

devrait stratégiquement utiliser le populisme pour gagner en efficacité politique et médiatique (il y a du populisme dans l'activisme *femen,* dans le discours d'Emma Watson à l'ONU en septembre 2015). Certes. Mais je poserai aussi le problème suivant : le populisme en démocratie peut-il faire sans le féminisme, ce qui reviendrait à interroger l'émergence de la catégorie du « peuple » avec le recours au genre que les philosophes du « peuple » ont si souvent oublié. Le peuple, catégorie souvent masculiniste, doit utiliser le genre et le sexe (cf. *Le sexe de la nation*, Rada Iveković[56] : la nation se maintient au moyen du maintien de la hiérarchie des sexes).

[56] Rada Iveković, *Le sexe de la nation*, Paris : Léo Scheer 2003.

Jean-Claude Monod
CNRS UMR 8547

La partie et le tout : métaphore et métonymie dans la construction rhétorique du peuple

Comme il s'agit de rendre hommage à Ernesto Laclau, à son œuvre bien sûr, mais aussi à son influence et à sa personne, j'aimerais d'abord dire quelques mots personnels, qui introduiront au thème de mon intervention. J'ai eu le plaisir de rencontrer Ernesto Laclau à l'initiative de Barbara Cassin, qu'Ernesto avait sollicitée en vue de trouver des intervenants à un colloque qu'il co-organisait en 2006, à Northwestern, sur le thème de la rhétorique, des tropes et de la subjectivité démocratique. Or j'avais consacré un certain nombre de travaux à l'approche de la métaphore qu'on trouve chez Hans Blumenberg, et à un article fameux de ce dernier sur une « approche anthropologique de la signification de la rhétorique ». Blumenberg y opposait positivement, d'un côté, une « conception rhétorique de la politique », dans laquelle la discussion est vue comme consubstantielle à l'activité politique et où celle-ci doit viser des « accords » toujours provisoires, et de l'autre, une « conception platonicienne de la politique », pour laquelle des « vérités » métaphysiques doivent être appliquées à la cité nonobstant ses « opinions », ce qui donne lieu à des formes variées d' « absolutisme de la vérité ». Laclau se reconnaissait en partie dans cette valorisation politique et peut-être « post-métaphysique » de la rhétorique, et il s'intéressait à la notion blumenbergienne de « métaphore absolue »[57], c'est-à-dire de métaphores qui permettent d'exprimer des réali-

[57] Voir Hans Blumenberg, *Paradigmes pour une métaphorologie* [1960], trad. fr. D. Gammelin, postface de J.-C. Monod, Paris, Vrin, « Problèmes et controverses », 2007.

tés, des intuitions ou des idées dépassant toute possibilité de vérification empirique, voire toute possibilité de « prise » conceptuelle déterminée. Suite à cette rencontre, à ce colloque et à l'amitié qui s'est alors nouée, j'ai traduit dans les *Archives de philosophie* un article d'E. Laclau, « L'articulation du sens et les limites de la métaphore »[58], que j'évoquerai dans un instant, et j'ai eu plusieurs discussions, à l'Université d'Essex ou à Paris, au cours desquelles Laclau m'incita fortement à sortir du travail de commentaire d'auteurs, auquel je m'étais plus ou moins tenu jusqu'alors, - suivant une tradition académique assez française, pour passer à un travail philosophique « en première personne ». C'est également son livre *La Raison populiste* qui m'incita à sauter le pas, en abordant autrement, mais de front, dans *Qu'est-ce qu'un chef en démocratie ?* la question du politique en tant qu'organisation qui peut ou doit peut-être se donner un « chef » ou un *leader*, - question en un sens classique, mais quelque peu désertée par la philosophie politique contemporaine comme par les figures éminentes de la « pensée critique » post-marxiste. Dans ce champ et, disons, dans la pensée de gauche, Laclau était, à mes yeux, un des seuls à se confronter réellement à cette réalité politique là, et la non-réception française de sa pensée est à cet égard tout à fait comparable à l'ignorance souveraine dans laquelle la sphère publique française a tenu ce qu'on a pu appeler la « vague populiste de gauche » qu'a connue l'Amérique latine entre la fin du XXe et le début du XXIe siècle – les médias français n'ont généralement fait écho à cette vague que pour en évoquer la « pointe » la plus discutable, la plus facile, en un sens, à rejeter du côté des tendances autoritaires et liberticides du leader charismatique : Hugo Chavez.

Mais (re)venons-en à la rhétorique. Une des convictions philosophiques d'Ernesto Laclau était que la rhétorique n'était pas seulement un catalogue de tropes destinés à analyser des textes ou des discours, mais qu'on pouvait voir une sorte de « rhétoricité » à l'œuvre dans des opérations fondamentales de la pensée et

---

58 Ernesto Laclau, « L'articulation du sens et les limites de la métaphore », *Archives de philosophie*, 2007/4, t. 70, pp. 599-624.

peut-être de l'action, y compris au plan politique. Une des sources de cette conviction, outre les écrits de Jakobson, est clairement la psychanalyse et l'usage que Freud et Lacan ont fait de la métaphore et de la métonymie pour approcher la « logique » de l'inconscient : la « condensation » rapprochée par Freud de la métaphore, le « déplacement » de la métonymie... Mais l'autre source est assurément le structuralisme et le post-structuralisme français. L'article « L'articulation du sens et les limites de la métaphore » prend ainsi pour point de départ une lumineuse analyse de Proust par Gérard Genette[59]. Genette montre, sur toute une série d'exemples, comment le texte de Proust est véritablement « engendré » par une combinaison de métaphores et de métonymies, pas seulement comme figures de style mais, en quelque sorte, comme figures de pensée et principe d'engendrement sémantique : ce sont des pages entières de la *Recherche* qui « découlent » de l'association – par proximité, contact, contiguïté, donc de la métonymie comme substitution de termes ou d'éléments liés par contiguïté ou relation quelconque – tandis que d'autres « découlent » de la métaphore. Le « clocher » est métaphoriquement (analogiquement) relié aux « épis » environnants, ou comparé à un « poisson », en fonction de l'environnement de l'église – rural dans le premier cas, maritime dans le second. La relation spatiale de contiguïté, source de métonymie, est en même temps ici la source des effets analogiques et métaphoriques. Clocher-épis, ou église-meule au milieu des champs, clocher-poisson près de la mer, clocher-violet au-dessus des vignes, clocher-brioche à l'heure du goûter, clocher-oreiller au début de la nuit, « c'est clairement là un schème stylistique récurrent chez Proust, que l'on pourrait appeler le clocher-caméléon »[60], note Laclau avec humour. Plus largement, pour Genette, c'est le croisement entre métaphore et métonymie qui assure, chez Proust, la circulation sur une chaîne temporelle, l'articulation des « moments » en un *récit*. Si nous n'avions que la dimension métaphorique, *A la Recherche du temps perdu* n'aurait pas été un roman

[59] Gérard Genette, « Métonymie chez Proust », in *Figures III,* Paris, Seuil, 1972, pp. 41-63.
[60] Ernesto Laclau, « L'articulation du sens et les limites de la métaphore », article cité, p. 600.

mais une succession de moments lyriques sans le moindre enchaînement temporel. Ce sont des métonymies qui raccrochent les réminiscences à des lieux, des « pays » et organisent des enchaînements narratifs, des développements de la méditation, d'un lieu à un temps, d'un séjour à des personnages, etc.

Je ne saurais redéployer la réflexion de Laclau dans cet article, qui passe de l'analyse de cette « rhétoricité » proustienne à la question générale de l'articulation entre contiguïté et analogie, vues comme les deux pôles d'un *continuum*, et par une contestation de la « clôture » structuraliste sur la langue comme système de signes, au détriment du *mouvement* constitué par la circulation sur la chaîne syntagmatique. La thèse de l'article, qui rejoint bien des travaux de Laclau, est la suivante : « la politique est l'articulation d'éléments hétérogènes, et une telle articulation est essentiellement tropologique »[61].

Si les exemples que prend Laclau dans cet article renvoient plutôt à l'histoire des mouvements marxistes et socialistes, à Sorel et Lénine, je voudrais plutôt appliquer cette réflexion au thème du populisme.

Le populisme consiste toujours, non seulement pour Laclau mais de fait, à contester l'unité faussement donnée du peuple et à identifier le peuple à une partie du peuple : le peuple dominé, le peuple qui met en cause le partage de l'ordre social et qui s'oppose, ce faisant, à une autre composante du peuple, qui se donne pour la totalité, décrite comme dominante, exploiteuse ou parasitaire. Le peuple apparaît comme une réalité dynamique et dont l'unité est toujours traversée d'oppositions, la première opposition étant pensée dans la tradition occidentale à travers la distinction romaine du *populus*, comme unité du peuple, et de la *plebs*, comme part du peuple dépossédée des pleins droits. Or les revendications typiques du « peuple » entendu au sens « populiste » tel

[61] *Ibid.*, p. 612.

que Laclau l'élabore[62] ne mettent jamais en jeu seulement un groupe sociologiquement identifiable, ou une classe, elles agrègent des « demandes » latentes sur un mode, me semble-t-il, doublement métonymique : au sens de « la partie pour le tout », c'est-à-dire de la synecdoque (qui est une espèce de la métonymie) et au sens d'une relation de contiguïté ou de « contagion », comme celle qui traversait le texte de Proust.

La partie pour le tout, c'est le passage d'une contestation locale à une aspiration révolutionnaire où la partie qui est dominée ou exclue du champ politique réclame non pas une « part » mais « le tout » ou une reconfiguration du tout. C'est Siéyès : *Qu'est-ce que le Tiers État ? Rien. Qu'aspire-t-il à devenir ? Tout.*

Opération performative décisive, assurément, - qu'on retrouve dans le : « nous ne sommes rien, soyons tout », de l'Internationale - mais dans quelle mesure cette figure rhétorique doit-elle être prise au pied de la lettre ? Contrairement à d'autres théoriciens de provenance marxiste, en tout cas, Laclau ne réduit pas la politique à cette forme de totalisation, et à la fin de l'article des *Archives de philosophie,* la compréhension du politique qu'on trouve par exemple chez Sorel est approchée, sur un mode critique, comme une forme de réduction du politique à une succession de « moments » lyriques ou à la « métaphore totale », écrit Laclau, de la grève générale.

Le « populisme » tel que le construit Laclau n'est pas voué à prendre la forme unique du passage du « rien » au « tout », il peut être mieux approché comme construction d'une « hégémonie » sur des demandes sociales diffuses : les « chaînes d'équivalences » font converger des aspirations apparemment hétérogènes, par ex. (je reprends ici un exemple avancé par Laclau) un syndicat décide de prendre en charge les demandes de travailleurs immigrés ou sans-papiers et de les associer aux demandes des ouvriers « nationaux », ou (pour évoquer un épisode historique célébré dans un film récent) un mot d'ordre – « Pride » - regroupe soudain dans la lutte contre le gouvernement de Margaret Thatcher les mineurs en grève et les homosexuels. Mais la

---

[62] Ernesto Laclau, *La Raison populiste,* trad. fr., Paris, Seuil, « l'ordre philosophique », 2008.

contiguïté spatiale joue parfois un rôle décisif, la place physique devenant elle-même le signifiant autour duquel s'agrègent les significations : place Taksim, place Tahrir, place Syntagma, etc. La demande excède toute revendication ponctuelle pour exiger la déposition des gouvernants – et l'on passe du nom au verbe, à l'impératif : « dégage ! »

La force de l'analyse du populisme par Laclau me semble à la fois descriptive et normative.

Descriptivement, elle permet de rendre compte de ces opérations décisives de construction d'hégémonie à travers la création verbale de « signifiants flottants », et cette analyse s'applique aussi bien, à mon sens, à des formes de populisme plutôt dangereuses politiquement ou socialement néfastes qu'à des formes de populisme que je dirais, faute de mieux, progressiste ou « éclairé ».

La validité opératoire des concepts de Laclau peut s'appliquer à toutes sortes de situations et éventuellement de mouvements ou de tendances que l'on peut qualifier empiriquement de « populisme » mais qui ne renvoient pas à l'idée d'un populisme émancipateur ou authentiquement politique et non « normalisateur », conservateur, régressif – disons un populisme de droite. Laclau s'attache lui-même, dans *La Raison populiste,* à analyser la force d'attraction du discours de Margaret Thatcher dans des catégories populaires et même chez d'anciens syndicalistes ouvriers. Et je m'étais amusé, dans un compte rendu de *La Raison populiste*[63], à confronter les instruments analytiques offerts par le livre à l'actualité politique-politicienne alors la plus immédiate, c'est-à-dire à la campagne électorale française de 2007, et plus précisément à la stratégie de Nicolas Sarkozy – cette application était facilitée par le fait surprenant que dans une interview, Sarkozy avait attribué sa victoire à … (Antonio) Gramsci. Je doute, bien sûr, du fait que Nicolas Sarkozy ait lu les dizaines de volumes des « Cahiers de prison », mais il avait retenu l'idée qu'une stratégie politique est inséparable de « mouvements stratégiques » sur le terrain in-

---

63 Jean-Claude Monod, « La force du populisme. Une analyse philosophique », in *Esprit,* 1/2009 (janvier), pp. 42-52.

tellectuel et culturel, de la construction d'une hégémonie culturelle qui permettra de dépasser les frontières de classe classiques pour agréger des groupes hétérogènes. Certains éléments de la campagne de N. Sarkozy illustraient plus profondément des opérations approchées par Laclau. « La France qui se lève » est une illustration frappante d'un « signifiant flottant », dont le sens réside tout entier dans son opposition polémique à un ensemble également flou, régulièrement attaqué par N. Sarkozy, regroupant les « soixante-huitards » jouisseurs et égoïstes qui mépriseraient la « valeur travail » et l'effort et auraient détruit ces valeurs avec la complicité des gouvernements socialistes, fauteurs des « 35 heures », les élites de Bruxelles et du monde intellectuel et journalistique, la « gauche caviar », mais aussi lesdits « assistés » qui abusent des aides sociales, des allocations familiales et n'élèvent pas correctement leurs enfants, les jeunes de banlieue qui « préfèrent » la délinquance et les trafics à un travail honnête, etc. Je n'insisterai pas sur le fait que ce discours me semble parfaitement indigent et néfaste sur le fond, mais il avait une force propre qui tenait aux « chaînes d'équivalence » construites autour de l'idée vague de la « valeur travail », et du fait qu'il assumait un caractère offensif, dé-composant l'unité du peuple suivant des lignes de partage politiques - des lignes ami/ennemi, il y a une vérité de la thèse de Carl Schmitt sur ce point, dont on ne saurait évidemment tirer les mêmes conclusions politiques que Schmitt. Comme l'a justement observé Chantal Mouffe, il faut conserver l'idée d'un lien fondamental entre le politique et la conflictualité ou « l'agonisme » tout en refusant radicalement l'exaltation schmittienne de l'affrontement existentiel avec un ennemi qu'il s'agirait d'anéantir, la montée aux extrêmes de l'antagonisme, lourde de riches fascisants. Mais un discours politique qui cherche à se dérober à la désignation d'adversaire et renonce à assumer une part de conflictualité finit dans l'eau tiède de la dépolitisation et dans la confusion avec une grammaire purement morale, voire évangélique. Rappelons ainsi qu'en face du discours offensif et très « politique » du candidat de droite, en 2007, la candidate du Parti socialiste finit sa campagne en lançant : « aimons-nous les uns les autres ». Et notons qu'un moment où la campagne suivante, de François Hollande, prit souvent un peu du nerf qui lui manquait tant, fut son discours du

Bourget où il déclara qu'il avait bien un ennemi : la finance, et son pouvoir sans visage.

Normativement, il est évident, à lire Laclau et Chantal Mouffe, qu'une gauche qui n'assume pas une dimension de conflictualité, qui « aime » tout, le marché, l'entreprise, voire le MEDEF, certes ne sera pas taxée de « populisme », mais abandonnera à son adversaire la construction d'une « hégémonie » sur les demandes sociales insatisfaites, les frustrations légitimes face à l'ordre économique contemporain, à ses inégalités abyssales et à ses formes vivaces d'exploitation et de précarisation.

Faut-il alors espérer l'apparition de mouvements populistes de gauche en Europe, pour indiquer d'autres possibles que l'austérité et pour répondre au sentiment manifeste de dépossession démocratique des peuples ? Il me semble que ce qui rebute le plus souvent dans une telle perspective, c'est le simplisme rhétorique auquel on identifie à tort le populisme, l'exaltation d'un peuple « pur » face à des élites « corrompues », et ce sont aussi les dangers que l'on associe à la notion même de *leader, a fortiori* de *leader* populiste. Une des dernières discussions que nous avons eues avec Ernesto Laclau portait sur le point de savoir s'il peut y avoir de la politique sans leader. J'avais pour une part mis en question, dans *Qu'est-ce qu'un chef en démocratie ?*, ce qui m'apparaissait chez Laclau comme une sorte d'essentialisation du rôle du *leader* pour la constitution même d'un groupe politique, alors que nous voyons dans l'actualité la montée de mouvements de politisation extra-institutionnelle qui se veulent « sans chef » ni porte-parole permanent. Néanmoins, la question de l'efficacité politique de ces mouvements reste ouverte, et j'étais en revanche tout à fait d'accord avec Ernesto Laclau pour estimer que la valorisation *exclusive* de la politique « *sans leader* » prive largement l'action politique progressiste d'une part de ses possibilités, ou que la disqualification *a priori* de toute figure de leader, chef ou porte-parole stable, est tout à fait contestable au regard aussi bien de la pensée politique moderne que de l'histoire des dernières décennies. La question décisive, on le voit bien, me semble-t-il, en Espagne ou en Grèce aujourd'hui, est plutôt celle de l'articulation et de la tension dialectique, productive, entre des mouvements extra-institutionnels et des formes politiques incarnées et dirigées. La rhétorique vient ici à la rencontre de l'affect et est portée par une voix, et cette voix peut réactiver des métaphores mortes, des métonymies improbables et des synecdoques impossibles.

Rada Iveković

La rhétorique chez/d'Ernesto Laclau

Aujourd'hui, je soumettrai Ernesto à l'épreuve du bouddhisme.

J'avais retenu deux choses de ma première rencontre avec lui : son intérêt pour la traduction et son intérêt pour le bouddhisme philosophique et psychologique. Son dernier livre que j'ai lu, peut-être le dernier publié, a été *The Rhetorical Foundation of Society*[64]. J'étais heureuse de la coïncidence de nos intérêts, dont je ne compris toutes les implications que plus tard. Certes, Ernesto ne travaillait point sur le bouddhisme, mais une certaine parenté entre son approche rhétorique et la compréhension bouddhique du langage l'en rapprochait.

Même si la rhétorique est une discipline grecque, le bouddhisme aussi se passionnait pour les formes de persuasion et essayait de comprendre et déconstruire leur fonctionnement. Jusqu'aujourd'hui, dans la pratique quelque peu sclérosée des monastères tibétains, les moines s'exercent à la joute verbale dans laquelle la plus grande attention est prêtée au positionnement, à l'ancrage personnel du discoureur, avec l'idée que celui-ci n'est jamais neutre par rapport à ce qui est dit. Ernesto quant à lui a repris d'Althusser l'idée de la *sur*détermination, c'est-à-dire l'idée que les antagonismes (par ex., ceux de classe) sont multiples et superposés, donnant lieu à des subjectivations complexes et changeantes. Des chaînes d'équivalences approximatives transmettraient de multiples causalités entrecroisées, pas toujours réductibles les unes aux autres. Mais ce que les chaînes d'équivalences ont en commun reste toujours du domaine de l'arbitraire, du non

[64] Ernesto Laclau, *The Rhetorical Foundation of Society*, Londres Verso 2014.

exact. C'est ce qu'Ernesto appelle « la destruction de la signification par sa prolifération » (*Ibid*, p. 53). Elle joue un rôle important dans les représentations collectives.

Ernesto a repris puis développé depuis Gramsci l'idée de la *priorité du politique*, situant celui-ci dans l'hégémonie à construire pour « intégrer l'Etat », au delà de la « formation sociale » suggérée par Etienne Balibar. Ce qui importe à Ernesto, c'est « le caractère hégémonique du lien social et la centralité ontologique du politique ». Il s'intéresse alors à la manière de les exprimer, et à la logique de l'hégémonie. La question qui se pose à Ernesto en notre temps, après l'expérience des *occupy*, des *indignados* et autres *piqueteros,* c'est le rapport entre autonomie et hégémonie. Y a-t-il une latitude véritable pour l'autonomie ? Ici intervient le *signifiant flottant*. Le Bouddha, quant à lui, répondait aux questions à propos de l'identité ou d'une définition possible des « sujets » par le *catuḥ-koṭi* (le « tetralemme »[65]). C'est ainsi qu'il répondait aux questions « ontologiques » : en les écartant par l'évidence de l'inadéquation du verbe « être ». On peut dire, signifiant flottant, surtout plus tard dans les développements ultérieurs de la philosophie bouddhique[66]. Selon Ernesto, dans les différents mouvements diversement inspirés, il se trouve que les discours fonctionnent aussi bien sur le plan du mouvement particulier que sur celui d'une équivalence en méta position qui apparaît comme la totalité. Le fonctionnement de l'idéologie par le flottement et l'effacement de la signification (« floating », « emptying ») au sein de la représentation collective est analogue, par l'équivalence, à la simplification du champ social (p. 55) dans la présupposition qu'il y aurait de la société (un signifiant vide pour Ernesto).

---

[65] Peut-être que… +, que -, que + et -, que ni + ni -.

[66] Dans l'école dite de *Vijñāna-vāda,* un « idéalisme 'subjectif' » il y a comme un dépôt (une réserve ou une *possibilité*) de conscience (*vijñāna*), dite *ālaya-vijñāna. Ālaya-vijñāna* est la source de toutes les constructions mentales et serait celle du monde extérieur entier si celui-ci, issu d'une telle source, pouvait encore être objectif. Mais ce dernier est un « signe » - je dirais bien un *signifiant vide - vijñapti.* Il est aussi la dépendance apparente du sujet d'un objet apparent.

Ailleurs, pour rendre justice à la philosophie indienne qui est en général abusivement présentée comme « non politique »[67], il faut pratiquer une torsion dans la lecture et une approche « rhétorique » : la fidélité qu'on lui porte ne peut être qu'« occidentale », extérieure et de l'ordre du « sabotage » ou du déplacement, mais ce sera la seule à lui rendre une certaine justice cognitive, qui est une justice subversive. Oui, on est en droit de lire le bouddhisme comme politique, au contraire de ce que l'on nous avait appris par une approche académique occidentale des philosophies d'Asie. De le lire par une approche rhétorique.

Quel peut être le rapport entre des « théories », des représentations ou entre des visions du monde ? Certaines représentations, certaines évocations en excluent, contournent ou rejettent d'autres - tout en dominant la scène par leur efficacité rhétorique ou théorique. Mais il y a néanmoins dans tout langage ou toute image au moins un point aveugle (sinon plus). Dans une approche de lecture rhétorique, une théorie ou simplement une affirmation n'aurait pas d'objet à son extérieur, ce qui impliquerait un écart de positionnement du sujet et de la relation objectale. Ou bien, une telle « extériorité » impliquerait un autre niveau d'analyse, peut-être un subterfuge, et il s'agirait alors pour le rhétoricien de vérifier si celui-ci prétend ou non échapper aux règles générales du discours ? Cette approche défait la représentabilité de l'ensemble. De la sorte, la théorie interroge son propre statut de parangon paradigmatique, et donne ainsi la priorité à la *matérialité et l'effectivité* de l'expérience. L'accès par une lecture (de) rhétorique immanente est en coïncidence, sympathie et conformité avec la configuration d'une partie des philosophies « indiennes » anciennes qui ignorent superbement le concept de sujet sans jamais en éprouver le moindre manque. Cette proximité était connue à Ernesto même s'il n'y travaillait pas, et elle est évidente dès qu'on s'engage dans le bouddhisme philosophique et dans les politiques possibles des bouddhismes. La traduction de la philosophie « indienne » ancienne en termes modernes, à partir de

[67] A ce sujet, voir ma réfutation de ce dogme dans mon livre *L'éloquence tempérée du Bouddha. Souverainetés et dépossession de soi*, Paris, Klincksieck 2014.

là, pose problème. C'est alors la modernité (occidentale) qui dévoile ses limites et, avec elle, une hégémonie et des chaînes d'équivalence.

Revisiter la politique par une approche rhétorique comporte aujourd'hui la nécessité de décoloniser les savoirs. On vise ainsi un niveau épistémologique en même temps qu'une traduction dans le régime politique de discours qui n'ont pas été détectés comme politiques. Non seulement, mais un même « contexte historique », ou plutôt un contexte historique partagé, doit accueillir les points de vue opposés : il y a une certaine continuité entre deux types de sociétés voisines ou qui se traversent (par exemple, la colonisatrice et la colonisée) dans la fonction de pouvoir propre à tout langage, dans sa force rhétorique. Il leur faut aussi un même horizon symbolique à peu près. Ou au moins faut-il qu'ils soient traduisibles, même au prix de déplacements de sens. Mais au delà, en même temps, on est renvoyés aux circonvolutions du marché financier mondial. La rhétorique de ce dernier repose sur une *circularité saisissante qui défend un crédit anticipé sur l'avenir*. Des injustices historiques se transforment ainsi en paradigmes de connaissances, en langage, en discours métis, accèdent à leur tour à maturité et à la norme. Ces connaissances font alors partie de la rhétorique en vigueur. Ce qui paraît un paradoxe dans un contexte, ne l'est pas forcément dans un autre. Ce paradigme du *différend* (Lyotard, 1983) – est lui-même paradoxal puisqu'il se défait en se réalisant. À la manière de la rhétorique, il confirme le fonctionnement intérieur d'une dynamique de pouvoir par le langage. L'idée de la dépossession de soi et la dé-souveraineté perdurent comme des valeurs capables de faire front et comme faisant en même temps partie d'un ailleurs possible. C'est ce qui donne à la rhétorique bouddhiste mais aussi à une grande partie des cultures d'Asie leur grande mais discrète force de persuasion. Cette traduction, toujours insuffisante, est à la fois indispensable et impossible.

Mais tout ceci ne peut être intéressant que si la lecture comporte, quelle qu'en soit la perspective, une forte dimension métacritique dans le meilleur sens rhétorique : les règles convenues du discours doivent s'appliquer au discours propre aussi bien qu'à celui de l'autre ou celui qu'on analyse. Le principe d'autorité doit toujours être interrogé, quel qu'il soit. Le bouddhisme l'interroge en s'interrogeant aussi. Deleuze et Guattari, Ernesto et d'autres démasquaient la rhétorique hégémonique. Le bouddhisme qui en faisait autant, et autres philosophies « indiennes », venaient alors à point nommé et ont fait leur irruption sur la scène philosophique occidentale en conséquence.

Or, voilà une « vérité » connue dès les premiers discours philosophiques du Bouddha ; elle est à la base de toute sa philosophie : *on ne peut pas sortir du langage pour en parler.* Ou, selon le terme d'Ernesto, dans quelle mesure la notion de « clôture extra discursive » (*extra-discursive closure*, in *The Rhetorical foundations of Society*, p. 38) est-elle opérante ? Je crois que c'est ce qui intéressait Ernesto dans le bouddhisme, même si nous ne l'avons jamais approfondi dans nos conversations. Le bouddhisme n'est pas dupe du langage. Il tient compte de la rhétorique agissant à son intérieur et par lui, langage vu comme processus inhérent à la signification. Nous ne pouvons pas nous soustraire au langage sans que notre propre parole ne soit soumise aux mêmes règles. Cela équivaut à dire que, pour le premier bouddhisme, la totalité est irreprésentable, au contraire du brahmanisme. Voilà un autre point d'accord du bouddhisme avec Ernesto – cette irreprésentabilité de la totalité qui, pour Ernesto, se traduit comme le signifiant vide du terme « société ». La distorsion de l'idéologie, la « clôture » de la signification qui produit la non-reconnaissance et aboutit néanmoins au paradoxe de la compréhension, d'*une* certaine compréhension (partielle se faisant passer pour entière) cache son origine. Cela n'est possible que parce que la représentation est paradoxalement à la fois nécessaire et impossible (*The Rhetorical…* p. 66) et en même temps grâce à l'hégémonie et à condition que celle-ci fonctionne aussi dans le langage. C'est-à-dire qu'une idéologie n'intervient que si dans la transaction une demande, un élément, se présente comme *plus* que ce qu'il est (*The Rhetorical…* p. 47). Ainsi apparaît pour Ernesto l'idée de la distorsion ou de l'altérité constitutive (du manque constitutif, et inavouée, paradoxale (voilà sa dette à la psychanalyse), la présence d'une absence. Une cohérence fictive reste toujours une cohérence. Dans le rapport politique entre les bouddhistes et les brahmanistes, ces derniers monopolisèrent peu à peu la parole pour asseoir leur « empire », parvenant ainsi graduellement à une rhétorique arrêtée de la parole ritualisée.

Pour dire les choses autrement, nous sommes en Asie – celle d'un certain bouddhisme et loin des monothéismes - dans un univers pratique et mental où les transactions entre sujets, et entre eux et le « pouvoir », relèvent de formes inouïes, polyfocales (transactions conçues et construites en occident comme des actes de persuasion ou d'imposition, de rhétorique frontale et adversative comme le signale François Jullien lorsqu'il l'oppose à la persuasion « oblique » en Chine, des transactions centrées sur la performance de persuasion). Ces formes, nous ne pouvons justement pas les nommer, les dire « rhétoriques » ou « persuasives » si nous voulons respecter l'origine de la rhétorique comme nous la connaissons. Nous devons par contre « traduire » comment, dans certaines orientations esthétiques anciennes ou même contemporaines en Asie, le moment de la réception l'emporte en effet sur celui de la création. Cela met en jeu une politique de l'esthétique. Cela permet une lecture politique de ce qui n'a jamais été considéré comme politique en occident.

L'orientalisme, une composante importante de notre modernité, postule une raison irréparablement scindée avec des volets incommunicables. C'est vivre dans l'incertain qui pose problème : aucun repère ni repaire. Les bouddhistes l'avaient déjà observé et pris comme protocole dans leur approche du langage, du mental et des contextes servant à construire les représentations. « Savoir », au-delà des clichés des connaissances préconçues, c'est tout mettre en jeu y compris soi-même et se rendre à l'évidence de l'indécidable.

La question est de savoir quel est l'écart entre le mode cognitif et le mode ontologique : c'est une question politique. La radicalité épistémologique des bouddhismes implique une possible alternative conceptuelle à l'aménagement étatique moderne et représente une mine de résistance à la souveraineté. Les règles de la rhétorique ancienne sont-elles encore opérantes ? Un tour d'horizon historique laisse entrevoir une cohérence, par-delà les interruptions infligées à la modernité aux différents fils, parfois invisibles, de discontinuités-dans-la-continuité. L'anti théorie et le doute à propos du langage, qui font partie du noyau du bouddhisme avec des effets rhétoriques renversants, sont en effet révolutionnaires dans le champ épistémologique. Si le bouddhisme fut l'opérateur d'une ruse politique, celle-ci fait plus généralement partie des rapports de pouvoir. Ce jeu de cache-cache du langage fait et défait le pouvoir : c'est le moment rhétorique. Si le bouddhisme l'a analysé et véhiculé, il n'y échappe pas lui-même.

Toute la rhétorique du sage bouddhiste vise à dépasser la dualité entre l'univers de la pensée et sa référence expérientielle, autant que possible sans injonctions directes. *Śūnyatā* – le « néant » - n'implique pas de nihilisme. À ce niveau, le problème est le même pour la pensée brahmanique « orthodoxe » : on récuse la confusion entre les processus mentaux et leurs référents qui sont le fait de l'existence.

La mort ne peut être la solution, ni selon l'une ni selon l'autre de ces options. Si le rapport entre les deux sphères de liberté est plus rarement thématisé, il est en général sous-entendu dans la rhétorique.

Le *nirvāṇa* (l' « extinction ») est alors au-delà ou plutôt ailleurs que la mort qui ne fait que nous enfoncer dans la vie, comme il est au-delà du langage et de toute rhétorique. Mais on notera alors l'inadéquation du verbe « être » impliquée par le Bouddha. Chez le Bouddha, la connaissance représente la limite du concept de *śūnyatā*.

Par ailleurs, ni le Cachemire politique ni la cause des « maoïstes » dits *naxalites*, deux conflits (et deux « chaînes d'équivalences ») depuis des décennies sans aucune solution en vue, n'ont su créer la « juste » alliance entre rhétorique, performance publique, mise en scène, nomination par la sécrétion d'un pouvoir individualisé, personnalisé, spontanément souverain. Seul celui-ci (un leader) aurait la possibilité de rassembler par-delà les différences en évoquant la totalité de la communauté ou du peuple : « what an ideological distortion projects on a particular object is the impossible fullness of the community» (*The Rhetorical*… p. 48).

Le Bouddha agit de manière diffuse et indirecte *par l'intérieur du langage*, au-delà de ce qui est dit, par une rhétorique du non explicite, de l'exemple et de la pratique. *Une rhétorique de la trans-immanence.* Aurait-elle satisfait Ernesto ? Je crois que oui. Il n'y a pas d'instance suprême, pas d'identité, il n'y a que leurs fictions qui sont cependant opérantes dans l'expérience. Mais l'attachement est inné, il vient avec la vie. Il faut apprendre à s'en défaire. Ainsi le Bouddha ne rassemble-t-il pas les personnes en communauté politique, ce qui ne veut pas dire que l'on ne puisse lire politiquement leurs activités ou identités assumées.

Ce n'est pas pour rien que le bouddhisme pratique la déstandardisation de la langue. L'« antiphilosophie » ou la pensée radicale et l'antirhétorique des premiers discours du Bouddha sont d'une efficacité redoutable par le paradoxe du renversement de la confiance envers le langage. Le Bouddha manifeste une évidente pudeur et une retenue linguistiques. Pas d'inflation des mots. Alors même qu'il dit ne mettre en évidence que son propre cheminement sans pouvoir en faire une règle pour les autres, alors qu'il exhorte ses adeptes à ne pas le croire sans vérifier, qu'il les met en garde contre toute généralisation, la *non-affirmation* fait la force inattendue de son discours: il convainc par l'exemple et l'implicite. Il rend visible l'invisible. La double négation (celle du langage et celle consistant en la relativisation du statut propre

– pas d'*ātman*), comme une rhétorique barrée, possède une inattendue et étonnante puissance de persuasion. Elle ne fait pas partie des mécanismes brahmaniques de pouvoir par le langage – savoir institué et donné d'avance dans un livre-monde (*Veda*) que les bouddhismes réfutent. On peut dire que la force du verbe du Bouddha ou du bouddhisme (s'il en est une) est « détachée » de sa source, dans le sens de non instituée. Mais non pas qu'elle se superpose au langage.

La « radicalité » d'Ernesto le rhétoricien est-elle aussi radicale que celle du Bouddha ? Je crois qu'Ernesto aurait aimé qu'elle le soit, mais je pense qu'il n'est pas sûr qu'elle l'ait été.

Car finalement Ernesto espérait en l'accomplissement de sa philosophie. Le Bouddha non : il témoignait à partir d'une expérience vitale partagée par un grand nombre, mais qui ne s'instituait pas par elle. Tout au plus, en guise d'institution, il y eut l'ordre des renonçants : mais celui-ci ne se voyait pas comme le représentant d'une quelconque totalité.

Sinon, Ernesto évoque il est vrai l'expérience mystique (*The Rhetorical…*, Chapitre 1, p. 66 ff) et également « les noms de dieu » (*The Rhetorical…*, Chapitre 2, p. 95 ff). Mais on n'y reconnaît justement pas le bouddhisme, même s'il y a des similitudes. Car la mystique et les « noms de dieu » semblent renvoyer à l'Un, et viennent d'ailleurs du cadre d'un monothéisme. Et si les bouddhismes sont le plus souvent *advaita* (non dualistes) sur le plan conceptuel, sur le plan matériel ils renverraient plutôt à la multiplicité infinie. Et il me semble que les bouddhismes vont tout aussi loin sinon plus loin dans le constat du paradoxe existentiel et dans la déconstruction du discours hégémonique, alors que le Bouddha ne cherche pas à s'y soustraire parce qu'il (ainsi que le bouddhisme premier) ne pose pas un *a priori* du politique, surtout pas en tant qu'ontologique. Les bouddhismes éviteraient-ils ainsi le plan politique, ou même l'aspect *fondamental*, fondationnel du politique ? Mais justement, pas du tout. Rien de plus politique que le premier bouddhisme pour qui veut bien le voir.

mais sans poser *le* politique comme premier. Le politique est ici simplement dans le comment, et dans l'après-coup… S'il est de l'ordre du politique et non du divin, le politique ne peut justement pas être postulé d'avance et ne peut jouir des privilèges, de la primauté que lui octroie Ernesto. Dans ses exemples, Ernesto aborde la question de savoir comment exprimer l'inexprimable alors qu'une quantité de dénominations et de définitions sont proposées, sans que le principe de leurs liens soit clair ? On n'apprend rien par l'énumération. Les bouddhismes le savent bien, eux qui se plaisent à énumérer à l'infini… L'équivalence qui apparaît ainsi n'est pas entre les différentes expressions mais, dit Ernesto, « dans leur valeur positive dans le langage ordinaire » (*The Rhetorical…* p. 71). Et il ajoute : « The thesis I am trying to defend is that this double movement found in its most extreme form in mysticism – that is, incarnation and deformation of particular contents through the expansion of equivalential logics – is at the root of *all* ideological processes, political ideologies included. » (*The Rhetorical…* p. 76.) Il retrouve la même chose en politique et, dans l'exemple qui suit, celui du mysticisme, qu'Ernesto retrouve dans la manière comment la conception du mythe est structurée chez Georges Sorel.

Alors, l'équivalence à quoi faire ? Dans l'équivalence qui concerne les *points* ou plutôt les *plages* d'ancrage de l'attention, dans l'exercice de concentration, ou dans la méditation comme on dit, par delà le langage ordinaire mais à commencer par lui, elle sert à arriver à se déposséder de l'emprise de soi, à se détacher du centrage en soi comme centre du monde et du centre pour soi, à vider son esprit, à se débarrasser de l'égoïsme[68]. Car la centricité en soi et en son propre intérêt, la préférence que l'on se porte avec ou sans communauté, avec ou sans « identité », l'excès de soi, qui sont devenus le modèle civilisationnel du capitalisme, maintiennent assurément ce dernier. Il s'agirait de partir de soi pour démobiliser ce mécanisme, et sinon de faire passer les autres, y compris les autres formes de vies, avant la sienne, par

---

[68] R. Iveković, *L'éloquence tempérée du Bouddha*, Chapitre 2.

la *dé-identification.* Dans les idéologies occidentales et/ou capitalistes, on s'est toujours plus efforcé à voir de telles options comme a-politiques. Ernesto le comprendrait très bien. Mais seraient-elles, ces options, vues pour autant comme populistes ? Ernesto ne pensait pas du tout à de telles options comme populistes et donc comme politiques (le populisme étant pour lui le politique non reconnu) : ce sont celles que lui aussi avait perdues de vue.

Mais on pourrait les voir ainsi. Cela relèverait à la fois d'une écologie revalorisant notre rapport aux autres formes de vie et à la nature, à la planète, et à la fois d'une écologie des savoirs, comme dirait Boaventura de Sousa Santos[69]. Bien avant ce dernier, je vois la possibilité d'une telle lecture dans les premiers discours du Bouddha.

[69] B. De Sousa Santos, « Epistemologies du Sud », *Études rurales* n. 187, pp. 21-50 ; *Epistemologies of the South. Justice Against Epistemicide*, Boulder, Co. (E.U.), Paradigm Publishers, 2014.

Toni Negri, philosophe

Hégémonie : Gramsci, Togliatti, Laclau[70]

J'aimerais dire très schématiquement ce que le travail d'Ernesto Laclau a été pour moi, et dans quel dialogue – un dialogue à la fois critique et proche -, dans quel dialogue, donc, émaillé de divergences évidentes mais traversé par une estime très grande que je veux souligner encore une fois aujourd'hui, nous nous sommes tous deux trouvés, particulièrement ces dernières années.

Les analyses de Laclau représentent pour moi une variante néokantienne de ce que l'ont pourrait définir comme un « socialisme post-soviétique ». Déjà à l'époque de la Seconde Internationale, le néokantisme avait fonctionné comme une approche critique du marxisme: le marxisme n'était pas considéré comme l'ennemi, mais cette approche critique avait tenté de l'assujettir à son propos, d'une certaine manière de le neutraliser. L'attaque était portée contre le réalisme politique et l'ontologie de la lutte des classes.

La médiation épistémologique tenait à l'époque à cet usage – et cet abus – du transcendantalisme kantien. *Mutatis mutandis*, et si l'on se place maintenant dans un moment qui est celui du post-soviétisme, je pense que la pensée de Laclau peut en partie être saisie à partir du même mouvement. Il faut ici être clair, on ne parle pas ici de réformisme en général – un réformisme qui peut être parfois très utile, parfois encore parfaitement indigeste. Il s'agit de saisir l'effort politique et théorique de Laclau dans un contexte historique donné, de le situer donc dans sa propre dimension contemporaine.

[70] « Hégémonie: Gramsci, Togliatti, Laclau » est en ligne sur le site http://www.euronomade.info/?p=5001

Partons d'un premier point. Les multitudes caractérisent les sociétés contemporaines, nous dit Laclau ; mais la multitude ne présente pas de déterminations ontologiques, et encore moins – aujourd'hui – des règles pouvant présider à sa propre composition. Ce n'est que de l'extérieur que sera donc possible la multitude (ce qui n'empêchera pas d'en respecter la nature). L'opération est, de manière très kantienne, celle de l'entendement qui se confronte à la « chose en soi », une chose qui ne serait pas connaissable sans l'intervention de la « forme ». L'opération est de l'ordre de la synthèse transcendantale.

Est-il possible, et souhaitable, que des subjectivités sociales hétérogènes s'organisent spontanément, ou faut-il plutôt qu'elles soient organisées? La demande est assez classique – elle est à la base du criticisme. À cette question, Laclau répond qu'il n'existe aujourd'hui plus aucun acteur social « pour soi », classe universelle (comme on définissait de manière marxienne la classe ouvrière), mais qu'il n'y a pas davantage de sujet qui serait le produit de la spontanéité sociale, d'une *self-organization* qui pourrait se prétendre hégémonique.

Or le marxisme classique avait opéré une simplification de la lutte sociale de classe sous le capitalisme, et avait construit un sujet, un acteur de l'émancipation, au sein duquel les caractéristiques d'autonomie et de centralité coïncidaient. Mais à l'époque contemporaine, c'est précisément ce terrain qui s'est décomposé – et c'est pour cela que s'est imposé au contraire un terrain fait d'hétérogénéités : seule une construction politique peut désormais jouer dans cet espace de non-homogénéité sociale (que l'on entende par homogénéité quelque chose qu'il s'agirait de présupposer, ou qu'on se limite au constat de ce qui existe, dans tous les cas, cette homogénéité a disparu). Voilà ce que la pensée laclauienne de l'hégémonie se propose d'affronter. Cela ne veut pas dire que Laclau nie qu'il puisse exister des moments d'autonomie organisée, ni des subjectivités fortes, qui émergent sur la scène historique. Mais il découvre toujours entre ces figures subjectives une « tension », et dans tous les cas il pense que ces subjectivités doivent être « mises en tension » les unes avec les autres. Laclau considère cette tension comme « constitutive ». C'est l'imagination transcendantale en action. Laclau, me semble-t-il, considère le contexte politique comme une sorte de Janus biface, et pose la tension entre ces deux faces comme s'il s'agissait de l'espace et du lieu, du tissu et de la trame, que toute construction de pouvoir doit parcourir et transcender, résoudre et déterminer. C'est ainsi que naît l'hégémonie/pouvoir.

Deuxième point. Il doit être clair que l'immanence, l'autonomie et la pluralité qui sont constitutives de la multitude, non seulement sont incapables de construire du pouvoir, mais représentent des obstacles pour la formation de n'importe quelle « scène » politique. Parce que, poursuit Laclau, si la société était entièrement hétérogène, l'action politique demanderait que les singularités soient capables de lancer sur le plan d'immanence un processus d'« articulation » afin de structurer la tension sur laquelle je viens brièvement d'insister, et pour définir entre les singularités des relations politiques. Mais en sont-elles capables?

La réponse, chez Laclau, est négative. Et cette négation renvoie à un moteur transcendantal. L'articulation est donc placée – sans alternative aucune – sur un terrain formel, à condition que l'on comprenne que par « forme », il ne s'agit pas de comprendre seulement « quelque chose de vide » mais une sorte d'« enveloppe constitutive ». De fait, Laclau insiste sur le fait que, si l'on veut qu'une articulation de la multitude soit envisageable, il faut qu'émerge une instance hégémonique par-dessus le seul plan d'immanence – une instance hégémonique susceptible de diriger le processus, et qui puisse représenter un centre d'identification de toutes les singularités. Je le cite: « Il n'y a pas d'hégémonie sans la construction d'une identité populaire à partir de la pluralité des demandes démocratiques ».

Si le contexte social est configuré par une multitude dishomogène, il s'agit d'établir une force d'articulation entre les différentes parties de cette dishomogénéité, pour garantir leur intégration. L'insistance sur l'auto-organisation ou le renvoi à des sujets préconstitués ne doivent ni éliminer ni oublier la nécessité de créer des thèmes communs et des langages homogénéisants, qui puissent circuler à travers les différentes organisations locales. Cette articulation/médiation ne peut en aucun cas répéter le vieux modèle des traditionnelles organisations « fortes » (les partis, les Églises, les corporations...). Cette articulation/médiation doit plutôt être approchée à partir de la notion de « signifiant vide ». Mais je viens d'insister sur le fait que ce « signifiant vide » ne signifie pas ici des formes vides d'unité, dogmatiquement liées à tel ou tel signifié précis, mais bien plutôt une enveloppe constitutive. Nous ne sommes plus sur le terrain de l'esthétique ou de l'analytique, mais sur celui de l'imagination transcendantale.

Il y a en effet un moment où Laclau, dans une approche différente – on est presque dans une sorte de nouveau temps musical -, repropose le thème du signifiant « flottant » et « vide » face à l'hétérogénéité du social en des termes très puissants. Puissants et, dirais-je volontiers si ce n'était pas un forçage de sa pensée, ontologiquement productifs. Quand Laclau affronte le thème de l'articulation de différentes luttes sociales, ce moment (déjà dans *Hégémonie et stratégie socialiste*, en 1985) représente un modèle d'« antagonisme constitutif ». Presque un double pouvoir faible qui, en émergeant sur une frontière « radicale », à travers le conflit et la désagrégation, constitue à la fois une synthèse de vieux droits de souveraineté et de droits démocratiques d'auto-gouvernement. Sandro Mezzadra et Brett Neilson l'ont, me semble-t-il, bien souligné. Il faut admettre que, quand il s'approche de l'idée d'une dialectique de contre-pouvoirs conflictuels, Laclau interprète ici un premier tournant – plus exactement la première apparition d'un sentiment commun parmi les militants socialistes engagés malgré eux dans une crise de la gauche, à partir des années 1970, et qui se refusent pourtant à la voir chuter toujours plus bas. Dans cette condition, une fois qu'on a pris acte de l'inefficacité des instruments dialectiques, il faut en effet reconstruire un « peuple », en produire l'unité – voilà ce qui doit être reconnu comme l'acte politique « par excellence ». En 1985, on se demande donc avec une très grande force, et en obtenant un très large consensus, si l'ouverture du social au politique n'est pas une « pratique d'articulation » plutôt qu'une structure discursive, et si ce n'est pas dans cette mesure-là qu'elle organise les relations sociales.

Mais ce point de vue sera très rapidement renversé. Je cite Laclau: « Dans les sociétés industrielles avancées, on peut repérer une asymétrie fondamentale entre une prolifération croissante des différences – un surplus de sens du 'social' – et les difficultés rencontrées par n'importe quel discours qui tente de fixer ces différences comme les différents moments d'une 'structure d'articulation' stable ». Il faut alors s'éloigner de la notion même de société en tant que « totalité autodéfinie », et dans laquelle le social se fixe lui-même. Il faut bien plutôt identifier des 'points nodaux' qui produisent des sens et des directions partiels, et qui permettent à telles ou telles formations du social de prendre forme. Il s'agira donc toujours davantage de refuser toute solution dialectique pensée à partir de concepts comme ceux de « médiation » ou de « détermination ». La politique émerge comme problème des conditions transcendantales du jeu entre articulations et équivalences qui se constituent dans le social. L'identité de la force en lutte est sujette à des transformations constantes et exige un incessant processus de redéfinition ».

L'équilibre de cette articulation est cependant difficile à établir. Il est en effet exposé à deux dangers. Je voudrais appeler le premier « la dérive de la demande », ou plus exactement la dérive du caractère non conclusif de la rencontre des équivalences. Il suffit d'aller regarder, vingt ans après *Hégémonie, La Raison populiste*, en 2005. Ici encore le discours commence par une plongée dans le social, et se construit autour des stimuli, des conatus multitudinaires qui poussent vers le politique. Or, comme l'écrit alors Laclau, « La plus petite unité dont nous partirons correspond à la catégorie de demande sociale ». Naturellement, si cette demande pousse d'un côté en direction de l'approfondissement des logiques de formations de l'identité, elle ouvre de l'autre à l'antagonisme. Le problème devient alors: comment transformer la compétition, l'antagonisme disloqué et en prolifération continue, en un antagonisme visible et duel? La « chaîne d'équivalences » ne finit-elle pas ici par équivaloir à une prolifération dont on ne saisit pas la conclusion? Laclau lui-même semble en prendre conscience : « le propre de l'équivalence, c'est la destruction du sens par sa prolifération même ». Ce caractère indéfini des puissances de l'immanence risque d'empêcher la construction transcendantale du signifiant – et dans tous les cas il l'hypothèque.

La deuxième difficulté est directement liée à la consolidation définitive de l'équilibre telle qu'elle se présente dans le concept d'hégémonie.

Permettez-moi une petite parenthèse à ce propos. Le concept d'hégémonie, chez Laclau, se construit à partir de la référence à Gramsci. Mais les choses ne sont pas si simples. Peter Thomas note par exemple comment Ernesto Laclau et Chantal Mouffe, dans *Hegemony and Socialist Strategy*, en 1985, remplacent le dispositif politique de l'hégémonie – tel qu'il était défini par la tradition léniniste – par un concept discursif – formel. Pour Thomas, nous sommes alors en réalité dans une phase de réflexion théorique qui est celle de l'euro-communisme, et qui se développe en particulier sous la forme d'un gramscisme « édulcoré » tout en signalant le passage à une politique radical-démocratique post-marxiste. Que l'on soit d'accord ou pas avec le point de vue de Peter Thomas, il faut dans tous les cas, me semble-t-il, rappeler ici que la pensée de Gramsci se construit sur la base d'une position marxiste et léniniste pour laquelle la dictature se présente non pas comme commandement totalitaire mais, précisément, comme hégémonie, c'est-à-dire comme construction organique d'un pouvoir constituant révolutionnaire. Et il est vrai que, sur ce point, la reprise que Laclau fait de Gramsci est en partie édulcorée – parce qu'elle se présente davantage comme la recherche d'un lignage supposé que comme une véritable filiation ontologique. Chez Gramsci, le concept d'hégémonie (depuis la pratique des Conseils jusqu'à la théorie du nouveau Prince) se construit sur la lutte de classe, il conserve une « solidité » matérialiste et produit un dispositif de pouvoir des travailleurs au sens communiste de la chose. Il ne peut en aucun cas être réinterprété sous les modalités théorisées par Norberto Bobbio – comme le produit superstructurel de la «société civile», si l'on prend « société civile » dans l'acception hégélienne du terme.

Par ailleurs, il est étrange de voir comment chez Laclau le concept d'hégémonie – dont, encore une fois, la puissance gramscienne a déjà été enlevée – peut être référé aux politiques du parti communiste togliattien : sur ce point, l'équilibre entre l'autonomie de base des mouvements et le Parti, en tant que signifiant parfois « flottant », sans doute, mais certainement jamais « vide »

– pouvait encore s'orienter vers la gauche parce que le Parti était ancré aux politiques soviétiques. De cette manière, l'axe des abscisses hégémonie/société, et celui des ordonnées droite/ gauche pouvaient être conservés en équilibre précisément à partir de l'impossibilité du « signifiant » de se transformer en État – parce que Yalta l'en empêchait. Je le répète : chez Togliatti, dans le communisme italien, le « national-populaire » n'a pu être interprété à gauche (avec toutes les limites d'action, opposées à la lutte des classes, qui dans tous les cas s'en suivaient) que parce que le Parti communiste ne pouvait pas accéder au pouvoir, et tant qu'il ne s'est pas transformé d'une manière telle qu'il a pu finalement y parvenir. Je crois que paradoxalement, ici, le concept d'hégémonie devient celui de « centralité » politique.

En somme : la figure et la fonction de l'hégémonie, chez Ernesto Laclau, me semblent équivoques. Au lieu d'analyser comment fonctionne le capitalisme, elles établissent plutôt comment nous aimerions que fonctionne une société politique qui ne connaît pas le capitalisme – ou bien elles le confondent avec une nécessité. Et je crois que l'on pourrait dire la même chose pour le «peuple» : brèche dans le bloc hégémonique que Laclau appelle « signifiant vide », le peuple représente l'occupation, de la part d'un groupe capable de déterminer une nouvelle universalité – mais cela n'est pas si clair que cela : il semble plutôt que, d'un côté, le peuple soit une dérive provoquée par la lutte entre différentes factions, et que, de l'autre, il finisse par représenter une nouvelle cristallisation d'identités politiques.

L'impression que j'en tire – et c'est sans doute la raison de nos désaccords, mais je veux le redire ici encore une fois, aussi de nos discussions, de nos débats, de nos échanges – est que, chez Laclau, le signifiant vide représente une abstraction structuraliste qui perd de vue un fait pourtant essentiel : que ce que l'on nomme ici « vide » est le produit d'un exode, et non pas d'une modification structurale – c'est par exemple ce que remarque assez justement Bruno Cava (un militant brésilien qui a bien étudié Laclau). « S'il y a une chose très évidente aujourd'hui, quand on considère les formes actuelles de la politique, c'est le détachement du « peuple » par rapport aux fonctions de participation auxquelles il avait été lié par le droit public moderne. Dans la situation qui est la nôtre aujourd'hui, le « signifiant vide » se vide davantage encore – il n'a pas de prise sur la multitude, mais il est phagocyté par des pouvoirs forts qui n'ont plus rien à voir avec le peuple, la nation, et tous les autres jolis concepts du vocabulaire politique de la modernité. Quant aux mouvements, ils vivent dans la consistance immédiate d'une universalité concrète qui a pour fonction de suturer et d'articuler les signifiants – oui, mais la puissance réside dans la multitude, qui est un concept de classe ».

Autre conséquence encore. Il est pour moi très clair que la pensée d'Ernesto se situe dans une sorte d'ère post-idéologique, où la lutte des classes est censée céder sa place centrale à des identités différentes et multiples (qui peuvent l'investir selon des déclinaisons variées). Mais il me semble qu'elle ne peut amener à rien de précis dès lors qu'on la déplace dans le contexte de coordonnées auxquelles j'ai déjà fait référence il y a un instant : un axe d'abscisse hégémonie/société, un axe d'ordonnées droite/gauche. Cette mutation, qui déontologise les sujets, pourrait très bien, dans ce système de coordonnées, s'appuyer sur les singularités collaborant de manière transversale, et construire sur un plan machinique (comme le diraient Deleuze et Guattari) des « machines de guerre » sociales variées. Des « machines de guerre » qui ne seraient en aucun cas les effets de l'urgence d'en consolider les contours au sein d'une hégémonie ou d'une nation. La mutation peut par conséquent être représentée comme une illusion. Il faut à nouveau se demander si le signifiant vide, soumis à ces tensions, outre le fait qu'il soit réduit à une sorte de figure « centriste » de l'organisation du pouvoir, ne subit pas une autre dérive : il immobilise le processus politique parce que son dynamisme, déplacé vers le centre, est désormais incapable de produire de la puissance. La synthèse transcendantale, dans ce cas, est complètement dénuée de mouvement.

J'en arrive au dernier point crucial : la concrétisation historiquement déterminée de la forme transcendantale.

Le signifiant vide opère à un niveau national. Pour Laclau, me semble-t-il, il est impossible d'accepter un discours cosmopolite, ne serait-ce que comme horizon. Le pouvoir a besoin, pour pouvoir posséder une réelle consistance, et après avoir éliminé tout point fixe, de l'identité nationale. Même dans la mondialisation, alors même que le pouvoir de l'État-nation décline, le concept d'État-nation ne peut être abandonné. L'abandonner signifierait se placer sur un terrain non seulement peu réaliste mais dangereux. Sans l'unité nationale, l'expansion horizontale de la protestation sociale et la verticalité d'un rapport au système politique seraient impossibles. Et, y insiste Laclau, l'expérience de l'Amérique latine, dans les années 1990 et 2000, le confirme amplement.

J'ai, pour ce qui me concerne, une tout autre lecture de cela. Nous sommes un certain nombre à penser que le mouvement progressiste qui a secoué l'Amérique latine à cheval du siècle dernier et de celui-ci, a été très fortement impliqué dans ce que l'on pourrait décrire comme le dépassement « vers le dehors » d'un cadre national à l'intérieur duquel chacun des États du continent avait été restreint par la domination nord-américaine et ses valeurs impérialistes ; au contraire, c'est « vers l'intérieur » de l'Amérique latine que l'horizontalité des mouvements s'est pleinement exprimée sur une large échelle, et a parfois anticipé, et parfois encore suivi, un nouvel esprit continental qui a animé certains gouvernements populaires et leur a permis de dépasser toute forme de chauvinisme – réactionnaire dans la tradition de l'Amérique latine comme dans celle de l'Europe.

Et pourtant, le nationalisme de Laclau, il faut bien le reconnaître, ne cède pas. Il remonte en réalité au début de ses travaux – je pense à *Politics and Ideology in Marxist Theory* (1977) : contre Althusser, Laclau soutient en effet que la classe ouvrière a une irréductible spécificité nationale ; et il exalte l'expérience du péronisme qui - je cite – « a eu un succès indéniable dans son travail de constitution d'un langage démocratique-populaire unifié au niveau national ».

Selon Stuart Hall, c'est cette option nationaliste qui fait courir à nouveau, à la position discursive de Laclau, le risque de perdre toute référence à la pratique matérielle de la lutte des classes, et à ses conditions historiques : elles sont pour ainsi dire « neutralisées » dans leur puissance par la référence au contexte national. On ne peut pas considérer la société comme un champ discursif totalement ouvert, et à partir de cela fixer l'hégémonie politique sur un horizon national-populaire : l'opération ne peut produire qu'un assaut à Fort Apache de la part des autres forces sociales en jeu – comme, de fait, cela a été le cas en Argentine. Conséquence : le schéma d'Ernesto montre encore une fois, selon moi, qu'il ne peut tenir debout que s'il devient une figure « centriste » de gouvernement. Il ne peut pas éviter de s'offrir, comme cela s'est produit, à un positivisme de la souveraineté exercé par une autorité qui soit centralement efficace. C'est encore une transcendance formelle qui, matériellement, pose ici le pouvoir et le justifie.

On pourra cependant remarquer que peu à peu, en particulier dans les derniers travaux d'Ernesto Laclau, la transcendance du commandement cessera d'être représentée dans des termes exclusivement nationaux, et au nom d'un centralisme étatique trop encombrant. J'ai cru y percevoir, même, un certain éloignement de cette conception d'origine hobbesienne qui concevait que c'était le pouvoir qui devait former le peuple. Et pourtant, c'est alors un paradoxe qui émerge : en effet, si la transcendance du commandement et la tentation hobbesienne s'atténuent – en particulier parce qu'il y aura toujours, dans le monde contemporain, des irrégularités croissantes du pouvoir dans les relations sociales –, pourtant, cette « impossible transcendance » se matérialise à nouveau chez Laclau. Cette fois-ci, elle n'est plus cherchée mais trouvée, plus construite mais imposée par la mécanique même du transcendantalisme. En lieu et place de la synthèse de la multitude, l'approche transcendantale verra toujours davantage un signifiant « plein » se compacter à travers l'émergence d'un peuple – et fonder ainsi le politique. Est-ce qu'on est là face à un passage – du criticisme – à quelque chose qui serait bien davantage de l'ordre de l'idéalisme objectif ?

J'aimerais conclure en quelques points.

Ernesto Laclau montre de manière brillante que le peuple n'est pas une formation spontanée ou naturelle, mais qu'il est au contraire constitué par des mécanismes représentatifs qui traduisent la pluralité et l'hétérogénéité des singularités en une unité ; et si cette unité, à travers l'identification avec un leader, un groupe dominant, et dans certains cas un idéal, devient une réalité, cette conception me semble malgré tout tributaire d'une certaine idée « aristocratique » qui reprend les thèmes les plus profonds et les plus continus de l'histoire moderne de l'État. C'est peut-être là qu'on trouve la confirmation de ce tournant du criticisme à l'idéalisme objectif dont je parlais il y a un instant. Pour Laclau, la centralité de la fonction des intellectuels et de la communication dans l'organisation politique est significative de cette inflexion. Le concept d' « intellectuel organique », cher à Gramsci, est ici totalement dépassé, et la fonction autonome de l'intellectuel comme force auxiliaire dans la construction de l'hégémonie – ou du leadership ? – est ici affirmée clairement. C'est pourtant, étrangement, exactement ce que Ernesto a refusé de faire toute sa vie – en tant que militant démocratique et socialiste, et il faut absolument lui reconnaître le courage et la probité totale de ce refus. Mais alors : pourquoi donc cette unité de l'« autonomie du politique » et du leadership intellectuel ?

Ce corps à corps de ma propre pensée avec celle de Laclau, je l'ai souvent « rejoué » dans les vingt dernières années. Je le dis avec franchise, comme j'avais eu l'occasion de le lui dire directement : je pense que, si sa pensée est d'une très grande force, sa conception du populisme est moins le produit d'une réflexion sur le pouvoir que d'une réflexion sur le concept de « transition », et du pouvoir dans la transition – dans le passage d'une époque à l'autre de son organisation. Le populisme de Laclau est l'invention d'une forme mobile de médiation, de la et dans la transition des régimes politiques – surtout, même si ce n'est pas seulement cela, des régimes politiques latino-américains. Une forme que je continue à considérer comme « faible » : non pas conceptuellement, mais pour la réalité qu'elle enregistre, et parce que ce « vide » qu'elle prend pour problème est souvent moins un « vide » à remplir qu'un gouffre dans lequel on risque de précipiter. Et cette « faiblesse » est accentuée encore par le fait que Laclau, simultanément, refuse d'ouvrir son travail à une enquête ontologique, et par conséquent de donner du sens à l'émergence de la nouveauté, d'une part ; mais par ailleurs parce qu'il admet que la *governance* d'une transition doit nécessairement être constituante, de l'autre. Du coup, cette dimension constituante « incertaine » finit par répéter paradoxalement les modèles de la modernité. En particulier, elle refuse toute tension émancipatrice. En réalité, dans la mesure où Laclau accepte de se placer lui-même dans cette autre tension qui est celle qui existe entre spontanéité et organisation, mais qu'en même temps il efface les dimensions matérielles de la lutte des classes, il finit, me semble-t-il, par reprendre par exemple quelques-uns des aspects réellement problématiques du droit public européen.

Je prends un exemple. Quand Carl Schmitt se saisit du thème des mouvements sociaux, il en définit la figure précisément à travers la reconnaissance de ce que ces mouvements sociaux constituent la trame de la composition populaire de l'Etat – *une reconnaissance du haut vers le bas*, qui politise la société dans le but de la construction d'une identité nationale. Je pense aussi à la manière dont Schmitt définit le lieu de la représentation politique comme « présence d'une absence ». Une absence toujours à remplir, si l'on veut que l'État existe ; une présence toujours à vider, si l'on veut que l'État soit au-dessus des parties, *super partes*. Jusqu'à quel point le « signifiant vide » n'est-il pas la répétition du modèle schmittien de la représentation ?

J'ai bien conscience de ce que ces questions sont probablement des interférences impropres – très certainement, pour Ernesto, il y avait là simplement des instruments qu'il s'agissait de récupérer dans l'archive du droit public européen. Parce que l'importance – plus encore : parce que la grandeur – de la pensée d'Ernesto – ne consiste pas tant en une capacité à résoudre la question du signifiant vide, ou encore (je formule le même problème vu de droite, si vous voulez), à refuser de le remplir en s'appuyant sur la lutte des classes et sur le conflit social. Elle consiste plutôt à avoir vécu de l'intérieur le problème. Ce signifiant flottant qu'il apercevait devant lui – ce « truc », ce « machin » – n'était pas le vieux modèle d'État que nous connaissions sous la forme de l'État moderne, mais quelque chose de nouveau. Il y a une tension constituante qui s'étend, qui agit, qui s'exprime sur le terrain de la crise de l'État démocratique moderne. Il ne s'agit pas de découvrir cet État que nous avons subi jusqu'à présent, mais d'en construire un autre. Inventer un nouveau signifiant vide pour une transition radicalement démocratique. Ici, le criticisme s'exalte réellement, je crois, dans son sens originaire – pas tant comme une ligne de construction transcendantale de l'Etat que comme investissement problématique de sa crise.

Je crois que c'est sur cet ensemble de points (que nous pourrions résumer, je crois, comme « ce que notre débat doit à Ernesto » – et il lui doit beaucoup -, et « ce que la pensée d'Ernesto nous pose comme difficulté » – et je pense avoir tenté d'expliquer les points de cristallisation de ce désaccord) -, je crois, donc, que c'est sur cet ensemble de points qu'il s'agit aussi de raisonner quand on assiste aujourd'hui à certains usages étonnants, pour ne pas dire impropres, d'une pensée comme la sienne. Quand par exemple on tente d'imposer une sorte de « chapeau » aux mouvements réels, qu'on les coiffe en quelque sorte, et que l'on refuse de voir que ce chapeau pose en lui-même problème – non pas sa mesure mais le chapeau en tant que tel ; ou bien encore quand, pour purifier la vitalité toujours un peu « sale » des mouvements, on reprend l'image du vieux Parti communiste italien comme modèle d'écoute et de direction de la parole du peuple – comme cela arrive toujours plus souvent, un peu partout, dans la gauche européenne et latino-américaine. Bien entendu, cela ne suffit pas à dissiper, ou à offusquer, l'extraordinaire vitalité de ce que son travail nous donne à penser : des questions encore ouvertes, des questions parfois à relancer, ou à reformuler, mais toujours cette exigence de se mesurer aux problèmes, qui était la sienne, et dont il faut lui être infiniment reconnaissants.

IV

Emilio De Ípola
Université de Buenos Aires

Discussion autour de la théorie de Laclau sur le populisme

C´est avec beaucoup de nostalgie que j´évoque les nombreux dialogues que j´ai eus avec Ernesto Laclau, tout au long d´un demi-siècle, dès notre époque d´étudiants à la Faculté de Philosophie de Buenos Aires, jusqu´à sa mort. Dans ces rencontres, nous avons eu des moments où nous étions tout à fait d´accord et d´autres, souvent le lendemain même, où nous ne l´étions plus. Mais jamais, même lorsque nous nous opposions durement, notre amitié a été mise en question: elle s'est même approfondie à ces moments de discorde, tout simplement parce que si l´on devait décider entre plusieurs contradicteurs, il valait mieux choisir celui dont on sait qu´on recevra des critiques utiles et amicales et non de simples diatribes.

Mon amitié avec Ernesto date de 1958. Jusqu´en 1964 on se voyait presque tous les jours. Mais, une fois gradués, nous sommes partis pour l´Europe, lui en Angleterre, moi en France. Nous nous sommes rencontrés au Chili, en 1972, et à Paris en février 78. Naturellement, nous avons recommencé nos dialogues, en remarquant avec joie que nos chemins avaient abouti à des points d´arrivée très proches. Il est resté à Londres tandis que je suis parti pour le Mexique, où j´ai vécu six années. Heureusement, les Universités mexicaines aimaient organiser souvent des colloques internationaux de grande envergure, où étaient invités les intellectuels les plus connotés d´Europe et de l´Amérique latine. Cela m´a permis de voir Ernesto et Chantal fréquemment.

Ce fut dans un de ces colloques que Juan Carlos Portantiero et moi avons présenté une communication sur le thème "Le national-populaire et les populismes réellement existants", texte où nous faisions quelques commentaires critiques à un chapitre sur le populisme d'Ernesto, de son livre « *Política e ideología en la teoría marxista.* ».

Nous en avons discuté dans le colloque, mais Ernesto m'avait communiqué avant la séance les questions qu'il allait nous poser, en réponse à nos objections. Un beau geste d'amitié et d'honnêteté intellectuelle. Plus tard, en 1981, nous avons donné ensemble un cours sur l'analyse du discours, à l'UNAM. En 1984, je suis retourné en Argentine, et nous avons poursuivi nos dialogues, souvent à Buenos Aires et quelquefois à Londres.

En ces années, mes collègues et moi étions au courant du fait qu'Ernesto et Chantal travaillaient durement à un ouvrage. Le livre parut en 1985, sous le titre *Hégémonie et stratégie socialiste*. Cet ouvrage est devenu un texte classique, que nous avons attendu avec impatience et nous avons étudié avec patience. D'autres ouvrages d'Ernesto ont paru après. En 2005, ce fut *La raison populiste*[71] (plus loin *LRP*), un livre qu'on continue à lire et dont on discute dix années après sa première édition.

Or, ce ne fut que quelques mois plus tard que j'ai cru découvrir certains aspects qui me semblaient peu clairs dans la cependant remarquable construction théorique de LRP. Ernesto m'a proposé d'utiliser le texte que j'avais écrit comme base pour une discussion. Ce débat n'a pas pu se faire, car je suis tombé malade vers la fin 2013 et Ernesto est décédé en avril 2014.

Quel était pour moi le point principal de divergence? Il y avait des différences de détail, si peu significatives que je les ai oubliées. Mais il y en avait d'autres, que je trouvais plus sérieuses. Je vais ici développer les deux thèmes sur lesquels je me suis interrogé. L'un d'eux renvoie au commencement de *LRP*, plus exactement à l'exposé d'Ernesto au sujet du point de départ. Comme on sait, c'est la catégorie de "demande sociale" qui définit l'unité minimale d'analyse et le point de départ de l'élaboration théorique. Ensuite, Ernesto propose, lors de ce premier pas, une dérive possible des événements, en appelant à un exemple fictif mais proche de situations fréquentes en Amérique latine.

---

[71] Ernesto Laclau, « La razón populista », Fondo de Cultura Económica, Buenos Aires, 2005, *Dorénavant LRP*.

“Voici un exemple de la façon où surgissent des demandes isolées et commence leur processus d´articulation ... Imaginons une grande masse d´immigrants paysans qui se sont installés dans les bidonvilles situés dans la banlieue d´une ville industrielle. Bientôt se posent des problèmes de logement et l´ensemble de personnes affectées demande aux autorités locales une solution. Si la demande est satisfaite, le problème finit là; mais si elle ne l´est pas, on perçoit que les voisins ont d´autres demandes non satisfaites -des problèmes de santé, de la carence de l´eau, d´éducation. Si la situation demeure sans solution, il y aura une accumulation de demandes non satisfaites et une incapacité chaque fois plus grande du système institutionnel pour les satisfaire différentiellement, c´est-à-dire, chacune séparément. Cela établit un rapport d’équivalence entre elles. Le résultat pourrait être l´établissement d´un abîme de plus en plus grand séparant le système institutionnel de la population. Ces conditions accomplies, on aurait en état embryonnaire une configuration populiste, c´est-à-dire, un peuple en état larvé opposé au pouvoir » (*LRP*, 98-99 de l’édition espagnole, ma traduction).

C´est clair que ce modèle ne décrit pas le processus effectif qui amènerait à une configuration populiste. Il s´agit simplement d´un schéma idéal qui ne correspondrait qu’à très grands traits à l´itinéraire de ce processus. Néanmoins, quelques questions se posent déjà, qui méritent d´être éclaircies.

Il me faut faire ici un détour pour faire appel aux travaux de l´historien argentin Jorge Ossona[72] à propos des grands quartiers de la banlieue de Buenos Aires, et, en particulier, de ce que Ossona appelle “les formes élémentaires de la chefferie” dans ces quartiers. Ces travaux soulignent le rôle des ainsi nommés “porongas” (mot ici dépouillé de son acception obscène) dans la vie sociale des populations marginalisées, notamment dans la politique, dans l´organisation d´événements sportifs, dans la tâche d´amener des gens aux mobilisations, d´arranger le “paquet” de voix pour les élections, cela parmi beaucoup d´autres besognes. L´argent qu´ils gagnent en échange de ces opérations leur permet

[72] Jorge Ossona: “Punteros, malandras y porongas. Ocupación de tierras y usos políticos de la pobreza”, Siglo XXI eds., Buenos Aires, 2014.

d´organiser avec les politiciens locaux des entreprises plus grandes, par exemple, l´occupation, souvent illégale, de terrains. Ils y apportent leur aptitude bien connue de conduite sur le terrain et leurs contacts avec des fonctionnaires locaux; s´il est nécessaire, ils "arrosent" la police. Tout cela fait d´eux des adjuvants indispensables pour mener à bien des entreprises les plus diverses, mais aussi -point important- pour pourvoir à des pénuries des populations sous leur juridiction.

Ce type de *leadership* demande capacité d´organisation, expérience en mobilisation et sens de l´opportunité, dans une audacieuse mixture de pauvres et riches, de calcul et de hardiesse et, à un autre niveau, du politique avec l´ethnique, le religieux, le sportif, etc. Les "porongas" ont leurs codes, leur éthique, ainsi qu´une responsabilité à l´égard de leurs chefs de même qu´à l´égard de sa troupe. On en exige compétence et loyauté absolue vis-à-vis de leurs chefs, qu'ils soient officiels ou informels. Parfois, cette dernière exigence semble excessive à quelques "porongas" gonflés, surtout dès que la drogue a envahi le terrain. C´est pourquoi iI y a, de temps en temps, des conflits, des trahisons, et des meurtres.

Or, on pourrait ici objecter que ces faits concernent des situations de faible portée, isolées, et donc qu´elles ne sauraient être généralisées. Et aussi que ces litiges autour du pouvoir auraient lieu dans des endroits et à des niveaux peu importants. Sans doute, dès le retour de la démocratie on a assisté à des transformations considérables dans le rapport entre les "porongas" et les institutions du pouvoir, depuis les mairies jusqu´aux gouvernements provincial et national. Mais ces changements n´ont pas réussi à annuler les frictions ni les pactes explicites ou implicites entre les uns et les autres. Le kirchnerisme a introduit des innovations positives concernant certains problèmes non résolus (la provision d´eau et, surtout, du gaz -toujours sans solution intégrale) et en augmentant le nombre de gens couverts par ces bénéfices. Mais l´avenir demeure incertain. Ce qui est sûr, c´est que les formes locales de chefferie, présentes depuis longtemps, ont su s´adapter aux différentes conjonctures et elles sont loin d´avoir disparu.

Enfin, l'importance en termes électoraux de la banlieue de Buenos Aires est devenue aujourd'hui décisive. Il ne s'agit donc pas d'une question mineure.

Or, je me demande si une situation comme celle-là n'oblige pas à s'interroger à propos de la définition de ce qu'on entend par « chaîne d'équivalences ». Admettons, pour simplifier, qu'il y ait une sorte d'accord établi entre, par exemple, des gens sans logement, des pauvres sans un sou et un groupe de « porongas » solidaires avec ces gens-là et, par ailleurs, experts dans l'occupation de terrains et dans l'obtention de fonds. Ils ont en principe le même ennemi: les autorités municipales et leur bras armé, la police. Mais il se trouve que la police a aussi besoin d'argent, non pas pour s'enrichir, mais, simplement, pour pouvoir accomplir ses tâches routinières. Or, moyennant un accord discret avec les chefs policiers, une partie des forces est disposée à intervenir, mais sans agressivité, tandis qu'une autre, ignorante de l'accord, est disposée à frapper les gens comme d'habitude. Mais ceux qui sont mis au parfum au cours même de l'opération punitive changent souvent de cap et ménagent les coups, permettant ainsi le succès de l'opération. Ainsi, la police est regardée par ces « pobladores » comme occupant la double position de représentante du pouvoir et, pour utiliser la terminologie de Laclau, de « maillon d'une chaîne d'équivalences » populaires. C'est là une situation discernée en partie par Ernesto -voir son analyse des « signifiants flottants ». Cependant, cette analyse ne concerne que les signifiants faisant l'objet d'une lutte hégémonique, ce qui, dans mon exemple, n'est pas le cas de la police. Car il ne s'agit pas de « gagner » la police, soit pour réprimer, soit pour la ranger du côté du peuple. Les gens, « pobladores » ou propriétaires, acceptent la police telle qu'elle est, dans sa double fonction de gardienne de l'ordre -à la limite, par la force- et d'adjuvante éventuelle des gens du peuple.

Tout en semblant une question mineure, l'exemple nous amène à un autre problème. Le modèle d'Ernesto semble présupposer des acteurs plutôt cohérents. Or, ceci, dans le terrain de la petite et de la grande politique, pose un problème. La politique démocratique et parlementaire, surtout celle de l'Argentine actuelle, nous montre très souvent des glissements, des changements de position, une indéfinition délibérée des acteurs, des conflits ouverts à l´intérieur d´une alliance qui semblait bien établie, etc. Bien entendu, ces va-et-vient sont souvent feints, calculés. Si bien que le politicien le plus perspicace n´est pas celui qui commande une soi-disant chaîne d´équivalences, mais celui qui sait prévoir les disputes, les tactiques, les voltefaces d´un chef en puissance, l´éclatement de l´alliance dont il serait le candidat, bref: l´ambiguïté, la mouvance, les faux-semblants, le renversement de situation, les avatars souvent imprévisibles du jeu politique. Ce à quoi il me répondrait que c´est à travers ces va-et-vient que la chaîne d´équivalences et le leader se frayent leur chemin, suivant fidèlement un modèle bien connu d´Engels, mais, tout comme Engels, il est incapable de montrer les méandres de ce chemin.

Le deuxième problème est plus complexe. Mon point de référence sera toujours le gouvernement Kirchner, mais, à mon avis, il a une portée théorique générale. Au moment d´accéder à la présidence Kirchner a dû faire face à deux défis dans la tâche de construire un pouvoir politique à l´intérieur de son parti. D´abord, l´obtention de niveaux de popularité très hauts dans la société; ensuite, la revalidation de cette popularité à l´intérieur de son parti.

En examinant la stratégie de Kirchner on constate qu´il a eu du succès quant à son premier défi: accroître sa popularité, en prenant des mesures qui tenaient bon compte de l´insatisfaction générale à l´égard des *us et coutumes* de la démocratie de partis. En disant cela, je veux souligner que l´appui qui a entouré dès le début la gestion de Kirchner n´a pas été qu´une réponse positive à tout ce qu´il avait fait pour rehausser l´autorité présidentielle, après la très pauvre gestion de De la Rua. Cette bienveillance populaire il l´avait aussi obtenue grâce à ses critiques à la classe politique et aux facteurs de pouvoir dominants. La cérémonie de prise de fonction de Kirchner à la présidence a été, en ce sens, très éloquente. Juan Carlos Torre[73] remarque que Kirchner n´a

---

[73] Dans les prochains paragraphes, nous suivons de près l´excellente analyse de Juan Carlos Torre, "La Operaciòn Política de la Transversalidad. El Presidente Kirchner y el Partido Justicialista", en Argentina en Perspectiva, Cedit Compilador, Editorial La Crujía, Instituto Di Tella, Buenos Aires, 2005.

pas suivi les normes habituelles, à savoir, les rencontres avec la hiérarchie de l´église, les chefs des partis, les représentants du monde des affaires, etc. Il a ouvert d´abord les portes aux organismes des droits humains et aux « piqueteros ». De ces initiatives, Kirchner a tiré l´inspiration pour son discours dénonciateur et il a reçu, en contrepartie, l´approbation populaire. Cet accord avec les expectatives de l´opinion publique a été si retentissant que, peu après d´assumer la présidence, il a déjà décidé d'affronter le deuxième défi qu´il avait devant lui, à savoir, celui de traduire ses appuis populaires en appuis politiques au sein du parti péroniste. Avec ça, il ferait un pas décisif dans son entreprise politique. L´enjeu était considérable: la conquête de forces politiquement proches, et plus sensibles aux avantages du pouvoir, donc plus fiables, pouvait le situer en dehors des va-et-vient de l´opinion. C´est à ce moment-là qu´on a lancé l´opération politique de la transversalité.

Comme Torre l´explique, la croisée de Kirchner avait réactivé les enthousiasmes de la gauche péroniste des années 1970. En tant que groupe politique dormant, les survivants de cette génération sont retournés à la politique, cette fois-ci moins animés par les valeurs républicaines qu´ils avaient soutenues au temps du FREPASO (1990), et davantage encouragés par l´esprit combatif de la jeunesse politique. Un nombre important parmi ceux qui se sont incorporés étaient des jeunes qui, apostrophés par Perón, avaient quitté la Plaza de Mayo 30 ans auparavant. Dans cette nouvelle rencontre avec la politique, on leur a confié la tâche de prendre en charge l´opération de la transversalité.

Examinons le cadre de situation dans lequel cette opération a été décidée. La première donnée était la faiblesse des pouvoirs de Kirchner au sein du Partido Justicialista (PJ). Lorsqu´il est arrivé au pouvoir il n´avait aucun poids dans la conduction du Parti péroniste, tandis qu´au Congrès seule une poignée de représentants le suivaient. L´appel de Kirchner était simple: nous convoquons tous ceux qui appuient les changements que nous proposons, sans égard à leur filiation politique, afin de réunir une grande force populaire qui permette d´assurer ces changements, et bien d´autres, plus profonds. Autrement dit, un grand *Frente para la Victoria.*

Les résultats de cette opération n´ont pas été ceux qu´on attendait. Plusieurs facteurs ont conspiré contre elle. D´abord, une maladie épidémique de la gauche argentine, à savoir, sa tendance à se dissoudre dans de petits groupuscules, opposés entre eux par des questions mineures. À ces petits groupes, dont l´appui à la gestion de Kirchner était incertain et variable, il faut ajouter le retour des vétérans de la génération des ´70, entre eux ex Montoneros, incorporés à l´appareil de l´État grâce au pouvoir de nomination de Kirchner. Bien entendu, ils ont cherché à faire valoir leurs propres ambitions personnelles

En plus, l´opération de la transversalité a dû faire face à un autre problème: la date inopportune où elle a été lancée. Les délais pour la maturation de ses fruits n´ont pas été en consonance avec les urgences d´un président appuyé par l´opinion, mais auquel on rappelait, de plusieurs façons, sa condition de féal des chefs historiques du PJ., dont un bon nombre contrôlaient les provinces (Solá, Insfrán, Zamora, De la Sota, entre autres) et, par conséquent, avaient un poids décisif au sein de Parlement national.

En mars 2004, Kirchner a décidé de prendre l´initiative et il a cherché à transférer l´appui populaire de sa gestion au contrôle de la direction du Parti. L´occasion pour lancer cette offensive a été le Congrès qui, peu de temps après, devait nommer de nouvelles autorités du PJ. Pourtant, cette tentative n´a pas non plus réussi. Les candidats que Kirchner a proposés n´ont pas obtenu l´appui nécessaire -pas plus, d´ailleurs, que ceux de ses adversaires. Dans cette situation, on est arrivé à une neutralisation des forces opposées. Mais, de toute façon, la volonté de pouvoir de Kirchner n´a pas pu briser la solidité de l´appareil du PJ pour y poser une enclave politique propre.

Ainsi, les besoins de la gouvernabilité l´ont obligé à chercher des appuis là où ils se trouvaient, c´est-à-dire, dans les domaines des "caudillos" des provinces péronistes. Sous la pression de ces urgences, il ne restait à Kirchner d´autre solution que celle d´arriver à un accord avec eux: ils disposaient de voix décisives dans le Parlement. Ce fut un accord de longue durée, car il est toujours en vigueur. Aujourd'hui, cet accord assure à Cristina Kirchner, comme auparavant à Kirchner, les appuis nécessaires pour gouverner. Ce sont des appuis très généreux en ce qui concerne la discipline législative, mais à une condition près, à savoir que la *distribution interne du pouvoir territorial demeure inchangée.* Pas besoin d'ajouter que la plupart des gouverneurs de provinces très importantes étaient des seigneurs féodaux réactionnaires et très habitués à l'exercice de la corruption. Cristina a essayé d'introduire dans l'administration des provinces des jeunes gens ultra fidèles, mais l'expérience et l'astuce des « caudillos » ont vite fait échouer la tentative.

Évidemment, la question qui vient à l'esprit c'est : «même en acceptant votre analyse des problèmes du président Kirchner, on ne voit pas qu'elle puisse endommager d'aucune façon l'alternative politique populiste pas plus que la théorie de Laclau ». Cette objection me semble intenable; on peut montrer que la difficulté que j'ai posée, ou bien une autre du même genre, n'est pas le fait du seul kirchnerisme: qu'elle est inhérente au populisme sous toutes ses formes d'expression.

Voici pourquoi : les populismes, du moins en Amérique latine (le premier péronisme et le varguisme, parmi les plus connus), ont eu toujours un objectif central, à savoir, construire une société équilibrée, ce qui, parmi nous, voulait dire aussi un peu plus juste, *mais non pas une société égalitaire, communiste ou autre.* En mots de Perón une « communauté organisée ». Si les ouvriers ont finalement été sa principale force d'appui, c'est à cause de circonstances non voulues par Perón. D'après Juan Carlos Torre, Perón était quelque peu obsédé par le péril communiste qu'il arborait pour, entre autres, convaincre l'oligarchie des avantages qu'elle tirerait en cédant une partie de ses gros bénéfices pour les transférer aux travailleurs. La bourgeoisie dite « nationale » a dit oui à cette proposition, mais elle est restée néanmoins méfiante vis-à-vis de Perón, ne serait-ce parce que, non sans raison, elle ne percevait aucune menace provenant du communisme. En tout cas, sur ce point il a eu du succès : les travailleurs n'ont pas posé de problèmes, du moins pendant sa première gestion et les commencements de la seconde.

Mais, plus tard, Perón a dû faire face à des mises en question plus profondes. D'une part, l'oligarchie et les grands industriels (souvent les mêmes groupes) ont pris des distances face à un régime qui n'avait pas une politique économique définie une fois écoulées les années heureuses de la post-guerre et qui n'était plus en mesure de parer aux grèves ni de faire face aux demandes ouvrières, de plus en plus fréquentes. Il faut rappeler que ni les grands propriétaires fonciers, ni les grands patrons de l'industrie, ni les couches moyennes n'avaient donné un vote inconditionnel à Perón. Seule la CGT a toujours maintenu son appui au président, entre autres parce qu'elle était consciente du fait que ceux qui voulaient chasser Perón étaient tous farouchement anti-ouvriers. Mais, d'autre part, tous ont compris qu'on n'était plus à l'époque du premier péronisme, où l'économie était florissante et l'État pouvait jouer le rôle de grand distributeur. En outre, Perón, les yeux fixés sur l'Europe, avait cru voir un deuxième péril dans la naissance et l'expansion de la démocratie chrétienne. La création du Parti démocrate chrétien (PDC) en Argentine a inquiété le Président. Tout cela, pour abréger, a dérivé dans un conflit avec l'Église et, un peu plus tard, avec un secteur important des Forces armées. Le coup d'État de septembre 1955 a mis fin à la première expérience populiste argentine.

Cela dit, il faut insister sur le fait que le populisme n'est pas une variante du socialisme ou du communisme. C'est pourquoi les divisions tranchantes posées par le populisme, par exemple, entre pauvres et riches, ainsi que d'autres ne tiennent pas compte du fait que, dans cet enjeu politique, les acteurs « progressistes » sont, y compris pour les populistes, au moins trois : le gouvernement et les ouvriers, bien sûr, mais aussi un important secteur des couches moyennes et des capitalistes nationaux

Je résume : dans ce qu'Ernesto appelle la chaîne d'équivalences donnant lieu à une expérience populiste il y a toujours un chaînon faible. Il ne s'agit pas d'un manque ni non plus d'un problème susceptible d'être surmonté, mais d'un obstacle constitutif qui érode lentement mais irréversiblement le régime populiste. Dans les cas du péronisme cet obstacle peut être décrit comme suit : le mot d'ordre « fondateur » du péronisme a été, comme on sait, « peuple vs. oligarchie ». Or, à l'origine, comme je l'ai déjà dit, le « peuple » embrassait non seulement la classe ouvrière mais aussi les couches moyennes et même ladite « bourgeoisie nationale ». C'était l'idée déjà mentionnée de la « communauté organisée ». Ce dispositif « fondateur » a eu du succès pendant les premiers temps du péronisme, mais l'appui des couches moyennes et celui de la bourgeoisie nationale n'a pas été sans conditions. Si bien que dès les premiers temps de la deuxième présidence cet appui est devenu de plus en plus faible jusqu'à se changer en opposition pure et simple. Perón a bien perçu ce virage, mais il n'a pas pu l'éviter. *Il a même couru le risque de perdre aussi quelques secteurs des travailleurs, gênés par certaines mesures qu'ils jugeaient négatives. L'échec du Congrès de la Productivité de 1953 a été le symptôme le plus clair d'une crise bourgeonnante.* Le conflit avec l'Église, poussé par la classe moyenne majoritairement catholique, en a été un autre plus grave.

Est-il possible d'exprimer dans une formule cet obstacle que j'appelle constitutif ? Le populisme dans sa version kirchneriste aime employer un langage combatif lorsqu'il doit faire face à des obstacles ou à des critiques venant de l'opposition. Mais cette belligérance discursive ne se traduit que rarement dans ses politiques. Le gouvernement choisit presque toujours - parfois en suggérant qu'il le regrette - une voie moyenne[74]. C'est, comme nous avons essayé de le montrer, qu'il a besoin d'alliés qui sont loin d'épouser le radicalisme social et politique qu'il ne cesse pourtant pas de proclamer. *Ce sont ces alliés-là, non voulus mais indispensables, qui constituent le maillon « faible » de la chaîne kirchneriste d'équivalences*. D'où une tension latente qui, à court ou à long terme, débouche sur un conflit ouvert et terminal qui met fin au populisme tel que nous le connaissons - qu'il soit défait ou qu'il triomphe et donne lieu à un régime plus puissant et, par là même, bel et bien autoritaire-, ou, enfin, qu'il demeure inchangé, c'est-à-dire, gauchissant de parole et beaucoup plus modéré dans les faits.

---

[74] Lucidement, Laclau approuve cette modération. Selon lui, le populisme n'est ni doit être incompatible avec le respect des institutions et le rôle du Leader ; tout en étant fondamental, il ne doit pas annuler le pluralisme du système politique. Nous partageons tout à fait ces opinions. Mais nous ne sommes pas convaincus que le populisme les partage aussi.

* * *

Quelques mots pour conclure. Ernesto nous a quittés au moment où le dialogue entre nous tous au sujet du populisme venait à peine de commencer. Nous nous sommes promis de reprendre ces conversations lors de son prochain voyage à Buenos Aires. En fait, nous n´avions rien à nous promettre: c´était toujours entendu. Sa disparition, si inespérée et si douloureuse pour tout le monde, a empêché cette rencontre et, cela va sans dire, a empêché aussi le contact avec des tas d´amis, des intellectuels, des politiciens et, surtout, ses enfants, ses frères, sa famille.

J´ai déjà dit qu´une fois loin de contredire un article à moi, il m´avait proposé de l´utiliser comme base pour une discussion. Et toujours nous avons retrouvé ce que j´appellerai un accord profond, préalable à tout, étayé sur notre amitié, bien sûr, mais plus encore sur l´esprit ouvert, attentif, intelligent et toujours aimable d´Ernesto. Pour tout dire, je ne peux m´empêcher de penser que, si Ernesto était encore entre nous, nous serions à nouveau d´accord. Et, enfin, comme chantait Jacques Brel, "si nous n´avons toujours été du même bord, nous avons toujours cherché le même port".

Buenos Aires, mai 2015.

Senda Sferco,

CONICET (Consejo Nacional de Investigaciones Científicas y Technológicas) & Instituto Gino Germani de Estudios Sociales, Universidad de Buenos Aires, UNL

Les métaphores ont-elles une limite? L'ensemble baroque des articulations discursives de notre actualité

Récemment, l'artiste-peintre péroniste Daniel Santoro a défini le péronisme comme la seule expression d'un baroque latino-américain dont l'Argentine ait été capable. Les Argentins, fils d'immigrants, et des indigènes qui ont survécu, malgré toutes les politiques mises en place pour leur élimination, n'ont pas créé, à la différence d'autres pays latino-américains, de véritable mouvement baroque littéraire, ni artistique. Tout juste un mouvement baroque politique : le péronisme.

Dans la brève étude qui suit, on suivra ce rapport entre péronisme et baroque, non seulement parce qu'un rapprochement entre productions de l'art et productions de la politique peut éclairer les modalités complexes des formes que l'un et l'autre adoptent, mais surtout pour faire apparaître l'image particulière qui émerge lorsqu'on évoque le péronisme comme mouvement baroque. Caractérisée par un enchevêtrement de significations hétérogènes et superposées, elle ne saurait se soumettre aux lignes unidirectionnelles que les trajets symboliques recherchent traditionnellement.

On se demandera ici comment comprendre cet enchevêtrement ? Quel est son statut ? quelles sont, ou mieux, où peut-on situer les lignes d'articulation qui constituent non seulement sa condition de possibilité mais aussi sa productivité, c'est-à-dire les modalités où cette signification se montre efficace ?

Les articulations baroques, rappelons-le, ont la particularité de ne pas s'appuyer sur des rapports symboliques, au moins dans la logique d'un trajet de signe qui doit comprendre un sens cohérent entre signifiant et signifié. Les articulations baroques, en effet, se rapportent aux usages qui permettent le renvoi infini d'une signification allégorique –c'est-à-dire d'une signification qui est toujours ailleurs et toujours étrangère par rapport à elle-même. Figure de la rhétorique, l'allégorie est ce procédé du discours qui permet « une autre manière de dire » les choses. Étymologiquement, elle se compose de deux mots grecs: ἄλλον (*állon*) « autre chose », ou « étranger », et ἀγορεύειν (*agoreúein*), l'acte de « parler en public ». Experte en variations, l'allégorie, à travers ses renvois, expose une série prolongée de métaphores ; chez elle chaque objet peut être identifié avec un autre objet dans un rapport de ressemblance. Or, au lieu de fixer les signes dans la continuité d'une correspondance, cet espace de ressemblance rend possibles toute sorte de mutations : les phénomènes se transforment en mots et les notions en images.

Or... ce serait sans doute erroné d'interpréter ces transformations à travers des clés d'une lecture physicaliste des phénomènes... il n'y a pas de terme qui soit identifiable d'emblée comme point de départ et d'autre qui, au bout de sa transfiguration, serve de point d'arrivée. Le baroque déploie une temporalité spécifique où l'allégorie, avec ses renvois incessants, expose toute temporalité au temps présent. L'allégorie présentifie l'hétérogène. L'indissociabilité des articulations qu'elle tend est la clé de ses envoûtements : à la différence du symbole, elle ne représente pas un rapport de reconnaissance ; au contraire, avec ses tissages et ses boucles elle fait de la présentification de tous ses objets –même lointains, même étranges- la situation permanente d'une possibilité signifiante restée inouïe jusque lors. Cette signification, à l'inverse de l'évocation d'une image fixe, nous rappelle, en revanche, qu'elle est en mouvement et surtout, qu'elle peut encore « grossir » : plus ses renvois arriveront loin, plus profond sera le terrain où elle aura à creuser ses significations.

Penser le péronisme comme un mouvement baroque nous permet d'accéder à deux niveaux problématiques par rapport aux significations qu'il rend possibles : Un premier niveau problématique est celui des espaces qu'il aménage pour pouvoir élargir la chaîne équivalentielle dans laquelle il s'inscrit. On y trouve toute une série de questions autour des stratégies d'inclusion/exclusion à mettre en place, ou non, pour décider l'occupation de tel ou quel espace, pour ouvrir de nouveaux interstices, pour repérer d'éventuelles fissures, etc. Il s'agit de disposer tout un vocabulaire spatial, tactique, capable de manier autant que possible les occasions d'occuper des positions dans la chaîne équivalentielle. Plus ses renvois signifiants arriveront loin, plus profond sera le creux des places qu'elle occupe. Voilà un mouvement signifiant qui fait des distances une puissance possible.

Un deuxième niveau problématique est celui de la temporalité spécifique qu'une pensée baroque du péronisme nous permet d'habiliter. Nous l'avons annoncé il y a un instant: à travers la présentification de toutes ses significations, le baroque fait du temps présent le régime de sa productivité. Tous les temps disjoints sont rapportés à une articulation métaphorique qui renforce le nom hégémonique. La métaphore a le don de la superposition, elle peut entasser des images et juxtaposer des temps, au risque d'aplatir tout spectre temporel – celui des temporalités subjectivantes des expériences politiques. Vidé de ses nuances, il est détaché des conjonctures ponctuelles qui lui ont donné émergence.

Concrètement, donc, penser le péronisme comme mouvement baroque nous permet –avec Laclau et avec Santoro - de sortir de la logique qui ne considère le problème de la représentation politique et la question de l'identité qu'en un sens. Si traditionnellement la conformation des partis politiques a cherché à représenter un groupe particulier, une « classe » ou un secteur de la société, identifiant certaines de ses particularités à l'objet de déploiement d'un programme d'action politique, le péronisme, au contraire, nous permet de replacer tant la question de l'identité comme celle de la représentation dans un scénario mobile, disjoint. « Péroniste », peut être le nom d'un spectre identitaire très varié : il y a des péronistes de gauche, des péronistes de droite, des péronistes de base... ce qui les relie, c'est une identification au « nous » en tant que « peuple » ou au moins en tant qu'ensemble porteur de revendications antagoniques adressées à un certain pouvoir identifié comme dominant ; même si les différentes tentatives de rendre intelligible cet ensemble flou n'utilisent, à chaque fois, ni les mêmes mots ni les mêmes images.

Certes, il y a un mouvement de signification baroque qui se met en place pour permettre ces renvois. Tel que le vol d'une abeille chez les anciens, on trouve des traits de significations et de revendications partielles qui, rattachées les unes aux autres en boucle, déplacent leurs positions ici et là pour bâtir un front antagonique: les ponts tendus entre différentes significations qui permettent d'unir, par exemple, une position de droite et une de gauche sous une même nomination, une période historique et une expérience de résistance dans un même temps. Ces « traits » particuliers et très différents dans la dynamique qui leur est propre, opérant dans le jeu des écarts antagoniques, se repèrent aux angles d'attaques singuliers qui sont les leurs, sans qu'ils effacent pour autant leurs propres limites. Ils permettent d'éventuellement devenir « équivalents » au niveau des revendications qu'ils adressent.

Ceci n'est possible - nous explique Laclau - que grâce au matériel métonymique du discours, dont la spécificité consiste à donner, à un objet déterminé, le nom d'un autre. Ce déplacement signifiant a la forme d'une contigüité qui se lie, par un rapport de cause, d'origine ou de proximité, aux autres traits partiels et fragmentaires des différents éléments devenus, dès lors, équivalents afin de donner plus de consistance à certaines revendications. Or, grâce à ce rapport métonymique d'équivalences, l'antagonisme s'affranchit de toute tentation de dichotomisation identitaire en produisant une position autre, toujours articulée dans une tension constitutive, qui est celle de l'hégémonie. C'est grâce à cette possibilité enchaînante et non dialectique que le politique advient comme production et qu'il est possible de lui donner toujours un nouveau nom.

Le jeu est alors ouvert, et afin de faire un travail de tissage des différences, il rapporte la singularité de chaque partie - qui est celle de son émergence - à certains éléments d'autres parties, comme dans un canevas sans forme ni modèle. En les mettant l'une à côté de l'autre, ce réassemblage de parties compose quelque chose qui n'existait pas jusqu'à présent : au niveau de l'action, le jeu produit un acte commun; au niveau du langage, un nouveau nom. On ne voudrait pas suggérer ici une quelconque dissociation entre « action » et « langage », il s'agit plutôt d'exposer la complexité du politique conditionné par ce que Laclau appelle un « signifiant vide » : un ensemble qui n'a pas encore de signe et qui n'existerait qu'à partir de ces mouvements baroques (ou politiques) de la signification. Dès lors, un trait repéré, une particularité tissée, devient le nom de tout un ensemble « actif » qui ne pourra pas contenir la totalité de ses consistances. Ce que nous voulons remarquer ici c'est cette « production politique » d'une temporalité nouvelle qui fait de la présentification de tous les temps une même ligne événementielle. Le péronisme se montre toujours en temps présent. On pourrait énumérer ici les « problèmes » qui en découlent par rapport à sa volonté de représentation. Il lui faut relever le défi d'une représentation qui ne s'installerait pas dans l'attente de son (impossible) complétude, mais se rendrait attentive à la puissance propre au paradoxe qui la constitue: le signifiant « vide » se remplit d'un nom toujours métaphorique car issu de la mise en équivalence d'éléments divers. Ces divers éléments ont dû de ce fait, sans oublier leurs contextes d'émergence, faire omission de leurs singularités et de leurs différences pour prendre part à cette identification, ou, tout du moins, abandonner certaines nuances de leurs singularités et de leurs différences. Grâce à la dynamique relationnelle de cet ensemble « actif » – puisqu'il ne s'agit pas d'une stratégie préaccordée dans une instance de « pro-jet » -, le composant « différentiel » s'efface, pour ainsi dire, devant la nécessité de faire de cet antagonisme un décalage politiquement instituant. Voilà le jeu de l'hégémonie, où les hétérogénéités rassemblées « acceptent » qu'une particularité serve de nom et de temps à une impossible universalité.

Cette participation par traits serait tout bonnement impossible si la signification avait dû se contenter d'un trajet identitaire – ou d'un programme de déploiement dialectique -, qui garantisse le sens de son nom – d'un nom délivré au départ ou révélé à la fin du trajet. Laclau nous fournit des pistes pour rendre intelligible cette production du politique : le politique se fait par dislocations, et n'a pas d'autre dimension ontologique que celle de la disjonction qui permet de produire un renvoi autre que symbolique entre noms et significations. Cette dislocation est l' « extérieur constitutif », l'aporie créative qui sert à produire de nouveaux écarts, comme autant de nouveaux décalages conduisant à de nouvelles significations. Si l'on reconnaît que la disjonction est la modalité ontologique de production du politique, il y aura toujours des disjonctions qui auront lieu hors des espaces distribués par les positions antagoniques. Les espaces antagoniques sont entourés d'une spatialité poreuse, lieu-entre où les négociations des revendications trouvent une sorte d'espace du dehors qui leur permet de conserver l'ouverture démocratique qui leur est propre. Justement, le rapport au décalage, chez Laclau, se fait par union et juxtaposition de traits divers, de points en pics fragmentés ; c'est de cette manière non-totale que se fait l'antagonisme, justement à partir des signifiants qui restent en circulation dans un espace symbolique discontinu et fracturé. C'est à travers l'évidence et la mise en rapport de ces restes que les antagonismes surgissent.

Mais la spatialité que suppose l'idée d'un extérieur constitutif, même s'il est pris dans les tensions qui lui sont propres, ne suffit pas à rendre compte de ce jeu, qui ressemble au baroque. Placé au cœur des jeux mobiles de l'hégémonie, le signifiant vide doit affronter l'expansion progressive de la logique d'équivalences, mais aussi, et surtout, son présentisme. Étendre la chaîne d'équivalences, étirer le temps présent, tels sont sans doute les moyens d'élargir le front antagonique – y compris au risque d'appauvrir la précision des particularismes de la chaîne. Ce qui veut aussi dire que ce signifiant « vide » ou « tissé » de traits signifiants, ce signifiant vide semi-puissant, se trouve dominé par une chaîne qu'il ne contrôle pas. Et ce d'autant plus que ce paradoxe se voit renforcé par une dynamique selon laquelle, plus elle multiplie les articulations permettant une majeure efficacité politique, plus elle voit s'assécher les singularités des particularités qui leur sont propres. Est-ce une autre condition de la production politique – active et langagière- du commun ?

Les conséquences pratiques de ce paradoxe ne tarderont pas à rendre visible la dynamique qui lui a été propre : qu'est-ce qui se passe quand on nomme sous le nom de « péronisme » le péronisme du général Perón des années 1940, celui de sa réélection dans les années 1950 et celui qui s'est manifesté pour son retour aux années 1970 de la main des Montoneros? Est-ce le même péronisme que celui qui vient tout de suite après avec Lopez Rega créant les forces de l'Alliance anticommuniste Argentine (AAA) qui les pourchassera ? Y a-t-il une limite signifiante pour toutes ces articulations possibles ? Qu'en est-il du péronisme de Menem qui, dans les années 1990, a vidé l'État au nom d'une révolution productive ? Quel nom et quelles images nous permettent de relier aujourd'hui[75], le kirchnerisme, mouvement qui se reconnaît comme péroniste et qui, dans la recherche et l'élaboration de ses propres phrases et des ses propres images, articule ses renvois signifiants tant à l'image d'Eva, qu'à celle de Perón et de Cámpora?

On pourrait argumenter ici qu'il ne s'agit pas, strictement parlant, d'un problème de rapport d'adhésion au nom mais plutôt de savoir comment les articulations hégémoniques qui opèrent avec ce nom mettent à disposition des mécanismes et mobilisent des stratégies pour continuer à faire jouer, en son nom, les différentes revendications pas encore satisfaites et qui pourraient continuer à élargir les signifiants de la chaîne équivalentielle.

Au delà des repères d'une logique du projet, il faut garder un regard attentif sur les modalités dans lesquelles ces productions se donnent et à la temporalité qui les lie. Un angle d'analyse possible serait de prendre en compte les rapports de forces entre les différentes demandes et d'identifier parmi elles le poids des guerres de position qui ont conduit différentes revendications à occuper un même espace sous la dénomination « péroniste ». Un autre angle d'analyse consisterait à poser la question des temporalités par lesquelles les processus de subjectivation qui conduisent à exposer, à inclure et à faire demeurer une revendication et pas une autre dans une chaîne équivalentielle hégémonique, sont appelés, malgré leurs différents contextes d'émergence et leurs *tempos* de production, « péronistes ».

---

[75] 2015 (Ndr).

Effectivement, divers espaces et diverses temporalités pourraient certainement poser la question des limites que trouve l'hétérogène quand il porte le même nom, quand il se trouve placé à l'intérieur d'une métaphore.

La dimension des usages des significations montre donc que toute pratique s'organise sur un fond différentiel. Entre la logique de l'équivalence – qui additionne une diversité de revendications différentes pour conformer une position antagonique (différentielle) et la logique de la différence – qui incorpore, toujours, le singulier dans quelque chose de plus général (en le rendant équivalent) -, se produit la dynamique des jeux d'hégémonies, comme mode de production du politique.

Récemment, en Argentine, même les partis traditionnellement opposés au péronisme – comme le PRO, conduit par Mauricio Macri -, se sont proclamés « péronistes » pour avoir plus d'impact dans les urnes. Ces jours-ci, plusieurs journaux et plusieurs analystes politiques insistent sur le fait que c'est grâce à l'appellation « péroniste » que Propuesta Republicana (PRO) a gagné le 47% des élections primaires dans la ville de Buenos Aires et dans la province de Santa Fe. L'on pourrait songer, ironiquement, à la phrase du général Perón, maintes fois répétée : « La seule vérité, c'est la réalité », et prendre en compte une entre-ouverture paradoxale qui *pourrait* faire prendre part à une métaphore d'imaginations si différentes.

On l'a dit, la métaphore condense et présente des rapports différents sous une même image. Les déplacements syntagmatiques propres aux corrélations métonymiques sont arrêtés pour intensifier l'épaisseur d'une certaine signification qui se veut dominante. L'hégémonie se produit dans ce passage, à travers cette production signifiante qui dirige le matériel métonymique vers une production métaphorique. Si le propre de la métonymie consistait à donner, à un objet, le nom d'un autre, par un rapport de cause, d'origine ou de proximité, le propre de la métaphore consiste à faire de ce rapport de ressemblance entre les objets une relation d'identification. Quand ce recours identitaire se cristallise, une certaine temporalité créative s'interrompt. C'est le moment où le nom-image devient mythe et où s'instaure « la métaphore de la métaphoricité » - nous explique Laclau, en allusion au mythe de la grève générale de Sorel. Hélas, la mobilité de l'hégémonie court en permanence le risque d'être interrompue (même si l'hégémonie, pour assurer la survie des jeux qui habitent sa dynamique créatrice, doit être toujours métonymique). L'image métaphorique, au lieu d'utiliser sa force pour contrer le rêve anthropologique propre aux attentes identitaires de la représentation, tombe dans le même piège de volonté d'universalisation, pour ainsi dire, exposant la pluralité de ses tissages comme un trajet unique ; elle reste prise dans l'engrenage tourbillonné de sa propre reproduction, « suspendue » devant un miroir qui lui exige toujours les mêmes caricatures.

Quand le signifiant perd sa mobilité et cherche à produire une totalité métaphorique, le jeu des variations hégémoniques s'interrompt. Il n'y a plus de flottement au-delà de ses frontières, il n'y a plus de singularités partielles qui se faufilent pour retisser d'autres possibles. Quand la métaphore se métaphorise elle oublie le caractère fragmentaire des traits qui lui sont constitutifs. Quand la métaphore se métaphorise, elle oublie, aussi, son rapport à l'actualité, aux conditions porteuses des traits significatifs d'une conjoncture temporelle et historique qui est toujours celle de son émergence. Pourtant, ce n'est pas que la métaphore cesse de prendre en compte les divers traits différentiels qui émergent devant elle; c'est que, renforcée sur sa propre contingence, elle les incarne comme faisant partie d'une même ligne événementielle.

Le rapport d'équivalences a l'inconvénient d'extraire sa matière des conjonctures qui les rendent possibles pour créer un flux à part, qui permettent, non plus de tenir un rapport au temps constituant, mais de rouvrir la spatialisation nécessaire pour bâtir un front antagonique plausible de prise du pouvoir. Or, nous l'avons dit, toutes les dislocations qui ont lieu n'ont pas leur place dans les antagonismes. Qu'en est-il de celles qui, au présent, ne sont pas incluses dans le jeu d'antagonisme ? On pense, en effet, à au moins deux temporalités quand on parle d'écart antagonique : l'une qui marque le rythme d'une force instituante, toujours disjointe ; l'autre qui signe le rythme des forces instituées, redirigées en fonction d'assurer la consécution d'un trajet commun.

Au milieu, entre les deux, habite tout un spectre nuancé de temporalités. C'est le temps des émergences, des stratégies, le temps des lapses et des pauses, des temps d'agir et des temps d'attente. Ce sont ces intensités fluctuantes qui marquent les *tempos* des articulations avec les signifiants hégémoniques et les intensités rythmées et discontinues qui produisent les rapports avec les tensions ontologiques constituant le politique.

Peut-être la force de ce statut disjoint et « vide » du signifiant, ne se retrouve-t-elle pas seulement, aujourd'hui, dans le pari de faire étendre les espaces des chaînes d'équivalences qui soutiennent ces métaphores, mais aussi dans le défi de repérer des temporalités où les tensions ontologiques propres de cet extérieur constitutif offrent aussi des possibilités de production signifiante encore inouïes. Dé-métaphoriser la métaphore c'est donc la soumettre au travail assidu de sa dés-originalisation pour tendre des articulations signifiantes capables de saisir le spectre nuancé des temporalités qui l'habitent, des temporalités qui lui échappent, des possibilités autres qui se tiennent hors des limites de ses significations. Ainsi, une fois resituée dans notre actualité, la métaphore pourrait ré-ouvrir son jeu instituant, sa production baroque, pour s'articuler, cette fois, à la lecture de ses conjonctures, des espaces-temps où elles ont émergé, seule puissance plausible de lui redonner sa force constitutive.

Martín Cortés
Université de Buenos Aires

L'Amérique latine dans le marxisme d'Ernesto Laclau

En 2012, Ernesto Laclau affirmait que Jorge Abelardo Ramos avait été le penseur politique le plus important du vingtième siècle argentin. Ramos a été le personnage le plus influent de la formation politique de Laclau, ainsi qu'une figure présente plus dans ses préoccupations théoriques, que ce que l'on reconnaît généralement. En 1963, Laclau entre au Parti socialiste de la Gauche nationale. Le parti, animé par Ramos, cherchait à rassembler le trotskisme et le péronisme au sein d'une formule anti-impérialiste et anti-oligarchique, qui faisait de la lutte nationale la tâche urgente et première de la classe ouvrière. Ceci parce que Perón, malgré ses contradictions, était l'expression la plus achevée de la nation argentine opprimée. C'est à partir de son mouvement, et seulement à partir de celui-ci, que s'articulait le sujet politique populaire. Toute gauche qui ne comprenait pas cela devenait *libérale et antinationale.*

En tant que trotskiste, la version de Ramos de la « révolution permanente » implique la nécessité, pour la classe ouvrière, d'hégémoniser le mouvement national. Ceci se présentait de façon entremêlée avec une vision profondément latino-américaniste de l'histoire, en vertu de laquelle l'Amérique latine était une unité déchirée par l'interférence des impérialismes successifs (de l'Espagne, de l'Angleterre, des États-Unis), de sorte que ses subdivisions nationales reproduisaient artificiellement celles des classes dominantes étrangères. Contre cette situation, il était nécessaire de construire les « États Unis socialistes d'Amérique latine » (comme le recommandait une formule de Trotsky lui-même, lors de son exil au Mexique). Le résultat, un peu paradoxal, de ce classisme théorique et du nationalisme – ou latino-américanisme

– politique, était que les intérêts de la classe s'exprimaient en défense de la nation contre l'impérialisme.

De cette façon, la réflexion de la gauche nationale nous fournit deux clés de lecture pour penser l'œuvre de Laclau : d'une part, il n'y a pas de classe constituée au niveau économique qui, par la suite, soit représentée. La société est plutôt pensée comme une trame de courants économiques et politiques diffus, dans laquelle le pôle du pouvoir – la vieille oligarchie et l'impérialisme - est beaucoup plus net que celui de la résistance- le peuple. D'autre part, il y a cette idée forte d'antagonisme comme fracture binaire de la société qui anime l'analyse théorique et prescrit la forme de l'action politique à développer.

Après son expérience avec Ramos, Laclau part en Angleterre pour y travailler avec Éric Hobsbawm. À partir de là, il déploie sa riche trajectoire intellectuelle, où on peut voir facilement que sa pensée est infiniment plus subtile et élaborée que celle de son maître. Cependant, et ce sera notre proposition pour cette communication, quelque chose de propre à ces éléments centraux de la gauche nationale persiste encore, bien que de façon non linéaire, dans la pensée de Laclau. Et ce *quelque chose* constitue, selon nous, un aspect central des moments les plus aigus et les plus politiquement productifs de sa trajectoire intellectuelle. Pour penser cela, nous nous référerons, d'une façon plus *impressionniste* que philologique, à trois textes emblématiques de son œuvre : *Politique et idéologie dans la théorie marxiste*, *Hégémonie et stratégie socialiste* et *La raison populiste*.

1) Un marxisme politique

Dans *Politique et idéologie dans la théorie marxiste*, de 1978, Laclau s'inscrit dans les débats autour du fascisme et du populisme, où on reconnaît rapidement la persistance de ces dilemmes argentins. Avec sa mise en question du fascisme, une vocation critique bien précise apparaît : la compréhension de l'*énigme* fasciste dans ses déterminations multiples et complexes, sans la réduire ni à une volonté linéaire de classe dominante, ni à une parenthèse immorale – et aberrante – de l'histoire démocratique de l'Europe. Laclau considère que ces distorsions empêchent une « analyse de classe », c'est-à-dire une critique marxiste. Pour ce Laclau, qui défend ici un marxisme « scientifique », dans la ligne de Louis Althusser, qu'est-ce que c'est qu'une analyse de classe ? Autour de cette question se trouvent, pour nous, les contributions plus importantes de ce livre.

Laclau produit une discussion autour de la conception de Nikos Poulantzas sur le fascisme. Il lui reconnaît une vision complexe du processus, par l'autonomie relative qu'il accorde au facteur idéologique, et par la centralité politique que Poulantzas attribue à la petite bourgeoisie : selon le Grec, dans un contexte de crise généralisée et de déroute du mouvement ouvrier, le grand capital établit une alliance idéologico-politique avec la petite bourgeoisie qui lui permet de relancer sa domination hégémonique. Cependant, le problème de Poulantzas réside, selon lui, en ce qu'il considère que les différents éléments idéologiques ont une *correspondance* avec la position de classe, même si par la suite ils s'articulent, se mélangent et se condensent : Le libéralisme comme idéologie de la bourgeoisie ascendante, le militarisme par la phase impérialiste, etc. En suivant ce raisonnement, affirme Laclau, l'idéologie fasciste – comme toute autre – peut se décomposer en ses différents éléments pour ensuite rendre compte des contradictions qui y reposent. Pour le reste, en revenant à la formation de Laclau, ceci supposerait que le « nationalisme [soit] un 'élément ' idéologique bourgeois et, en tant que tel, ne soit pas susceptible de transformations dans une direction socialiste. Un nationalisme socialiste constituerait, dans cette perspective, une expression parfaitement contradictoire ». L'impossibilité du nationalisme socialiste. Laclau fait cette affirmation sans rien y ajouter, comme si son caractère absurde serait évident pour tout le monde. Pour lui, lecteur de la gauche nationale, cette absurdité est évidente.

Ici, alors, la gauche nationale se rencontre avec la théorie du discours. Pour Laclau, un discours ne se caractérise pas par ses éléments mais par ce qui lui donne son unité : en raison de cela, il faut impérativement comprendre l'articulation des éléments idéologiques, qui sont ceux qui les condensent dans une unité. En continuant sur ce chemin althussérien *sui generis*, l'unité d'un discours idéologique est donnée par le sujet que cette unité interpelle et produit. Ces interpellations ont une relation avec la structure de classes, mais ce n'est pas une relation linéaire. Pour Laclau, il y a deux grands ensembles d'interpellations : les interpellations de classe et les interpellations populaires-démocratiques. Les premières émergent de l'antagonisme de classe, les secondes, de toutes les autres multiples formes d'antagonisme. La *lutte des classes* ne sera que celle qui constitue les classes comme telles, alors qu'il existe une multiplicité de formes de luttes qui ne se réduisent pas à une dimension classiste, malgré quoi, affirme notre auteur, « toute contradiction est surdéterminée par la lutte des classes ». La première contradiction interpelle en tant que classe, la seconde, en tant que peuple ; la première constitue le champ de la lutte des classes, la seconde, celui des luttes populaires-démocratiques, ces dernières ne se constituant pas par opposition à une autre classe, mais par opposition au bloc de pouvoir. Le caractère de la classe en tant que sujet politique sera d'autant plus puissant tant qu'il réussit à intégrer, dans sa pratique, les interpellations non classistes.

En revenant au débat sur le fascisme, l'hypothèse de Laclau est que la gauche n'était pas porteuse d'une théorie de l'articulation à la hauteur des circonstances. Le champ des luttes non classistes est abandonné, à cause de son économisme, et le fascisme est parvenu à les détacher de la dimension de classe. Ceci a produit de puissantes idéologies binaires basées sur la nation ou la race et non sur la radicalité que peut porter l'idéologie de la classe ouvrière. Donc, pour Laclau, le problème réside dans le manque de vocation hégémonique de la classe ouvrière, dans son incompréhension de l'autonomie des disputes « superstructurelles », c'est-à-dire, dans l'impossibilité de réduire le politique à l'économique.

Dans ce cadre, que se passe-t-il avec le populisme ? Laclau s'emploie à critiquer les gauches ayant en partage une vision critique du populisme, en tant qu'étranger aux expressions politiques et idéologiques que la classe ouvrière *devrait* avoir. Il tente de parcourir à nouveau l'histoire récente du péronisme, pour rendre compte de la façon dont celui-ci a construit un sujet populaire puissant, opposé au bloc de pouvoir oligarchique, dominant en Argentine depuis la fin du dix-neuvième siècle.

En ce sens, si le populisme est la capacité à construire un pôle populaire face au bloc de pouvoir, lorsque la classe ouvrière devient populiste, il ne s'agit pas d'une *déviation* ou d'une *perversion*, mais au contraire, de son plus grand déploiement hégémonique, puisqu'elle parvient à contenir des demandes démocratiques excédant leur strict caractère de classe. Dans une affirmation de la foi marxiste, Laclau clôt son texte en affirmant alors que seule la classe ouvrière peut articuler le socialisme et le populisme, en s'appropriant des demandes populaires constituant l'histoire concrète de la formation économico-sociale dans laquelle elle agit. De cette façon, « il n'y a pas de socialisme sans populisme, mais les formes les plus élevées de populisme ne peuvent être que socialistes ». Retenons alors que la puissance du concept de populisme repose sur ce qu'elle permet en même temps de ne pas réduire les sujets politiques à leur dimension économique et d'introduire l'antagonisme en tant qu'axe structurant d'une politique transformatrice.

2) La crise du marxisme

Ici, le contexte de réflexion de Laclau est aussi marqué par les temps de la crise du sujet, de la crise des classes. Ces temps expliquent en partie le parcours de ce texte vers *Hégémonie et stratégie socialiste* publié avec Chantal Mouffe en 1985. Dans ce livre, en situant leurs convictions dans le *postmarxisme*, le marxisme reste du côté des hypothèses modernisatrices et essentialistes que les temps nouveaux doivent déplacer. Ainsi, ce texte abandonne la préoccupation pour la relation complexe et non linéaire entre l'économie et la politique, pour passer à la revendication de la pleine souveraineté du champ du politique (et l'inexistence de ce qui reste en dehors de la politique, ou du discours).

Cependant, *Hégémonie et stratégie socialiste* ne se contente pas de procéder à une mise à distance de la problématique des classes sociales, mais apporte également une proposition politique qui déplace l'antagonisme comme figure d'une fracture binaire de la société. La « radicalisation de la démocratie » suppose l'inscription des nouveaux conflits contemporains dans la longue traînée de la « révolution démocratique », qui s'inaugure à l'aube de la Modernité. Ces demandes sont multiples et irréductibles à un centre – comme aurait été le cas de la lutte des classes au temps de la souveraineté marxiste.

Ce déplacement coïncide de façon explicite avec une préoccupation exclusivement posée sur les pays centraux. En termes strictement empiriques, l'Amérique latine ne constitue qu'une référence isolée dans le texte (sur la question de la dictature de Somoza au Nicaragua) et il n'est fait référence à aucun auteur latino-américain, au-delà d'une conversation sur l'antagonisme et la contradiction avec Emilio de Ípola, consignée en note au pied de page. Mais il s'agit d'une décision délibérée : juste avant de proposer son concept d'hégémonie, les auteurs explicitent que, dans les pays du « Tiers-Monde », une logique antagoniste divisant l'espace social peut encore être valable. Tandis que dans les démocraties avancées, qui ont passé par des États sociaux, les « positions démocratiques » dominent. C'est-à-dire que les demandes ne supposent pas nécessairement une unité qui se constitue hégémoniquement par rapport au bloc de pouvoir. Ici, à cause de la persistante expansion des droits, « les conditions de lutte dans le capitalisme muûr s'éloignent toujours plus du modèle du dix-neuvième siècle, celui d'une catégorique « politique des frontières » ». L'intériorisation des frontières dans l'espace politico-social implique la stabilisation d'une forme de lutte politique : l'hégémonie sera alors le mode d'articulation des nouvelles demandes et de radicalisation de la démocratie.

Il y a dans ce geste de Laclau et Mouffe une voie possible, et très répandue à l'époque, pour une résolution de la crise du marxisme : le « postmarxisme », dans ce livre, devient tant une clé pour dénoncer l'essentialisme marxiste qu'une sortie de la logique antagonique classique. Il faut dire que, à ce moment-là, ce n'était pas l'unique voie possible : nous pouvons penser aussi à des auteurs comme Louis Althusser en France ou Oscar del Barco et José Aricó en Amérique latine, qui, différemment, ont célébré les énormes possibilités que la crise du marxisme permettait pour une pensée qui a l'urgence se réfléchir à ses propres vides et aux erreurs fondamentales de sa tradition. Tous ces auteurs essayaient de récupérer un Marx plus politique, critique de la philosophie de l'histoire et des grandes catégories de la modernité. Un Marx lu contre ce que le marxisme en avait fait, comme un critique de cet essentialisme dont Laclau lui-même ferait un signe de sa caducité.

On pourrait penser que ce marxisme critique était plus perçant que la critique du marxisme « tout court », trop pacifiant, peut-être, face aux défis, assez dramatiques d'ailleurs, de leur contexte. Même Laclau, quelques années après, semble s'approcher, à sa manière, de cette position.

3) Le retour de Perón.

Ainsi s'intitule un chapitre de *La Raison populiste,* où Laclau analyse la façon dont le retour possible du leader en Argentine, en 1973, après 18 années d'exil forcé, permettait d'articuler une série de sujets autour de la demande de l'effectuation de ce retour. Les détails qui marquent cette partie dramatique de l'histoire argentine ici importent peu: Perón articulait des principes et des sujets politiques trop différents entre eux, et la chaîne d'équivalences était vouée à exploser. Ce qu'elle fit, d'ailleurs, de la manière la pire. Nous nous intéressons, plutôt, à une autre question, à une curiosité de l'ordre du *signifiant* : le « retour de Perón » est également un retour, dans l'œuvre de Laclau, des inspirations et des préoccupations latino-américaines. Perón n'est pas seul dans *La raison populiste* : on y voit apparaître également les importants travaux des années soixante du sociologue argentin José Nun sur le concept de « masse marginale », et avec eux, les contributions de Frantz Fanon pour penser les formes de l'exploitation capitaliste dans la périphérie.

Nun et Fanon servent à Laclau pour revenir à Marx, pour trouver dans son œuvre un *point de fuite* des catégories essentialistes qui l'avaient renfermée : le « lumpenprolétariat » apparaît comme l'extérieur au système qui est en réalité la révélation de l'impossibilité de clore le système prétendu. Laclau lit dans *Le 18 Brumaire de Louis-Nalopéon Bonaparte* (la même œuvre ayant servi à Derrida à montrer un Marx bien plus fasciné par les spectres que ce qu'il voulait bien admettre) une théorie de l'articulation politique : il y a là un sujet, le lumpenprolétariat, qui ne répond à aucune détermination économique, mais qui n'est susceptible que d'être articulé politiquement. Cet *extérieur* défait immédiatement la prétention *expressive* qui pourrait apparaître dans les sujets « classiques » (s'il y a un sujet qui se constitue dans la politique, toute prétention à une correspondance entre économie et politique reste subvertie), et il semble alors que nous ne puissions parler des sujets politiques que comme des constructions contingentes. De la même façon, l'antagonisme, non plus, n'est pas prédéterminé. Ainsi, le « prolétariat » de Marx (ce Marx qui *résiste* à l'essentialisme) est beaucoup plus un concept théorique, faisant allusion à la possibilité de l'antagonisme et de la subversion, qu'une réalité sociologique. Et ceci suppose la nécessité d'historiciser et de situer chaque analyse pour rendre compte de ces points d'antagonisme et de rupture possibles.

Il y a ici des continuités mais également des différences avec *Hégémonie et stratégie socialiste*. La construction du sujet politique suppose un point de départ constitué par une hétérogénéité constitutive. Il n'existe pas à priori, il est l'effet d'une articulation contingente. Mais nous ne sommes plus sur le terrain de la radicalisation démocratique qui enchaîne des demandes, mais sur celui de la production d'une confrontation (la division de la société en deux champs) indispensable pour penser une politique radicale. L'antagonisme comme axe structurant de la transformation est de retour, comme l'Amérique latine est de retour, et comme Marx est de retour. Dans les travaux successifs de Laclau, la présence de l'antagonisme et de la rupture en tant qu'axe de réflexion théorico-politique s'est accentuée de façon significative.

Nous ne risquerons pas la formulation d'une hypothèse causale, telle que « Laclau est plus proche de Marx chaque fois qu'il se rapproche de l'Amérique latine », mais nous souhaitons souligner, quand même, cette intéressante et sympathique affinité. Bien entendu, cette hypothèse se formule sans aucune prétention de fidélité à une œuvre qui est évidemment fondamentale pour la théorie politique des dernières décennies, mais plutôt pour continuer à interroger ses versants les plus productifs pour ausculter nôtre présent. Mais pas seulement pour le présent latino-américain, dont Laclau a été un analyste et un militant passionné. Rappelons que la « gauche nationale » de son maître Ramos avait construit un curieux pont entre trotskisme et péronisme pour pouvoir sortir du confort théorique et affronter une réalité complexe. Il y a quelque chose dans ce geste d'« irrévérence », d'inspiration latino-américaniste, qui fait de Laclau un penseur dérangeant aussi pour les gauches européennes : parce qu'il risque à une pensée de la productivité de concepts comme ceux de populisme et de souveraineté nationale pour actualiser les vieilles questions de l'émancipation. Parce qu'insister sur l'évitement de ces questions, bien que cela puisse être requis par les blessures des mémoires démocratiques européennes, pourrait finir par constituer une subtile forme de retour à cet essentialisme toujours critiqué.

Esteban Vergalito
Universidad Nacional de San Juan / CONICET, Argentine

La place du « populisme » dans la théorie de l'hégémonie d'Ernesto Laclau : une approche herméneutique

Comme on le sait, le souci du populisme parcourt toute l'œuvre d'Ernesto Laclau. En effet, dès « *Vers une théorie du populisme* », son célèbre essai de 1977 sur la question (Laclau, 1986 : 165-233), l'auteur argentin exposait cet intérêt, qui allait constituer le premier pas de fréquents retours à la question, à partir d'approches théoriques différentes. Cette exploration, déployée en parallèle à l'élaboration de sa théorie de l'hégémonie, aboutit en 2005, avec la publication de *La raison populiste* (Laclau, 2005), à une thèse particulière. C'est cet itinéraire que nous nous proposons de retracer ici, en suivant les avatars de sa conceptualisation du phénomène populiste à la lumière des tournants théoriques successifs opérés par sa pensée politique, jusqu'à atteindre une perspective originale articulant des éléments conceptuels (post)marxistes, (post)structuralistes, pragmatistes, psychanalytiques et herméneutiques. Nous partirons d'une brève reconstruction de cette trajectoire (*infra*, 1), pour ensuite systématiser ses principales continuités et ruptures (*infra*, 2) et conclure avec quelques considérations critiques d'inspiration herméneutique (*infra*, 3).

1. Devenirs

Laclau présente sa première ébauche d'une théorie du populisme dans le contexte de la discussion suscitée, à partir de la fin des années soixante, par les écrits novateurs d'Althusser. La rénovation produite, dans le marxisme, par cette irruption inaugure tout un champ de recherche autour de la spécificité du politique et de l'idéologique, ainsi que des phénomènes se produisant aux deux niveaux (fascisme, populisme, etc.). C'est dans ce contexte que Laclau écrit ses premiers essais politiques, réunis dans *Politique et idéologie dans la théorie marxiste* (1986), depuis une perspective nettement althussérienne.

Cependant, on sent pourtant dans ces textes l'influence de Gramsci qui, peu de temps après, allait devenir décisive dans la production de l'auteur. Bien que le concept d'hégémonie n`y présente pas encore le développement qu'il atteindra à partir de *Hégémonie et stratégie socialiste* (Laclau et Mouffe, 2004), il se profile déjà comme une catégorie centrale s'entrecroisant avec l'appareil théorique hérité de l'althussérisme (Laclau, 1986 : 162-163 ; 191). C'est dans ce contexte que se présente, initialement, la réflexion autour du populisme, à partir d'une approche particulière qui lie la conception gramscienne du « national-populaire » à la notion althussérienne d'« interpellation-constitution ». Ainsi, en 1977, le populisme est compris par Laclau comme « La présentation des interpellations populaires-démocratiques comme ensemble synthétique-antagonique quant à l'idéologie dominante » (Laclau, 1986 : 201), c'est-à-dire, comme l'actualisation de l'antagonisme politique *peuple/bloc de pouvoir* potentiellement contenue dans ces interpellations idéologiques.

Avec cette définition, l'auteur cherchait à résoudre l'énigme théorique de la constitution du phénomène populiste, non pas par la voie des contenus, déjà parcourue en profondeur par la bibliographie relative à la question, avec peu de succès, mais plutôt par la *forme* selon laquelle ceux-ci s'articulent discursivement. Selon Laclau, cette approche formaliste évitait l'erreur courante consistant à inférer la constitution d'un peuple de la seule présence de l'interpellation populaire-démocratique dans un discours idéologique. Mais, fondamentalement, cette approche permettait de rendre compte de l'un des aspects les plus paradoxaux du phénomène, à savoir : l'existence de populismes de différentes enseignes politiques. La matrice althussériano-gramscienne exposait de cette manière son utilité : l'antagonisme *peuple/bloc de pouvoir*, contradiction dominante au niveau de la formation sociale, en raison de sa dépendance de la contradiction déterminante prolétariat/bourgeoisie, donnée au niveau fondamental des relations de production, pouvait être articulé à l'ensemble des secteurs de la lutte des classes, en tant que construction hégémonique orientée par ses intérêts stratégiques respectifs. Ceci expliquait ainsi le caractère intrinsèquement ambigu du populisme, c'est-à-dire, sa capacité à recevoir une direction révolutionnaire aussi bien que conservatrice.

Avec l'apparition de *Hégémonie et stratégie socialiste* (Laclau et Mouffe, 2004), en 1985, l'approche de la question subit une première et profonde transformation. La conception althussérienne qui alimentait la conceptualisation de 1977 paraissait alors inconsistante avec le principe de négativité du social adopté par Laclau et Mouffe, en ce qu'elle impliquait une conception essentialiste et rationaliste des instances structurelles (l'économique, l'idéologique, le politique), les identités (les classes et leurs intérêts) et les relations sociales (expression de ces intérêts au niveau politique). En conséquence de cette reformulation radicale, le marxisme structurel perd son rôle de base théorique de sustentation. C'est désormais une originale matrice poststructuraliste et pragmatiste du social, principalement construite par les apports de Derrida, Lacan et Wittgenstein qui va prendre sa place.

Parmi les changements impliqués par ce tournant théorique les plus significatifs pour notre question, on trouve

1. L'adhésion à une perspective sociolinguistique pour laquelle tous les phénomènes sociaux (mots, actions, pratiques, idéologie, etc.) sont compris comme des productions de sens structurées en totalités discursives articulées.

2. Le renouvellement du sens de la notion d'antagonisme, qui cesse d'être confinée au terrain idéologico-politique de la lutte des classes, pour passer à désigner la limite de toute objectivité sociale.

3. Le déplacement d'un concept de sujet défini par le mécanisme de l'interpellation/constitution idéologique à un autre compris comme une position structurelle.

Dans ce nouveau cadre, l'interpellation populaire de laquelle Laclau se servait pour rendre compte du phénomène populiste est dédoublée et transformée en deux positions de sujet conceptuellement bien différenciées, l'une populaire et l'autre démocratique. Tandis que la première « se constitue sur la base de la division de l'espace politique en deux champs antagoniques », la dernière se caractérise par le fait qu'elle est « le siège d'un antagonisme localisé, qui ne divise pas la société dans la forme indiquée » (Laclau et Mouffe, 2004 : 175). Cette discrimination fait respectivement place à deux classes de luttes : les luttes populaires, qui tendent à la dichotomisation de l'espace politique, et les luttes démocratiques, qui conduisent à une pluralisation des domaines (Laclau et Mouffe, 2004 : 181). Même si la première classe de lutte implique la seconde – dans la mesure où la lutte populaire consiste en l'agrégation équivalentielle de luttes démocratiques, à partir d'un espace antagonique commun à celles-ci, les auteurs concèdent ici une prééminence à cette dernière, établissant entre elles un rapport contingent. À partir de l'optique de Laclau et Mouffe, en 1985, la démocratisation n'implique pas nécessairement le regroupement dichotomique des antagonismes, mais seulement leur prolifération. « Populisme » ne signifie alors ici rien d'autre qu'une possibilité au sein d'une large gamme de manières d'hégémoniser les différents espaces politiques créés par la « révolution démocratique » (Laclau et Mouffe, 2004 : 202-216).

Deux ans après la parution de *Hégémonie et stratégie socialiste*, Laclau reviendra sur l'énigme populiste, pour réélaborer sa conception à partir du triple registre lacanien (le symbolique, le Réel, l'imaginaire) et des notions derridiennes de « dislocation » et d' « extérieur constitutif » (Laclau, 1987). À l'aide de ce nouvel appareil théorique, le penseur argentin conceptualise le social comme une structure de différences sociales articulées oppositionnellement (le symbolique), dont l'identité et l'objectivité se voient déstabilisées par un moment excessif, qui désarticule depuis l'extérieur ce champ représentationnel, - le Réel – en créant en son sein un vide ou une absence ne pouvant être suturés que par un discours qui, en s'érigeant comme horizon, offre des principes d'intelligibilité pour ces dislocations et permet de les réinscrire en son sein – l'imaginaire – (Laclau, 1987 : 27).

À partir de cette matrice, le populisme est défini par Laclau par son effet dichotomisant, bien que cela se fasse cette fois non pas tant comme une position subjective dans le réseau socio-symbolique, mais plutôt comme espace imaginaire de réinscription discursive des identités sociales disloquées en un contexte d' « élargissement constant du champ de la dislocation sociale » (Laclau, 1987 : 28).

Finalement, en 2005, la théorie du populisme atteint son amplitude la plus importante, grâce à l'incorporation de nouvelles contributions théoriques qui étendent la portée de l'approche post-marxiste, post-structuraliste, psychanalytique et pragmatiste, adoptée en 1985, à une matrice théorique d'implications herméneutiques.

En premier lieu, Laclau repense alors le processus de constitution du « peuple » à partir de la question de la performativité de l'acte de nommer, mis en relief par le débat entre descriptivistes et antidescriptivistes en philosophie analytique et repris plus tard par Žižek, à partir d'une perspective lacanienne. Pour Laclau, l'identité d'un sujet populaire dépend précisément de l'opération rétroactive d'unification qui met en jeu la nomination. Celle-ci se produit à chaque fois que l'on crée des « signifiants vides » (Laclau, 1996 : 69-86), qui agissent comme des points nodaux de fixation du sens et sur lesquels se structure la chaîne équivalentielle de demandes populaires.

En troisième lieu, en suivant la lecture de Lacan proposée par Copjec, le dernier Laclau voit dans l'acte de nomination l'investissement radical d'un objet et, par conséquent, une dimension affective inhérente à celui-ci. Celle-ci occupe une place centrale dans la constitution d'un peuple, en tant qu'énergie indispensable pour doter d'une fonction de représentation universelle un élément particulier dans une série hétérogène de demandes. En d'autres termes, sans affect, il n'y a pas de performativité de la nomination, ni de signifiant vide, ni d'hégémonies possibles.

En quatrième lieu, *La raison populiste* introduit le concept d'« hétérogénéité », avec deux acceptions mutuellement liées, à savoir : l'hétérogénéité sociale qui déborde le cadre du symbolisable dans une société déterminée (le Réel), et l'irradiation que cette première dimension produit dans le champ sociosymbolique, exprimée comme une hétérogénéité entre les demandes. Si la première notion fait allusion à l'excès de signification dépassant une structure discursive donnée (les « peuples sans histoire » chez Hegel, le « lumpenprolétariat » chez Marx, etc.), la seconde renvoie, en revanche, à la singularité irréductible de chaque demande, qui résiste à l'homogénéisation totale de la part de la chaîne d'équivalence.

Finalement, et comme cela a été signalé (Aboy Carlés, 2005 : 3 ; Barros, 2006 : 68), il est possible d'observer une double transformation fondamentale entre les exposés allant d'*Hégémonie et stratégie socialiste* à *La raison populiste*. D'une part, il existe un détachement croissant du plan ontique au plan ontologique dans les catégories de « politique », « hégémonie » et « populisme », orienté vers une intense implication entre les trois termes : tout le social est politique, tout le politique est hégémonique (Laclau, 2000 : 50-52 et 218), et toute construction hégémonique est populiste (Laclau, 2005 : 124). En deuxième lieu, le lien populisme-démocratie se trouve perturbé : dans *Hégémonie et stratégie socialiste*, la lutte démocratique n'apparaît pas sujette à la configuration d'un peuple, mais celui-ci n'est que l'un des modes possibles de configuration hégémonique des espaces politiques pluriels ; dans *La raison populiste*, au contraire, la conformation d'un « peuple » constitue un devis indispensable à la possibilité même de la démocratie (Laclau, 2005 : 213 et 215).

Dans des écrits et des interventions publiques postérieurs, Laclau nuancera et complétera ce dernier point, réinterprétant la nature « populiste » de toute configuration hégémonique comme l'une de ses dimensions nécessaires, bien que non suffisante (Hilb et Villavicencio, 2007 : 16-17). Elle sera mise en tension avec l'aspect « institutionnaliste », non moins indispensable pour la configuration d'une société démocratique. Ainsi donc, « populisme » et « institutionnalisme » sont finalement conçus comme les deux logiques principales intervenant dans le double processus supplémentaire de conformation du sujet politico-hégémonico-démocratique, et de (re)structuration politico-démocratique du social.

2. Continuités et ruptures

À partir du chemin que nous venons de retracer, résumons schématiquement les lignes se qui se maintiennent, tout au long des différentes reformulations introduites par Laclau dans sa théorisation du populisme :

1. *Formalisme* : compréhension générale du phénomène exclusivement en termes de ses logiques formelles ou (post) structurelles de constitution, sans renvoi à des contenus politico-idéologiques spécifiques.

2. *Articulation discursive* : intégration d'éléments idéologiques hétérogènes et flottants, dans une totalité discursive articulée, grâce à une transformation et une (re)structuration de ceux-ci.

3. *Hégémonie* : nature hégémonique du sujet populiste.

4. *Dichotomisation* : fracture de l'espace politique en deux champs opposés, délimités et structurés à partir de l'antagonisme peuple/bloc de pouvoir.

Ainsi, dans le devenir de la réflexion laclausienne sur la logique populiste, il convient de remarquer cinq transformations théoriques principales, placées sur différents plans analytiques :

1. *Ontologie sociale* : passage d'une conception essentialiste et positive à une approche postfondationnaliste et négative du social, reposant initialement sur la notion d'« antagonisme » et re-signifiée par la suite à partir du concept de « dislocation ».

2. *Matrice théorique générale* : passage d'un marxisme structurel incorporant la contribution gramscienne (et freudienne) à un schéma théorique basiquement postfondationnel (Marchart, 2009), dans lequel concourent les apports de différents auteurs poststructuralistes, du pragmatisme du dernier Wittgenstein, du psychanalysme de Lacan, de la déconstruction de Derrida et des recherches phénoménologiques de Husserl et Heidegger.

3. *Notion de sujet* : passage du sujet en tant qu'interpellation/constitution (Althusser), au sujet comme position structurelle (post-structuralisme), et par la suite, au sujet comme manque (Lacan), décision (Derrida), et identification (psychanalyse).

4. *Concept du « politique »* : il cesse d'être identifié à l'une des instances superstructurelles, à la façon althussérienne « classique » pour se définir en tant que dimension ontologique de support du social. Dans ce nouveau contexte, la catégorie tend à se relier progressivement, de façon étroite, aux concepts d' « hégémonie », de « populisme », et de « démocratie », pour être finalement liée à la tension « populisme-institutionnalisme », comprise comme polarité interne à toute construction politico-hégémonique-démocratique radicale.

5. *Lien populisme-démocratie* : il cesse d'être considéré contingent (démocratie possible sans populisme) pour être dès lors compris comme nécessaire (démocratie impossible sans populisme).

3. Considérations herméneutiques critiques

Nous conclurons en signalant trois points problématiques que la conception laclausienne du populisme laisse ouverts, dans le contexte général de notre interprétation de sa théorie de l'hégémonie en termes d'ontologie herméneutique du politique (Vergalito, 2013).

1. Comme cela a été souligné par d'autres essais critiques (Aboy Carlés, 2005 : 19 -22 ; Barros, 2006 : 68), l'association étroite effectuée par Laclau entre « politique », « hégémonie », « populisme » et « démocratie » résulte énigmatique, autant au niveau de l'exégèse qu'en sa prétention à rendre compte de phénomènes historiques concrets. En effet, le texte de Laclau plaide-t-il pour une synonymie ou une co-implication entre ces différents concepts, ou met-il plutôt en scène une relation de concurrence sémantique tendancielle entre eux, sans identification conceptuelle stricte ? D'autre part, il convient de se demander si, bien qu'elle accepte le caractère hégémonique de toute action politique, celle-ci pourrait être à son tour nécessairement « populiste » et « démocratique ». Et si tel était le cas, comment pourrions-nous caractériser les forces et les processus historiques de type anti-politique, totalitaire et/ou anti-démocratique qui s'instituent comme tels à partir de la production d'une division populiste du champ politique ?

2. Trois aspects herméneutiques fondamentaux du phénomène de constitution d'identités politiques collectives paraissent rester partiellement en dehors de l'horizon de la réflexion théorique de Laclau, à savoir a) *Qui* est cette identité qui se constitue et comment se caractérise son ipséité ?; b) Comment se définit et se décrit-elle sa condition agentielle et collective spécifique, en comparaison avec celle d'un « soi-même » individuel ? c) En quoi consiste, et comment se conceptualise sa dimension temporelle et historique ? Malgré que la théorie laclausienne offre des ressources pour catégoriser les logiques d'apparition des sujets politico-hégémoniques à travers un réseau conceptuel phénoménologico-herméneutique (« réactivation », « décision », « temporalité », etc.), sa perspective herméneutique générale, plus implicite que systématiquement développée, se montre insuffisante pour élucider de façon appropriée les dimensions ontologiques d'auto-identification, d'agencement et de temporalité historique impliquées dans les processus de conformation, de transformation et de dissolution d'identités collectives. À ce sujet, nous considérons que l'héritage théorique laclausien pourrait voir son sens renouvelé et s'élargir de façon substantive à travers un dialogue fécond avec la tradition phénoménologico-herméneutique européenne, de Husserl et Heidegger à Gadamer et Ricoeur.

3. Enfin, l'opération de vide conceptuel à laquelle Laclau soumet les concepts d'hégémonie et de « populisme » représente, selon nous, sa principale défense au niveau ontologico-politique et sa plus grande faiblesse sur le plan éthico-politique. Alors que ce procédé phénoménologique, à la nette filiation heideggerienne permet de désagréger analytiquement les logiques ontologiques générales qui rendent possible la constitution d'un « peuple », indépendamment de ses éventuelles configurations ontiques, cette approche résulte insuffisante pour une philosophie herméneutico-critique disposée à repenser les multiples dimensions du « politique » depuis l'horizon de la *Justice*. C'est sur ce point que le discours philosophique de Laclau révèle ses limites, en réinterprétant constamment la problématique éthique dans les termes prévus par son ontologie du politique. Peut-être est-ce précisément dans cette zone liminaire de sa pensée qu'une philosophie

éthico-politique de l'altérité inspirée par Lévinas et Derrida devrait poursuivre son œuvre déconstructive, dans la direction d'une réouverture répétée de la sémantique de l' « hégémonie », du « populisme », de la « démocratie », et même de l' « émancipation », à partir de la demande infinie de justice qui advient de l'autre existant, se rend manifeste dans son visage et réclame l'hospitalité.

Bibliographie

- Aboy Carlés, Gerardo 2005 « La democratización beligerante del populismo ». Présentation au VII Congrès national de la SAAP, Córdoba, novembre 2005.

- Barros, Sebastián 2006 « Inclusión radical y conflicto en la constitución del pueblo populista ». Dans *Confines*, N° 2/3, janvier-mai 2006.

- Hilb, Claudia et Villavicencio, Susana (dir.) 2007 « Reinterrogando la democracia en América Latina. Conversaciones entre Isidoro Cheresky, Liliana De Riz, Ernesto Laclau, Vicente Palermo ». Dans *Argumentos. Revista de crítica social*, N° 8, octobre 2007.

- Laclau, Ernesto 1986 (1977) *Política e ideología en la teoría marxista. Capitalismo, fascismo, populismo* (Madrid : Siglo XXI).

- Laclau, Ernesto 1987 « Populismo y transformación del imaginario político en América Latina ». Dans le *Boletín de Estudios Latinoamericanos y del Caribe*, N° 42, juin 1987, pp. 25-38.

- Laclau, Ernesto 1996 (1994) *Emancipación y diferencia* (Buenos Aires : Ariel).

- Laclau, Ernesto 2000 (1993) *Nuevas reflexiones sobre la revolución de nuestro tiempo* (Buenos Aires : Nueva Visión).

- Laclau, Ernesto 2005 *La razón populista* (Buenos Aires : FCE).

- Laclau, Ernesto et Mouffe, Chantal 2004 (1985) *Hegemonía y estrategia socialista. Hacia una radicalización de la democracia* (Buenos Aires : FCE).

- Marchart, Oliver 2009 (2007) *El pensamiento político posfundacional. La diferencia política en Nancy, Lefort, Badiou y Laclau* (Buenos Aires : FCE).

- Vergalito, Esteban 2013 « Dimensiones de lo político en el pensamiento de Ernesto Laclau. Una aproximación hermenéutica ». Thèse en cotutelle en vue d'obtenir le titre de Doctor en Ciencias Sociales (UBA) et de Docteur en philosophie (Université Paris 8). Buenos Aires, Facultad de Ciencias Sociales, Universidad de Buenos Aires. Vincennes-Saint-Denis, Département de Philosophie, Université Paris 8.

V

Orazio Irrera,
Université de Paris-8, LLCP, EA 4008

Entre hégémonie et populisme : Ernesto Laclau et l'Italie

La réception ainsi que la traduction et la diffusion des travaux d'Ernesto Laclau en Italie ont été assez tardives[76], elles ne commencent qu'avec la parution de son ouvrage « La raison populiste » en anglais en 2005, finalement traduit en italien trois ans plus tard, en 2008[77]. Mais cette traduction imprime de fait une accélération importante à la circulation des idées et des analyses de Laclau, notamment à cause des pages du septième chapitre – *La saga du populisme* – consacrées à l'histoire du populisme en Italie depuis 1944, année de ladite « Svolta di Salerno » (le virage de Salerno), lorsque le secrétaire du PCI Palmiro Togliatti, appelle à la formation d'un gouvernement d'unité nationale, jusqu'aux années 1990 avec la montée et l'échec du populisme de la Ligue lombarde après l'effondrement de ce qui en Italie est appelé la « première République ». Ainsi deux ans après, en 2010, apparaît la traduction italienne de *Contingency, Hegemony, Universality* (avec Judith Butler et Slavoj Žižek, 2000), puis l'année suivante, en 2011, *Hegemony and Socialist Strategy* et enfin en 2012 paraît la traduction d'*Émancipation(s)* ainsi que le premier ouvrage collectif entièrement consacré à Laclau sous le titre *Populismo e democrazia radicale. In dialogo con Ernesto Laclau*, sous la direction de Marco Baldassari et Diego Melegari

---

[76] On peut mentionner quelque rare et importante exception au sein de la tradition marxiste et gramscienne, cf. N. Badaloni, « Egemonia e azione politica : una discussione critica (Review of E. Laclau & Ch. Mouffe, *Hegemony and Socialist Strategy*, 1985) », *Critica marxista*, n. 6, 1987, pp. 5-17 ; Id. *Il problema dell'immanenza nella filosofia politica di Antonio Gramsci*, Venezia, Arsenale Editrice, 1988, pp. 96-99.

[77] E. Laclau, *On Populist Reason*, London-New York, Verso, 2005 [tr. it. *La ragione populista* (éd. D. Tarizzo ; traduit par D. Ferrante), Roma-Bari, Laterza, 2008].

et qui contient également un long entretien avec Laclau réalisé en 2011[78]. Même si la réception de Laclau en Italie a porté sur maints sujets et soulevé de nombreuses questions, dans cette contribution sur Laclau et l'Italie il s'agira moins de passer en revue les différentes questions que les commentateurs italiens ont soulevées à propos de ses travaux que de s'arrêter, même si c'est encore de manière assez schématique, sur trois foyers de problématisation axés sur la réception des interprétations laclauiennes sur la situation politique italienne et sa tradition philosophico-politique, avec laquelle Laclau n'a jamais cessé de dialoguer. Le premier de ces foyers est lié à l'interprétation de Gramsci ; le deuxième porte sur l'applicabilité de la notion de « populisme » à l'analyse des phénomènes politiques les plus récents en Italie ; enfin, le troisième concerne le débat entre Laclau (et Mouffe) et la perspective du post-opéraïsme.

*

L'hégémonie et l'interprétation de Gramsci

Comme on le sait, Ernesto Laclau a accordé une grande importance à la pensée et aux analyses d'Antonio Gramsci à partir de la seconde moitié des années 1960, lors de son expérience politique au sein du *Partido Socialista de la Izquierda Nacional*[79].

---

[78] J. Butler, E. Laclau, S. Žižek, *Contingency, Hegemony, Universality. Contemporary Dialogues on the Left*, London-New York, Verso, 2000 [tr. it. *Dialoghi sulla sinistra. Contingenza, egemonia, universalità* (éd. L. Bazzicalupo, traduit par L. Bazzicalupo; T. Dini; D. Ferrante; D. Garritano), Roma-Bari, Laterza, 2010] ; E. Laclau & Ch. Mouffe, *Hegemony and Socialist Strategy*, London-New York, Verso, 1985, 2001 [tr. it. *Egemonia e strategia socialista. Verso una politica democratica radicale* (éd. et tr. par M. Cacciatore, M. Filippini), Genova, il melangolo, 2011] ; E. Laclau, *Emancipation(s)*, London-New York, Verso, 1996 [tr. it. *Emancipazione/i* (éd. L. Basile), Napoli, Orthotes, 2012] ; M. Baldassarri, D. Melegari (éds.), *Populismo e democrazia radicale. In dialogo con Ernesto Laclau*, Verona, Ombre Corte, 2012 ; M. Baldassarri, D. Melegari, « *Logica e strategia del popolo. Intervista a Ernesto Laclau* », in M. Baldassarri, D. Melegari (éds.), *Populismo e democrazia radicale*, op. cit., pp. 11-34.

[79] E. Laclau, *New Reflections on the Revolution of Our Time*, London-New York, Verso, 1990, p. 199.

Bien que très inspiré par la perspective gramscienne, tout en étant loin de toute approche philologique visant à vouloir restituer l'interprétation la plus fiable de l'œuvre gramscienne, Laclau a plutôt tenté de réélaborer certaines des catégories de ce penseur italien pour les utiliser dans la formulation de sa propre perspective. Néanmoins, il a tout de même esquissé les traits essentiels de la conception gramscienne de l'hégémonie dans des pages importantes pour l'économie d'*Hégémonie et stratégie socialiste* consacrées significativement au « Tournant gramscien » (*The Gramscian Watershed*)[80], où il s'agit de montrer la nouveauté introduite par Gramsci avec son idée d'hégémonie par rapport à la catégorie léniniste d'« alliance de classe ». L'écrit sur *La Question méridionale*[81] le montre clairement : cette nouveauté consiste dans l'élargissement du champ de recomposition politique, qui doit dépasser l'horizon de la seule classe ouvrière (à l'époque prépondérante dans l'Italie du Nord) pour inclure dans un cadre hégémonique plus général les grandes masses paysannes (présentes non seulement au Nord mais aussi et davantage dans les très peuplées régions du Sud), indispensables pour créer un « bloc historique », une « volonté collective » ou encore un « peuple-nation ». La possibilité d'une telle articulation hégémonique ne reposait pas sur une identité de classe particulière. C'était au contraire l'extranéité réciproque de chaque identité de classe (dans le sens où chaque position sociale restait transcendante par rapport à une autre), qui permettait de penser comme *contingente* (et pas comme une nécessité structurelle de la base économique) la possibilité d'une articulation hégémonique entre des positions de classe hétérogènes, dispersées et fragmentaires, ou encore le rapport plus général entre l'antagonisme social et l'émergence de forces politiques hégémoniques. Néanmoins, Laclau ne manque pas de souligner les limites et les ambiguïtés de cette conception de l'articulation hégémonique qui, à ses yeux,

---

[80] E. Laclau & Ch. Mouffe, *Hegemony and Socialist Strategy*, op. cit., pp. 65-71.

[81] A. Gramsci, « Quelques thèmes sur la question méridionale » (1926), in *Gramsci dans le texte. De l'avant aux derniers écrits de prison (1916-1935)* (éd. F. Ricci, J. Bramant), Paris, Éditions sociales, 1975.

demeure dépendante d'une classe fondamentale autour de laquelle doit avoir lieu tout processus de recomposition hégémonique.

Cette perspective n'a pas empêché les interprètes marxistes italiens de soulever des questions et des critiques. Certains se sont attelés à critiquer aussi bien l'usage que Laclau a fait de la notion capitale d'hégémonie (et d'articulation hégémonique) que sa tentative de les faire fonctionner dans un cadre d'analyse marqué par la linguistique de Saussure et la théorie psychanalytique lacanienne. Ainsi, d'après Carlo Formenti, l'idée laclauienne selon laquelle « la classe serait dépourvue de toute consistance structurelle et se présenterait plutôt comme le produit d'une construction discursive »[82] s'appuierait sur une vision assez douteuse de la pensée de Gramsci. Pour Formenti il est contestable de nier que Gramsci conçoit l'existence d'identités sociales comme déterminées par des facteurs objectifs, dès lors que chez Gramsci ces identités sociales demeureraient quand même inscrites dans le processus de production. En d'autres termes, ces identités sociales demeureraient immanentes aux contradictions structurelles, c'est pourquoi elles seraient en même temps préexistantes à toute mise en forme discursive[83]. C'est à partir de là qu'il faudrait problématiser l'hégémonie comme une critique de l'activité spontanée des classes subalternes, qui resterait fragmentaire, épisodique et soumise à l'initiative hégémonique des classes dominantes.

D'un point de vue assez différent, Fabio Frosini soutient que Laclau propose une manière de penser les rapports entre idéologie et hégémonie qui s'écarte de la perspective gramscienne[84]. Pour Laclau l'ordre introduit par l'articulation hégémonique est toujours en excès, donc, transcendant, par rapport aux différentes

---

[82] C. Formenti, *Utopie letali. Capitalismo senza democrazia*, Milano, Jaca Book, 2013, p. 142.

[83] En ce sens, Peter D. Thomas a parlé d'une sorte de « gramscianisme "faible" » (*'soft' Gramscianism*) comme élaboration théorico-politique après l'eurocommunisme. Cf. P. D. Thomas, *The Gramscian Moment. Philosophy, Hegemony and Marxism*, Leiden-Boston, Brill, 2009, p. 11.

[84] F. Frosini, « Egemonia e verità : sulla critica di Laclau a Gramsci », in *Da Gramsci a Marx. Ideologia, verità e politica*, Roma, DeriveApprodi, 2009, pp. 105-120.

idéologies qu'il parvient à unifier. Cet ordre, tout comme la chaîne d'équivalences qu'il permet d'activer, se présente sous la forme idéologique de l'imaginaire comme l'émergence d'une configuration mythique virtuellement capable de répondre aux crises de représentation du social dont les éléments sont toujours surdéterminés et en perpétuelle dislocation (ils ne sont jamais, ou jamais durablement, identiques à soi). Ici demeure, selon Frosini, une ambiguïté : la possibilité de l'articulation hégémonique à travers le mythe doit-elle être conçue sous la forme de la transcendance, donc comme un événement qui serait irreprésentable par rapport aux ordres précédents et dont la temporalité disruptive conduirait de l'extérieur à la dissolution de la spatialité ordonnée des relations sociales ? Ou bien, sous la forme de l'immanence, à partir de la matérialité des transformations sociales et des luttes pour l'émancipation qui en découlent et nécessitent une élaboration idéologique capable de produire un imaginaire égalitaire (forme topique et mythique de l'articulation hégémonique) comme son résultat ?

Pour Frosini, Gramsci envisage la nécessité théorique d'une constitution hégémonique des forces sociales par l'intermédiaire de ce qu'il désignait comme « philosophie de la praxis », donc comme un processus constitutif de vérité (vérité à entendre comme démonstration pratico-politique des effets de réalité produits par la pensée). La contingence du processus hégémonique et de l'ordre qu'il instaure serait donc à considérer comme *immanente* au plan des différentes idéologies, c'est pourquoi l'hégémonie elle-même demeure strictement liée à une théorie de l'idéologie et n'est pas une alternative à elle, comme semble le suggérer Laclau. Il s'agit, certes, de ce point de vue, d'une immanence qui a été complètement redéfinie par rapport à son acception métaphysique et a été traduite en termes pratiques et politiques à travers le concept de *praxis*.

Sous cet angle, celui d'une philosophie de la praxis (visible à travers la lecture que Gramsci fait de la pensée de Machiavel), la vérité de l'hégémonie est immanente à la réalité non comme son expression nécessaire (selon la conception de l'immanence métaphysique), mais parce que cette vérité se constitue pratiquement et idéologiquement dans la réalité elle-même, donc devient nécessaire à travers la praxis et à l'intérieur des conflits qui traversent la société. En d'autres termes, cette « nécessité différente » dépend du caractère performatif d'une vérité qui doit se réaliser politiquement. Chez Gramsci cette inscription de la performativité de l'hégémonie *dans l'immanence et la matérialité de l'idéologie* fonde à travers la praxis la nécessité d'une forme de vérité qui sera donc circonstancielle et hypothétique, puisqu'elle dépend de certaines conditions pratiques sans lesquelles cette vérité ne peut s'actualiser[85].

Enfin, si Laclau reproche à Gramsci le fait que pour lui le processus de l'hégémonie reste essentialiste, dans la mesure où il s'appuie sur une classe fondamentale autour de laquelle les autres forces devraient s'articuler, Frosini remarque que la classe ouvrière nationale/internationale dans l'Europe post-révolutionnaire, en tant que point de référence sociale d'un projet hégémonique, n'est que le résultat de l'analyse d'une conjoncture spécifique et est donc bien loin de reposer sur un fondement essentialiste. Pour Gramsci, il y a toujours un caractère idéologique pour toute identité. Les rapports de force sont toujours articulés idéologiquement et tramés par une conflictualité politique organisée d'une manière ou d'une autre[86].

Les populismes de l'Italie d'aujourd'hui : de la Ligue lombarde au Mouvement Cinq étoiles

Mais la réception du travail de Laclau en Italie ne se limite pas à l'analyse historique, qu'elle porte sur l'interprétation laclauienne de la tradition philosophico-politique italienne ou de sa reconstruction de périodes importantes de l'histoire politique italienne.

---

[85] F. Frosini, « Spazio/tempo ed egemonia verità. Due questioni (gramsciane) a Ernesto Laclau », in *Populismo e democrazia radicale. In dialogo con Ernesto Laclau*, op. cit., pp. 175-191.

[86] Sur la question de l'organisation chez Laclau, cf. aussi D. Melegari, « Se il popolo non è inevitabile. Eterogeneità e organizzazione in Ernesto Laclau », in *Populismo e democrazia radicale. In dialogo con Ernesto Laclau*, op. cit., pp. 112-134. Dans cette contribution je ne prends pas en considération la position d'Antonio Negri sur l'hégémonie de Gramsci telle que Laclau l'a interprétée, pour laquelle je renvoie au texte de Negri lui-même dans ce volume (A. Negri, « Hégémonie : Gramsci, Togliatti, Laclau »).

La fortune de l'approche de Laclau en Italie tient aussi à sa capacité d'aborder certains phénomènes de l'histoire italienne la plus récente. C'est notamment le cas de la notion de populisme, à travers laquelle Laclau tente d'expliquer la tentative d'affirmation puis la crise de la Ligue lombarde[87].

En effet, la stratégie ethno-fédéraliste de la Ligue lombarde s'est bientôt heurtée aux problèmes soulevés par sa rhétorique anti-méridionaliste ainsi qu'à la concurrence d'autres sujets politiques. Afin de compenser sa perte d'hégémonie, même dans les régions du nord de l'Italie où elle était plus profondément enracinée dans le territoire, la Ligue a tenté d'articuler une grande pluralité d'objets polémiques : le système de partis, la pression fiscale, un *welfare* paternaliste, la micro-criminalité, le trafic de drogue, le parasitisme méridional, l'immigration sauvage, l'hostilité de la presse, le pouvoir judiciaire, etc. Même si cet effort pour activer une chaîne d'équivalences s'appuyait en quelque sorte sur une « théorie de l'ennemi », ce dernier demeurait difficile à identifier[88]. Ainsi, même s'il se présentait comme un universel clairement de droite, le discours de la Ligue manquait pourtant de références antagonistes concrètes et son universalité apparaît donc comme trop abstraite. Sans des points de fixation suffisamment stables l'effort d'articulation hégémonique se terminait forcément par un échec.

Face à cette analyse certains chercheurs ont essayé de continuer à appliquer la perspective laclauienne du populisme pour saisir les raisons du succès que la Ligue du Nord avait remporté dans la période 2008-2010 (successive à celle examinée par Laclau), lorsqu'elle est parvenue à conquérir deux régions importantes du Nord (le Piémont et la Vénétie) et à occuper d'autres ministères importants dans le gouvernement Berlusconi. Sous cet angle, l'échec analysé par Laclau dans *La raison populiste* s'est révélé seulement apparent, ce qui a amené sociologues et politistes à s'interroger sur les limites de l'ontologie politique de Laclau, incapable de saisir les transformations structurelles de la gouvernementalité libérale et à évaluer le rôle joué par les flux globaux

---

[87] E. Laclau, *On Populist Reason*, op. cit., pp. 187 et sqq.
[88] *Ibid.* p. 188.

du capital dans le cadre restreint de l'État[89]. En effet, l'idée qu'un mouvement populiste doit, pour s'affirmer, arriver à réaliser ce que Laclau appelle des « tâches nationales », peut se comprendre dans le cas historiquement déterminé du PCI, qui devait concilier les instances politiques du PCUS[90] et la situation concrète et spécifique de l'Italie en tant que pays du bloc occidental. Mais dans les années qui ont suivi la chute du mur de Berlin, lorsque le néolibéralisme a triomphé, Emanuele Leonardi s'est demandé ce que veut dire exactement réaliser des « tâches nationales » dès lors que l'État se redéfinit comme un agent visant à assurer un certain niveau de richesse sociale à travers la l'acquisition au préalable des conditions les plus favorables pour investir du capital.

Si on adopte ce cadre d'analyse on peut dire que la Ligue ne représenterait pas seulement une réaction locale et traditionaliste aux menaces à la sécurité portées par la mondialisation, comme Laclau le suggérait, mais plutôt une réponse complexe et ambivalente, parfois fonctionnelle, parfois dysfonctionnelle, aux nécessités d'un gouvernement néolibéral qui doit régler les interactions entre des flux globaux de capital et des contextes productifs régionaux. C'est pourquoi la théorie de l'ennemi que, selon Laclau, la Ligue aurait déployée, semble moins le signe d'un échec que la marque d'une capacité d'adaptation à des contextes frappés par les processus de globalisation de l'économie qui, dans les régions de la Ligue, correspond souvent à la désindustrialisation : on se trouverait donc là face à ce que Leonardi a appelé un *populisme adaptatif*.

Les tentatives de tester la catégorie de populisme forgée par Laclau se sont cependant tournées même vers d'autres phénomènes dits populistes qui se sont manifestés plus récemment encore sur la scène politique italienne. En effet, après les élections politiques de 2013, on a commencé à évaluer jusqu'à quel point la

---

[89] E. Leonardi, « Populismo come adattamento. Note critiche sull'analisi laclausiana della Lega nord», in *Populismo e democrazia radicale. In dialogo con Ernesto Laclau*, op. cit., pp. 84-96.

[90] PCUS : Parti communiste de l'Union soviétique; PCI: Parti communiste italien. (NdR)

dernière crise économico-financière a engendré des modifications décisives dans la géographie du populisme en Italie que Laclau venait d'esquisser. Dans ce cadre, après avoir obtenu 8 600 000 votes, donc 25,5% du total des suffrages, le « Movimento 5 Stelle (M5S) » (Mouvement Cinq étoiles) a été consacré troisième parti du pays. Accusé aussi bien par les autres sujets politiques que par la plupart de la presse italienne de prôner une « antipolitique » récusant a priori tout compromis, voire tout dialogue, avec les autres partis, ce mouvement a été présenté comme l'expression la plus emblématique et la plus massive du populisme (selon des acceptions du terme pas toujours conformes à celle de Laclau). Quoi qu'il en soit, l'appel au peuple souverain ou au peuple-nation, l'élan anti-élitaire, l'usage d'un langage emprunté à la vie quotidienne et le rôle charismatique joué par son leader, le comique Beppe Grillo, ont marqué le succès électoral ainsi que les prétentions hégémoniques du mouvement.

C'est justement en vertu de ces caractéristiques que le M5S a été au centre d'analyses qui ont essayé de mobiliser la perspective laclauienne sur le populisme[91]. Néanmoins, selon certains politistes, cette approche s'est révélée incapable de saisir certaines spécificités de la forme de populisme du mouvement. Plus précisément, ce qui a été davantage contesté est que le M5S s'est affirmé en dépit du fait que les demandes sociales qu'il se proposait d'articuler étaient souvent en contradiction entre elles et que, à peu près comme dans le cas de la Ligue lombarde, la frontière antagoniste ne pouvait être retracée de manière évidente : « les autres » sont à la fois les membres de la classe politique, les lobbies économiques et financiers nationaux et transnationaux, mais aussi les immigrés. En outre, comme l'a suggéré Edoardo Greblo, dans cette forme de populisme on a du mal à trouver un signifiant vide et une demande insatisfaite capable d'effacer son caractère partiel pour assumer une position d'universalité. Ce problème serait manifesté par le rôle ambigu joué par le leader du M5S, Beppe Grillo qui, d'une part, cherche à occuper lui-

[91] E. Greblo, *Filosofia di Beppe Grillo. Il Movimento 5 stelle*, Milano-Udine, Mimesis, 2013 ; A. Cirulli, E. Gargiulo, « Costruire il "popolo". Il contributo teorico di Ernesto Laclau e le prospettive dei populismi contemporanei », in *Teoria Politica*, n. 4 (2014), pp. 295-322.

même la position de signifiant vide, mais, de l'autre, n'arrive pas à articuler les différentes demandes particulières venant de la base du mouvement et qui risquent ainsi d'être insatisfaites ou étouffées. Autrement dit, Grillo ne serait pas un signifiant vide mais un signifié trop « plein » pour se vider.

Néanmoins, les tout derniers développements du mouvement, au lendemain des élections politiques générales de mars 2018 montrent que ces contradictions sont en train d'être, sinon surmontées, du moins déplacées dans un cadre qui semble pouvoir regagner intelligibilité par l'intermédiaire de la catégorie laclauienne de populisme (même si l'étiquette de « populisme », au sens le plus commun du terme, a été rejetée à maintes reprises par le mouvement). En dépit de la difficulté à gouverner directement des situations locales[92] où l'isolement politique et l'état de corruption de la machine administrative découpent un espace d'action très limité pour une politique réellement novatrice, au lieu de perdre du consensus, le mouvement l'a au contraire augmenté, en s'affirmant comme le premier parti avec le 32% des votes.

Face à l'imprécision des traits de l'ennemi, le mouvement semble avoir exploité la réponse adaptative d'un bloc politique transversal se composant de partis de centre-gauche et de centre-droite visant à dresser un ultime rempart contre l'affirmation du mouvement. C'est-à-dire une sorte de *Große Koalition* à l'italienne qui a de fait homogénéisé la classe politique aux yeux des citoyens. De ce point de vue la classe politique apparaît comme un sujet défendant transversalement un *statu quo* perçu par la plupart de l'électorat comme une défense d'intérêts politiques et financiers s'opposant radicalement à ceux des citoyens eux-mêmes (d'autant plus qu'on se trouvait dans une conjoncture marquée par une souffrance socio-économique que la crise avait progressivement aiguisée)[93].

---

[92] Depuis les élections municipales de juin 2016, le M5S arrive à obtenir la mairie de la capitale Rome et de l'importante ville de Turin.

[93] Dans un premier temps avec ledit « Pacte du Nazaréen » entre le Parti démocrate (PD) de Renzi et Forza Italia (FI) de Berlusconi qui a permis d'approuver une nouvelle loi électorale (dite « Italicum ») déclarée ensuite inconstitutionnelle. Dans un deuxième temps, avec la formation d'une majorité politique transversale guidée par le PD et soutenue par des partis de centre-

Même le rôle problématique de Beppe Grillo a finalement cessé d'entraver la démarche hégémonique du M5S. Un nouveau leader du mouvement a été élu depuis septembre 2017, le jeune Luigi Di Maio, âgé de 30 ans et originaire d'une commune de la ville métropolitaine de Naples. Symbole du même Sud de l'Italie, pauvre et arriéré, dont jadis parlait Gramsci, Di Maio semble représenter, beaucoup mieux que Grillo, un signifiant vide, dès lors qu'il appartient à la fois d'une part à un territoire ravagé par l'incapacité administrative, la corruption généralisée et la criminalité organisée et, de l'autre, à une génération à laquelle on a « volé le futur ».

Une condition qui, surtout dans des temps de crise, semblait préfigurer un destin commun et généralisé d'appauvrissement pour beaucoup d'autres territoires et personnes (sinon de l'Italie tout entière, victime – d'après le mouvement mais aussi selon beaucoup d'Italiens – des politiques technocratiques de Bruxelles). Cela contribuait à transformer la figure de Di Maio en un point de fixation plus à même d'articuler hégémoniquement toute une série hétérogène de demandes sociales, surtout celles marquées par la crainte et la rage de couches consistantes de l'électorat italien, de plus en plus convaincu de n'avoir plus rien à perdre et que le M5S, avec son appel à l'honnêteté (avant toute compétence), aurait constitué la seule discontinuité possible par rapport à la crise structurelle de la politique et de l'économie.

---

droite qui se sont séparés de FI. Ce qui a de fait rendu possible un gouvernement qui s'est par ailleurs caractérisé par son incapacité à répondre aux difficultés économiques et sociales ressenties par une partie très consistante de l'électorat italien de plus en plus éprouvé par la crise. Ce gouvernement a, au contraire, déployé des efforts considérables pour proposer encore un projet de loi constitutionnelle visant à mettre fin au bicamérisme paritaire (proposition perçue comme étrangère aux problèmes concrets des Italiens), ou encore pour adopter des mesures finalisées à sauver huit banques italiennes de l'effondrement, au détriment des petits épargnants abandonnés à eux-mêmes (mesure largement considérée comme impopulaire et injuste). Tout cela a contribué à homogénéiser davantage l'ennemi du M5S, une classe politique qui allait du centre-gauche au centre-droite, considérée désormais comme une « caste » ou un *establishment*, structurellement incapables de garantir les intérêts de la plupart des Italiens.

Les critiques post-opéraïstes : l'articulation et le fantôme de l'État

Un des aspects les plus remarquables de la figure d'Ernesto Laclau a été sa capacité à dialoguer avec d'autres perspectives, en évitant toute polémique afin de mieux faire émerger les différences théoriques et politiques par rapport à sa position. Les critiques, autant celles qu'il a émises que celles qui lui ont été adressées ont souvent relancé des débats destinés à faire époque. En témoigne de manière évidente, en Italie, son rapport avec le courant post-opéraïste du marxisme, notamment avec Antonio Negri. À ce propos, ses remarques critiques, dans les pages conclusives de *La raison populiste,* sur le concept de « multitude » formulée par Negri lui-même et Michael Hardt, demeurent célèbres[94]. Ces remarques portent sur l'immanentisme spontanéiste qui affligerait ce sujet pluriel de la politique, un sujet pour lequel ne se pose aucun problème de stratégie visant à articuler des luttes condamnées pour autant à rester verticales, fragmentaires et déconnectées entre elles et qui, par ailleurs, fourniraient aussi la seule forme d'engagement possible. À la transcendance de l'articulation hégémonique s'opposerait ainsi une convergence qui, non sans ironie, selon Laclau serait laissée à « Dieu (ou à la Nature) »[95] : le simple fait d'« être contre » ne suffit pas, ce qui est nécessaire est une médiation politique apte à transcender chaque élément à rassembler, et qui soit donc de l'ordre de l'articulation hégémonique.

Nous n'examinerons pas ici la réponse de Negri pour laquelle nous renvoyons à sa contribution dans ce volume. On mentionnera néanmoins d'autres réponses internes à la tradition post-opéraïste, notamment celles que Sandro Mezzadra et Brett Neilson ont données dans leur ouvrage de 2013, *Border as Method,*

[94] E. Laclau, *On Populist Reason*, op. cit., pp. 242-244. Cf. aussi, E. Laclau, « Can Immanence Explain Social Struggles ? », in P. A. Passavant, J. Dean (éd.), *Empire's New Clothes: Reading Hardt and Negri*, London-New York, Routledge, 2004, pp. 21-30 ; D. Tarizzo, « Soggetto, moltitudine, popolo. A proposito dell'"Italian Theory" », in *Filosofia politica*, XXV, n. 3 (2011), pp. 431-446.

[95] E. Laclau, *On Populist Reason*, op. cit., p. 243.

or the Multiplication of Labor[96]. Les deux auteurs critiquent la conception laclauienne de l'articulation hégémonique, tout en précisant que, de leur point de vue, il s'agit moins de renoncer au problème de l'articulation posé par Laclau et Mouffe que, de le repenser dans une tout autre perspective. Ainsi, Mezzadra et Neilson soulignent à maintes reprises que l'articulation dont Laclau et Mouffe parlent n'est possible qu'à l'intérieur d'un cadre institutionnel présupposé et jamais questionné, celui de l'État-nation. Or, c'est à l'intérieur de cet espace politique que se développe l'antagonisme fondamental qui consiste à tracer une « frontière interne », un partage entre un « nous » et un « eux ». En effet, pour les auteurs d'*Hégémonie et stratégie socialiste*, il n'y a pas de consensus et d'articulation possibles sinon à travers un acte d'exclusion qui établit les limites du social. Dans ce cadre défini par l'État-nation, l'articulation correspondrait alors à une capture des particularités, capture qui chercherait à enrégimenter ces particularités dans une chaîne d'équivalences. À travers cette opération, selon Mezzadra et Neilson, Laclau et Mouffe d'un côté pensent l'ouverture et l'hétérogénéité du social, alors que, de l'autre, ils finissent par le re-territorialiser à travers le fantôme de l'État (ou de la nation) – ce qui pour Mezzadra et Neilson correspond plutôt à *the closure to the other*[97].

Cela a deux conséquences importantes : la première est que de cette manière Laclau et Mouffe n'arrivent pas à saisir l'émergence de nouvelles subjectivités politiques transnationales dont les exigences – là où elles peuvent être formulées – ne se font pas capturer à l'intérieur des articulations internes à un cadre national, car ces demandes politiques excèdent la dimension institutionnelle de l'État-nation. La seconde conséquence tient au fait

---

[96] S. Mezzadra, B. Neilson, *Border as Method, or the Multiplication of Labor*, Durham (USA), Duke University Press, 2013, p. 255 et pp. 284-291 ; cf. aussi S. Chignola, S. Mezzadra, « Fuori dalla pura politica. Laboratori globali della soggettività », in *Filosofia politica*, XXVI, n. 1 (2012), pp.), pp. 65–82 ; A. Amendola, « Democrazia radicale, biopolitica e soggettivazione », in A. Amendola, L. Bazzicalupo, F. Chicchi, A. Tucci (éd.), *Biopolitica, bioeconomia e processi di soggettivazione*, Macerata, Quodlibet, 2008, pp. 363-376.

[97] S. Mezzadra, B. Neilson, *Border as Method, or the Multiplication of Labor*, op. cit., p. 289.

que présupposer le politique (et donc l'État) comme condition transcendantale de toute articulation et de toute équivalence finit par faire disparaître les conditions matérielles qui déterminent l'émergence de ces nouvelles subjectivités transnationales, c'est-à-dire les logiques transnationales et financières de l'accumulation capitaliste qui, dans la réalité, continuent à conditionner profondément le développement économique et social. Il devient ainsi assez difficile de penser des subjectivités politiques qui agissent (et formulent leurs demandes) simultanément « à l'intérieur et contre » ces logiques.

Ainsi, Mezzadra et Neilson proposent de penser à partir de la dimension transnationale du conflit entre capital et travail où prolifèrent des subjectivités qui cherchent à s'insérer dans des marchés transnationaux du travail qui ne peuvent pas garantir la continuité et la stabilité de la production et de la reproduction de la force-travail. C'est pourquoi ce que cette perspective basée sur la multiplication du travail (et de la force-travail) met en relief est moins une prolifération de signifiants qui produisent une chaîne d'équivalences qu'une prolifération de « *borders* », une prolifération donc à la fois de frontières et d'espaces qui ont une incidence sur les espaces politiques existants et dépassent leur cadre restreint. Sous cet angle, loin de constituer le politique à travers l'exclusion, il s'agit plutôt de penser une inclusion différentielle et sélective qui ne répond pas aux articulations hégémoniques du politique au sein de l'État. Par là, l'articulation de ces subjectivités politiques transnationales ne doit plus se concevoir comme une articulation qui annule toutes les différences dans un système d'équivalences (donc, un système qui, dans un premier temps, exclut et sépare et, par la suite, produit inversement des connexions et des équivalences), mais plutôt comme un processus de *traduction* au sens plus large du terme que Mezzadra et Neilson empruntent à Naoki Sakai : une traduction donc qui en même temps connecte et sépare, par où en même temps on gagne et on perd quelque chose[98].

[98] N. Sakai, *Translation and Subjectivity : On ''Japan'' and Cultural Nationalism*, Minneapolis, University of Minnesota Press, 1997.

En d'autres termes, il s'agit d'un processus où toutes les différences demeurent, mais sont réélaborées, traduites, en ne s'effaçant jamais dans un universel. Sous cet angle, le type de subjectivité politique ne sera donc plus une particularité destinée à perdre son caractère partiel au profit de la formation d'une chaîne d'équivalences, mais un sujet toujours « en transit », qui est donc traduit à chaque passage effectué à travers la superposition d'espaces et de temporalités hétérogènes qui constituent notre présent global. Le cadre de ce déploiement est évidemment celui de la multitude des singularités qui ne peut jamais être réduit par le double mouvement de l'articulation et de l'équivalence et, par conséquent, ne doit pas être pensé sous la forme de l'universel (pensable seulement à partir d'individualités déjà formées et donc ontologiquement préexistantes), mais comme un processus enraciné dans une ontologie matérielle du commun (qui existe avant chaque individualité, même lorsqu'il n'arrive pas à être représenté)[99]. C'est la constitution mutuelle du commun et de singularités qui ouvre un espace d'immanence où s'offre la possibilité de composer et de recomposer sans cesse les différentes singularités hors de toute logique du particulier et de l'universel.

*

Comme les trois foyers de problématisation ici esquissés en témoignent, les effets produits par la trajectoire théorique et personnelle de Laclau par rapport à la tradition philosophico-politique italienne ainsi qu'à ses phénomènes politiques les plus récents, sont loin d'être épuisées. L'extraordinaire vitalité de ces débats montre que la perspective de Laclau ne cesse de se présenter comme une occasion précieuse de lier la théorie aux engagements politiques qui bouillonnent, en Italie comme ailleurs,

---

[99] Les références théoriques majeures sont les célèbres travaux de Micheal Hardt et Antonio Negri, mais aussi ceux de Paolo Virno. Cf. M. Hardt, A. Negri, *Empire*, Cambridge (MA), Harvard University Press 2000 ; M. Hardt, A. Negri, *Multitude : War and Democracy in the Age of Empire*, New York, Penguin, 2004 ; P. Virno, *Grammatica della moltitudine : per una analisi delle forme di vita contemporanee*, Soveria Mannelli, Rubettino, 2001 ; P. Virno, *E così via, all'infinito : Logica e antropologia*, Torino, Bollati Boringhieri, 2010.

dans ces temps de crise, où la perte progressive de souveraineté politique face à l'affirmation généralisée de l'ordre néolibéral invite à repenser et à transformer l'espace politique et celui de toute politique possible ou imaginable.

Eric Maigret
Université Sorbonne Nouvelle Paris 3

Existe-t-il une pure logique des différences ? La théorie du populisme d'Ernesto Laclau et la question de la coalescence des différences

Je tiens à saluer la mémoire d'Ernesto Laclau que je me faisais un plaisir de rencontrer à l'occasion d'une co-tutelle de thèse de doctorat qui n'a hélas pu aboutir en raison de sa disparition. Je précise que ma connaissance de son œuvre provient au départ de la lecture que Stuart Hall a effectuée de son travail sur l'hégémonie dans le cadre des *cultural studies*[100]. La rédaction d'un ouvrage que j'ai consacré à la présidence de Nicolas Sarkozy (Maigret, 2008) m'a ensuite permis de découvrir cet auteur majeur de façon plus approfondie. Si Sarkozy est d'abord un homme de parti bien établi, aux antipodes du populisme, il a utilisé des logiques de communication qui pourraient être apparentées aux logiques d'équivalence décrites par Laclau, à ceci près qu'elles n'ont pas débouché sur une agrégation véritable de demandes : plutôt que de signifiants vides il faudrait parler dans ce cas de signifiants creux, si l'on m'autorise l'ironie…

J'ai pu constater ces dernières années la faiblesse française de la réception de l'œuvre de Laclau, évoquée déjà dans cette conférence. L'évitement et le silence sont les premières stratégies de disqualification d'une œuvre, bien avant la critique, argumentée ou moins argumentée, qui fait encore défaut en France. La litanie des obstacles est bien connue. Le gramscisme a été tenu à distance dans un pays où les franges déterministes et dénonciatrices

[100] La lecture de Gramsci effectuée par Hall (par exemple Hall, 1977) a rencontré celle de Laclau et Mouffe (1985), même si la théorisation hallienne du populisme s'est avérée être à distance de celle de ces auteurs (Hall, 2008).

du marxisme ont résisté à la faveur d'un effet 68 particulièrement affirmé. La présence d'un universalisme républicain explique sans doute l'inattention à la question des différences. Rappelons que le jacobinisme se situe pour Laclau dans le mythe d'« une volonté générale d'une nature telle que toutes volontés individuelles seraient matériellement identiques. Il n'y a pas ici d'articulation politique possible, parce qu'il n'y a rien à articuler » (Laclau, 2005, p. 175). Il est difficile en effet de prêter attention à la question des articulations là où prime une idéologie de l'absence d'articulation des différences ! Le rejet du constructivisme, qu'il soit social ou non, et des *cultural studies*, auquel Laclau a souvent été apparenté, a également joué. Or, l'apport formidable de Laclau est justement pour moi la pensée de la construction et des différences. Les figures « populaires », non domestiquées par la science, vouées à la passivité, à la folie obsessionnelle, au non-savoir, la foule, les femmes, les fans, sont dignes d'analyse et doivent même être inscrites au cœur du principe démocratique. Ce regard, désormais fréquent en *cultural studies*, a permis de saisir des réalités niées, de donner de la voix, de la dignité et, dans le cas du populisme, de comprendre que ce dernier n'est pas un ennemi en soi. Tout dépend de l'orientation politique du populisme comme le souligne bien Laclau, qui invite à explorer le soubassement ou le bouillonnement permanent de la démocratie par le bas. Face à la complexité et à la multiplicité des jeux de dissemblance la question qui se pose est celle de la limite : jusqu'où vont les différences et jusqu'où doit aller la pensée des différences ? Je précise que le point de vue que j'adopte ici est celui d'un chercheur proche des *cultural studies*, traversées par des interrogations lancinantes sur la prise en compte de toutes les formes de différences, préoccupées également par le risque qu'elles ne fassent ni sens ni action commune.

Dans le Laclau de *La Raison Populiste*, la question est abordée à partir d'« une conception relationnelle de la totalité sociale ». Le monde que nous vivons s'appréhende entièrement par des jeux d'oppositions et de complémentarités, sans transcendance aucune, si bien que « relations » et « objectivité » sont synonymes. L'approche est radicalement anti-essentialiste, c'est évidemment son grand mérite. Il n'y a pas renoncement à la totalité mais cette dernière est un « objet qui est à la fois impossible et nécessaire ». Nécessaire, car toute visée de sens et d'identité ne peut se faire sans clôture « aussi précaire soit-elle ». Impossible, car les sujets sont constitués par le manque, le désir comme manque, dans un ancrage psychanalytique de la théorie qui est bien connu[101]. Dès lors, des « demandes » ne se font entendre que par déplacements perpétuels des attentes qui les constituent. Laclau précise bien qu'il n'existe rien au-delà du jeu des différences : « nous nous intéressons à des identités qui sont de pures différences » (Laclau, 2005, p. 87). Il y a « pure logique des différences » si l'on analyse bien les trois mots et concepts qui sont mobilisés dans cette formule. La « pureté » ne renvoie pas à un monde supérieur, au contraire, elle rappelle qu'il n'y a rien au-delà des relations, seulement une hétérogénéité qui n'est reliée par aucune dialectique à autre chose. La « logique » est la démarche scientifique adoptée par Laclau, en complément de son approche discursive et psychanalytique : elle fonctionne par segmentation, par tiers exclus. Les « différences » ne sont qu'une étape dans la production de l'homogénéité, subséquente à l'hétérogénéité via la logique de l'équivalence. Pour le dire autrement, la logique exclut l'hétérogénéité, qui n'est plus que soubassement, extériorité, prétexte ou pré-texte à la formulation idéologique. La logique de l'équivalence, pensée comme visée hégémonique ou contre-hégémonique, est un pur mouvement d'agrégation des différences par substitution et condensation, sans aucun pont dialectique ou passage ontologique avec ce qui la rend possible ni fidélité ou respect à l'égard de différences qui pourraient paraître originelles. On ne peut élaborer un message politique protestataire que par malentendu, trahison, mise en identité, en uniformité et en conformité à partir de demandes aussi bariolées que pressantes, en fonction de variations historiques. Le « signifiant vide », comme le rappelle bien Chantal Mouffe, n'est pas le « signifiant flottant » de Lacan : il est pré-déterminé, comme le sont les demandes, mais vite dépassé par de nouvelles déterminations. Le populisme n'a pas d'unité référentielle (« je n'ai pas essayé

[101] Cet ancrage est discuté dans Laclau (1990), notamment dans sa relation compliquée à Slavoj Žižek.

de trouver le *véritable* référent du populisme, mais au contraire de montrer que le populisme n'a pas d'unité référentielle parce qu'il n'est pas appliqué à un phénomène nouveau mais à une logique sociale dont les effets sont transversaux. Le populisme est, tout simplement, une manière de construire le politique », Laclau, 2005, p. 11), c'est le grand apport de Laclau que de nous débarrasser de toute définition essentialisante, de tout contenu a priori, de tout légitimisme et de toute idolâtrie en ouvrant l'analyse des trajectoires des multiples populismes, de droite comme de gauche, qu'il est impossible de mettre dans le même sac. Dans la théorie de Laclau, toute construction politique est inévitablement précaire car il y a toujours différence(s). Rien n'est subordonné, rien ne s'intègre en un principe supérieur, ce qui signifie que, dans le champ politique, il y a toujours crise de la représentation : elle est consubstantielle à la vie politique, notamment à la démocratie. Seules les logiques d'équivalence, que l'on nomme visées hégémoniques, produisent de la régularité. Celle-ci est cependant minée par les différences, l'hétérogénéité sociale.

Parmi les objections épistémologiques qui ont été faites à Laclau celle de conserver le modèle saussurien, malgré la distance qu'il a pu afficher à l'égard d'une théorisation trop linguistique, est la plus récurrente. Même s'il s'en défend partiellement, l'emprunt du concept de pure différence, initialement envisagé au sein d'un système de signes, le conduit à un élargissement au social, via Barthes, et à une utilisation du jeu de déconstruction, via Derrida, qui radicalise la fonction anti-fondationnaliste de la différence-différance. Un signe est un élément d'un système indécidable, il se définit par rapport aux autres, négativement, et non en raison de ses caractéristiques propres, c'est-à-dire positivement[102]. De la même façon, le monde social est indécidable, il faut le saisir avant tout au niveau du sens et déconstruire les interprétations

[102] « Nous savons depuis Saussure que le langage (et par extension, tous les systèmes signifiants) est un système de différences, que les identités linguistiques – les valeurs – sont purement relationnelles et que, par conséquent, la totalité du langage est impliquée dans tout acte individuel signification. » (Laclau, 1996, p. 37).

qui prévalent (« hégémoniques ») pour en démontrer l'arbitraire et le principe d'exclusion, avant de composer de nouvelles articulations de sens et d'identités. Des marxistes matérialistes aux deleuziens monistes, en passant par les sémioticiens peirciens, cette pente très langagière pose problème : et s'il y avait des différences plus matérielles, ontologiques, et des façons de parler du sens plus phénoménales et pragmatistes ? La réponse de Laclau est particulièrement intéressante. Dans un numéro de *Cultural Studies* qui lui est consacré, il défend son modèle de l'équivalence (Laclau, 2012), face à des critiques qui évoquent d'autres modèles possibles (notamment une chercheuse qui se dit peircienne, Povinelli, 2012), en soulignant son rendement, son efficacité. D'autres modèles du populisme peuvent être développés bien sûr, mais la composition l'intéresse peu. La position s'apparente à celle du rasoir d'Ockham, qui privilégie dans la recherche un principe de simplicité et d'économie.

Rappelons que, suivant ce principe, « les multiples ne doivent pas être utilisés sans nécessité » ou que « les entités ne doivent pas être multipliées par-delà ce qui est nécessaire », selon les formules attribuées au philosophe Guillaume d'Ockham. Dans un souci de recherche de parcimonie, les hypothèses les plus simples sont aussi jugées les plus vraisemblables et les plus opérantes. Cette thèse est évidemment à rebours d'une épistémologie *cultural studies*, qui favorise au contraire la description de mondes composites, la multiplicité des entités, dans une démarche d'intrication (Haraway, 1991), conjoncturaliste (Grossberg, 2011), de type transdisciplinaire voire postdisciplinaire (Maigret, 2013). Il existe de bonnes raisons de penser que la conjugaison des modèles augmente le rendement de la recherche, à condition qu'une architecture théorique centrale oriente la réflexion. Réciproquement, sous la simplicité apparente se cache souvent une condensation de multiples qui masquent leur complexité et leur provenance : de très nombreux et de très différents concepts peuvent être amalgamés en un seul terme, ainsi celui de « variable » (de classe, de genre, de sexe, d'âge, etc.), au détriment de la compréhension des enjeux historiques.

Au niveau scientifique aussi se manifestent de pures différences, celles des modélisations, dont il faut bien penser la coalescence, que celle-ci soit interdisciplinaire ou transdisciplinaire. Il est impossible de ne pas tenir compte du fait que d'autres différences que celles qui se confrontent par la négativité – les différences relationnelles – interviennent dans le social. Si Laclau travaille à raison les identités négatives, non dialectiques, en concevant leur composition inessentielle à partir d'une chaîne d'équivalence, synecdotique, deux autres types d'identités doivent être inclus dans la réflexion. Judith Butler (1997) et Nancy Fraser (2005) ont bien évoqué l'actualité des luttes pour la reconnaissance, qui ne consistent pas seulement à nier les dominants. Ceux qui sont rejetés ne se contentent pas de rejeter ceux qui les rejettent, dans une course effrénée à la survie, ils s'organisent parfois par l'action en sujets. La dimension hégélienne de la reconnaissance, écartée par Laclau non sans de bons arguments (ne pas verser de nouveau dans l'épopée romantique du Sujet, saisir une dynamique dite populiste), est partiellement conservée par Butler dans un schéma qui ne cantonne pas l'hétérogénéité à l'avant, à ce qui se produit tant que la composition par équivalence ne se produit pas. Autrement dit, l'hétérogénéité perce pour partie dans les actions et les discours, elle n'est pas gommée à tout coup par la logique de substitution et de condensation. De la même façon, Fraser évoque les stratégies contre-hégémoniques des contre-publics subalternes qui empruntent la voie de la demande de reconnaissance, souvent culturelle et non seulement économique, sans en rester à la phase de négation. Une troisième forme d'identité, enfin, est à intégrer. Faiblement articulées, faiblement dites, les identités positives sont souvent plus montrées que démontrées, plus corporelles que langagières. Elles surgissent d'un au-delà ou d'un en-deçà du représentationnel par l'affirmation nietzschéenne et le désir non freudien bien théorisés dans la philosophie immanentiste des *Mille Plateaux* (Deleuze et Guattari, 1980)[103]. La multiplicité radicale s'appréhende par le biais de

---

[103] Il n'est pas nécessaire d'aller jusqu'à la dénonciation des travaux de Laclau et Mouffe pour défendre ce point de vue, ce que Torfing (1999) a par exemple tendance à faire en critiquant un idéalisme linguistique et un constructivisme social qui devraient s'effacer devant un constructivisme matérialiste, supposément non-idéaliste. Si perspective linguistique il y a chez ces auteurs,

l'affect corporel, même si les plans du langage et du matériel ne sont pas fondamentalement dissociés, y compris dans des situations de protestation où la sexualité se présente sans respecter les binarismes biologisants, où la misère s'organise en un quotidien solidaire…

Dans les mouvements contre-hégémoniques contemporains, qu'il s'agisse de revendications LGBTQ, de structuration politique comme Podemos ou de variations affectuelles sur le divertissement médiatique comme les activités des fans (lorsqu'elles sont bien contre-hégémoniques), ces trois types d'identité se mêlent de façon impure, par composition explicite (des fans créent un réseau associatif d'aide humanitaire) ou par enchevêtrement de niveaux beaucoup plus obscur. Les mouvements écologistes, posthumanistes et de défense des droits des animaux ajoutent plus fortement encore de la complexité identitaire en posant la question de la délégation de parole des choses et des animaux à des porte-paroles humains. Or, pour la recherche *cultural studies*, il n'est pas question d'exclure la production d'une alliance tant au niveau pratique, celui des mouvements eux-mêmes, que théorique, celui de la modélisation. L'alliance est une réponse à un vécu historique, à un sentiment d'urgence face à des menaces et à un désir de surmonter des injustices. Mais elle est aussi un moment d'un cycle inter et transdisciplinaire où « anti-essentialisme » et « anti-anti-essentialisme » se succèdent pour mieux conceptualiser une conjoncture[104]. Comment peut-on produire une articulation entre les trois modèles d'identité succinctement rappelés dans ce texte ? Il ne suffit certes pas de parler d'un dualisme simple, identités négatives contre identités positives, qu'un troisième terme viendrait résoudre, les identités dialectiques, jouant pour leur part sur les deux niveaux de la négation et de l'affirmation. Est-il possible alors de considérer qu'une demande « positive » serve de ferment à une alliance, en affirmant un authentique programme qui verrait se rejoindre les divers interve-

elle n'est pas sans production de résultats empiriques. Réciproquement, le constructivisme matérialiste n'est pas exempt de naïvetés idéalistes.

[104] Pour reprendre une formulation de Paul Gilroy.

nants d'une telle alliance ? L'hétérogénéité des acteurs et des situations nourrit le doute sur une telle démarche. Il est probable qu'un lent tissage de problématiques et de niveaux, par articulations successives, s'impose au fil du temps. Il reste que ce ne sont pas les chercheurs qui font d'abord l'histoire : ce sont bien les publics, minoritaires comme majoritaires, qui agissent, à une échelle bien supérieure. Dans ce contexte, le ralliement peut se produire par investissement d'un « signifiant vide », sous la bannière d'un populisme inattendu. Ce serait la logique d'équivalence qui l'emporterait dans ce cas, et Laclau aurait alors peut-être raison, une fois de plus !

Références bibliographiques

Butler Judith, *Le Pouvoir des mots. Politique du performatif*, Éditions Amsterdam, 2004 (1997).

Deleuze, Gilles, Guattari, Félix, *Mille Plateaux*, Éd. de Minuit, 1980.

Fraser Nancy, *Qu'est-ce que la justice sociale ? Reconnaissance et redistribution*, La Découverte, 2005.

Grossberg, Lawrence, *Cultural Studies in the Future Tense*, Durham, Duke University Press, 2011.

Hall, Stuart, « La culture, les médias et l'"effet idéologique" », pp. 41-60, *in* Glevarec, Hervé, Macé, Éric, Maigret, Éric, éds, *Anthologie cultural studies*, Paris, A. Colin/Ina, 2008 (1977).

—, *Le populisme autoritaire*, Paris, Éd. Amsterdam, 2008.

Haraway, Donna, *Manifeste cyborg et autres essais. Sciences, fictions, féminismes*, Paris, Exils Éd., 2007 (1991).

Laclau, Ernesto, éd., *New Reflections on the Revolution of Our Time*, London, Verso, 1990.

—, *Émancipation(s)*. London, Verso, ch. 3., « Why do Empty Signifiers Matter to Politics? », pp. 36-46, 1996.

—, *La Raison Populiste*, Paris, Seuil, 2008 (2005).

—, « Reply », *Cultural Studies*, vol. 26, n° 2-3, March-May, pp. 391-415, 2012.

Laclau, Ernesto, Mouffe, Chantal, *Hegemony and Socialist Strategy. Towards a Radical Democratic Politics*, London, Verso, 1985.

Maigret, Éric, *L'Hyperprésident*, Armand Colin, 2008.

—, « Ce que les *cultural studies* font aux savoirs disciplinaires. Paradigmes disciplinaires, savoirs situés et prolifération des *studies* », *Questions de communication*, n° 24, p. 145-168, 2013.

Povinelli, Elizabeth A., « Beyond The Names of The People. Disinterring The Body Politic », *Cultural Studies*, vol. 26, n° 2-3, March-May, pp. 370-390, 2012.

Torfing, Jacob, *New Theories of Discourse: Laclau, Mouffe, and Žižek*, Oxford, Blackwell, 1999.

Maxime Cervulle
Université Paris 8, CEMTI

Laclau à Birmingham. Ou comment le postmarxisme vient aux *Cultural Studies*

> « J'ai emprunté la voie qui consiste à repenser les pratiques comme opérant discursivement, c'est-à-dire comme des langages. Cette métaphore a été, je crois, extrêmement productive pour moi et a profondément imprégné ma manière de penser. Si je devais mettre le doigt sur la chose qui constitue la révolution théorique de notre temps, je pense qu'elle réside dans cette métaphore – elle a pris un millier de directions différentes, mais elle a aussi réorganisé notre univers théorique. »
>
> Stuart Hall, in Grossberg et Hall (1996 [1986])

Lorsque Stuart Hall prononce ces mots, en 1986, l'univers conceptuel des *Cultural Studies* britanniques est alors traversé de part en part par une conception du discours qui invite à reconsidérer le mode de fonctionnement de l'idéologie[105]. Les figures sur lesquelles se sont appuyées les *Cultural Studies* pour opérer cette transition sont bien connues : Louis Althusser d'abord, puis Michel Foucault, Ernesto Laclau et Chantal Mouffe. La dimen-

[105] Cette recherche a bénéficié d'une aide de l'ANR au titre du programme Investissements d'avenir (ANR-10-LABX-80-01). Elle a été conduite dans le cadre du programme de recherche « Francfort-Birmingham. Fragments d'un dialogue entre écoles critiques », soutenu par le Labex Arts-H2H, le CEMTI (EA 3388) et le DICEN-IDF (EA 7339).

sion discursive a bénéficié dans les travaux du Centre for Contemporary Cultural Studies (CCCS) de Birmingham d'une présence sourde dès le milieu des années 1960, liée à la naissance de ce domaine sous les auspices d'une théorie littéraire reconfigurée, au travers des travaux de Raymond Williams (1996) et du structuralisme, par la notion de « pratique » (Hall, 2008 [1980]). Dès lors, la culture n'est plus conçue comme composée d'une série d'artefacts plus ou moins inertes, mais comme un champ dynamique de pratiques en interrelations ; une position qui débouchera sur une critique de la métaphore architecturale au cœur des variantes orthodoxes du marxisme (le couple base/superstructure) par l'affirmation de la dimension productive des pratiques de signification. En d'autres termes, la « base matérielle », où se rejoindraient les forces productives et rapports de production, n'est plus considérée comme le lieu exclusif d'organisation de la production, dans la mesure où la « superstructure » est elle-même constituée d'une multitude de pratiques productives et que ces dernières, pour paraphraser Althusser (2011 [1964]), participent de la « reproduction des conditions de production ». Sur le terrain privilégié des *Cultural Studies* britanniques – celui de l'étude de la communication et des médias – la question de l'idéologie fait ainsi son retour en scène après une parenthèse behavioriste et fonctionnaliste, centrée sur l'influence exercée par les médias sur les individus, qui occultait l'hétérogénéité du discours médiatique, aussi bien que la complexité des pratiques de réception (Hall, 2008 [1982] 129-168). C'est ainsi un chantier immense qui s'ouvre devant les *Cultural Studies* : déployer un programme de recherche critique qui puisse rendre compte de la trame idéologique des sociétés au sein desquelles la communication de masse sature l'expérience, en prenant en compte les multiples fils qui composent sa texture discursive.

Retracer la trajectoire de réception de l'œuvre d'Ernesto Laclau au sein du Centre de Birmingham permet de rendre compte d'un aspect central de ce mouvement simultané de « redécouverte de l'idéologie » (Hall, 2008 [1982]) et de mise en avant de la dimension discursive. Loin d'être une référence lointaine, un parent éloigné ou une figure à la marge, Laclau a été un auteur charnière dans la redéfinition du projet critique des *Cultural Studies*, à partir du milieu des années 1970. Ce chapitre propose donc d'étudier le rôle particulier qu'ont revêtu les écrits de Laclau pour ce que l'on appelle parfois « l'école de Birmingham ». Je m'appuierai pour cela non seulement sur les écrits de Laclau et des membres du Centre de Birmingham, mais également sur le fonds d'archives du Centre qui a été assemblé en 2014 par Kieran Connell et Matthew Hilton à la Cadbury Research Library de l'Université de Birmingham. Ce fonds contient les archives d'anciens étudiants et enseignants du Centre : des notes de séminaires, des documents administratifs et logistiques, divers matériaux de recherche, des textes inédits ou encore de transcriptions de conférences. Il a le grand avantage de permettre de contextualiser certains des gestes théoriques accomplis par les membres du Centre de Birmingham ; ainsi que de mieux comprendre les pratiques de travail, les jeux institutionnels et les conceptions de la recherche qui ont rendu possible l'émergence des *Cultural Studies* (Cervulle, 2016). Une chose que montrent bien les archives de ce fonds, c'est la place singulière qu'ont jouée les travaux de Laclau à un moment charnière de l'histoire du Centre. Ce moment, c'est celui de la controverse autour de la conception de l'idéologie qui, entre 1977 et 1980, opposera la revue *Screen* aux membres du Centre de Birmingham.

Médias, publics, idéologie

Basée à l'Université de Glasgow depuis 1969, la revue *Screen* publie des recherches sur le cinéma très fortement marquées par le tournant structuraliste. Sa spécificité, au sein du paysage intellectuel britannique, a été de mettre en avant des travaux mobilisant les thèses althussériennes et lacaniennes pour construire, à partir du cas du cinéma narratif hollywoodien, un objet nouveau : « l'appareil cinématographique » (Heath et Lauretis, 1980 ; Mulvey, 1975). Ce dernier est conçu comme un appareil idéologique interpellant les publics et les constituants en sujets. La dite « *Screen Theory* », selon le terme alors employé pour désigner la position de la revue, tend ainsi à considérer le spectateur/la spectatrice comme un effet du texte filmique ; l'identification opérant selon un processus de « suture » au sens lacanien du terme (voir Heath, 1977). Dans cette perspective, il ne s'agit pas d'étudier la manière dont les publics attribuent du sens au film ou lui font subir durant l'activité interprétative une torsion idéologique, contrairement aux travaux dans lesquels étaient à l'époque engagé.e.s certain·e·s chercheurs/chercheuses en *Cultural Studies*[106] qui soulignaient que, loin de pouvoir être déduits de la structure textuelle, les effets idéologiques devaient être analysés dans les modes de consommation et d'appropriation des médias mis en œuvre par des publics concrets et socialement situés (Morley, 1992).

En 1977, une ancienne étudiante du Centre de Birmingham, Rosalind Coward, publie dans *Screen* un article polémique défendant la perspective de la revue contre celle des chercheurs en *Cultural Studies.* Coward critique la conception de l'idéologie alors soutenue par les membres du CCCS, qu'elle voit comme « réduite à la simple expression d'une position ou d'un intérêt de classe » (1977 : 76), en dépit du fait que ces derniers revendiquent alors une position critique vis-à-vis du réductionnisme économique du marxisme orthodoxe. Face à cette attaque qui touche au cœur même du projet d'alors des *Cultural Studies* – penser les déterminations multiples, réhabiliter l'étude de l'idéologie (médiatique) et repenser la relation entre culture et économie – le Centre va patiemment mûrir sa réponse. Celle-ci prendra forme au sein du Media Group du Centre, durant les deux années suivantes. Elle ne prendra pas une tournure défensive, mais consistera à interroger la position théorique adoptée par *Screen* et, en particulier, sa lecture d'Althusser. C'est dans ce cadre que Laclau apparaît pour la première fois dans les travaux internes du Centre. En effet, sa théorie du sujet et du discours, développée dans *Politics and Ideology in Marxist Theory* (1977), servira à dépasser le conflit avec *Screen.*

[106] Je pense en particulier au modèle de « décodage » du message médiatique conçu par Stuart Hall (2008 [1973]) ; et à sa mise à l'épreuve empirique par Charlotte Brunsdon et David Morley (1999 [1978-1980]).

Selon le Media Group du CCCS (1978a), la théorie élaborée par le collectif *Screen* reposerait sur un parallélisme problématique entre marxisme et lacanisme. Pour *Screen*, suivant le structuralisme lacanien, l'inconscient est structuré comme un langage tandis que, suivant le structuralisme marxiste, l'idéologie est structurée comme un langage. L'isomorphisme entre les structures de l'inconscient et de l'idéologie permettrait de penser la traduction d'effets d'une structure à l'autre. Il y a cependant, dans ce que le Media Group appelle « l'orthodoxie » de *Screen* (*ibid.* : 1), une structure primaire : l'inconscient, où s'organise le symbolique. Le symbolique précède le langage, qui structure la représentation déterminant le fonctionnement de l'idéologie. Ce qui à première vue pourrait être perçu comme la simple identification d'une correspondance formelle entre idéologie et inconscient serait en fait un véritable « déterminisme psychique ou psychanalytique » (1978a : 2). Le Media Group voit ainsi la théorie de *Screen* comme un *formalisme*, où le texte (filmique) est conçu comme déterminant entièrement le lecteur et la lecture. Les effets idéologiques potentiels sont directement déduits de l'analyse filmique (Johnson, 2007 [1978] : 184, note 118) ; surtout « les déterminations extratextuelles, le champ des formations idéologiques au sein duquel textes et spectateurs entrent en contact, l'intertextualité des autres discours » sont totalement occultés et ne semblent jouer aucun rôle (CCCS Media Group, 1978a : 5).

Un second problème est que le modèle de *Screen* n'admet qu'une seule idéologie. Du fait de la détermination par le symbolique de cette « idéologie-en-général », la seule lutte possible se trouverait sur le terrain de l'Œdipe et de sa résolution. À l'évidence, un tel cadre ne laisse aucune place à la lutte idéologique et à une pensée de la conjoncture : dans la mesure où la structure œdipienne est conçue par *Screen* comme universelle et transhistorique, la « victoire » reviendrait à renverser la condition de possibilité de la culture même (Hall, 2005 [1980] : 152). À l'évidence, le Media Group affiche une ambition bien différente : « proposer une théorie des publics qui ne réduise pas le "lecteur" à une simple fonction du texte et qui conserve l'idée que le public est historiquement spécifique et contradictoire » (CCCS

Media Group, 1978b : 1). Cette ambition convainc les membres du groupe de poursuivre la réflexion, déjà engagée dans le Centre depuis plusieurs années, sur le concept althussérien « d'interpellation », mais en rompant nettement avec la lecture formaliste du concept qui sous-tendrait la plupart des travaux de *Screen.* Ce travail se poursuivra au travers de l'étude des propositions de lecture de la théorie de l'idéologie d'Althusser formulées par Laclau.

Deux propositions de Laclau, développées dans *Politics and Ideology in Marxist Theory*, trouvent un écho particulièrement fort au sein du Centre. La première réside dans l'interprétation du texte d'Althusser sur les appareils idéologiques d'État comme pouvant être résumé de la façon suivante : *le sujet interpellé est le principe unifiant d'un discours idéologique donné.* Toutefois, tandis qu'Althusser décrit le fonctionnement de l'idéologie à un niveau « général » (voire anthropologique, cf. Dell'Omodarme, 2016), l'analyse de Laclau porte sur l'interpellation dans des pratiques idéologiques concrètes – ce qui lui permet de distinguer différents types d'interpellations (politique, familiale, religieuse, etc.) « qui coexistent tout en étant articulées au sein d'un discours idéologique dans une relative unité » (CCCS Language Group, 1978 : 6). L'analyse de Laclau est ainsi vue comme permettant « une exploration plus sophistiquée de l'efficacité de ''structures d'interpellation'' particulières au niveau idéologique [...] dans des moments conjoncturels spécifiques » (*ibid.* : 7). Laclau permet donc de contourner l'abstraction que constitue « l'idéologie-en-général » de *Screen.* Surtout, il permet d'opposer à une structure idéologique verrouillée par un symbolique universel et transhistorique, une conception du procès d'interpellation comme toujours incomplet, ouvert, soumis aux aléas de sa condensation dans d'autres procès.

Seconde proposition importante pour le Centre : le fait que Laclau s'attache à élaborer une théorie non-réductionniste de l'idéologie. Le Media Group, comme le groupe de recherche consacré au langage, proposent ainsi en 1978 d'adopter la méthode de Laclau qui consiste à considérer que « les 'éléments' idéologiques pris isolément n'ont pas nécessairement de connotation de classe, et que cette connotation n'est que le résultat de l'articulation de ces éléments dans un discours idéologique concret » (Laclau, 1977 : 99). Ce qui signifie que ces éléments ne doivent être analysés que dans leur « principe articulatoire ». Pour le Media Group, la portée politique de cet argument réside notamment dans la possibilité d'intégrer dans un discours révolutionnaire « une multitude d'éléments et d'interpellations qui jusqu'à maintenant ont semblé constitutifs du discours bourgeois » (CCCS Media Group, 1978b). Les écrits de Laclau permettent donc aux chercheurs du Centre de mettre l'accent sur la dimension contingente et non-nécessaire d'une articulation idéologique donnée. Dès lors, comme Hall le répétera souvent en paraphrasant Laclau, les idées dominantes n'ont plus de correspondance *nécessaire* aux classes dominantes (Hall, 1996 [1986]).

Si Laclau est mobilisé au sein du Centre de Birmingham pour s'opposer au déterminisme psychanalytique de *Screen*, ces travaux nourrissent aussi la contestation du réductionnisme économique, enjeu central des *Cultural Studies* depuis la critique du modèle « base/superstructure » par Raymond Williams. C'est donc la puissance de détermination de l'idéologie en propre – et par conséquent du discours médiatique – qui peut être soulignée. Laclau offre donc, pour les chercheurs du Centre de Birmingham, une porte de sortie de l'économisme du marxisme le plus orthodoxe. Un économisme qui, comme l'exprime Hall, tend à réduire « la question de la lutte idéologique et de la transformation de la conscience à une vaine comédie, un ballet de figures rhétoriques mortes » (Hall, 1996 [1986] : 39). Les travaux des chercheurs du Centre se détachent ainsi progressivement des réflexions menées à Birmingham au début des années 1970 sur la fonction idéologique des diffuseurs (voir Hall, 1972) pour interroger de plus en plus l'idéologie et la structure d'interpellation des contenus médiatiques eux-mêmes, vus comme des articulations d'éléments discursifs disparates et hétérogènes qui ne reflètent pas nécessairement la structure de propriété des médias et l'organisation des pratiques de production dans ce champ. Ces recherches marquent ainsi un net écart avec le pan des recherches en économie politique de la communication qui a placé au second rang la question de l'idéologie des textes médiatiques en raison d'une position selon laquelle « l'analyse des médias comme véhicules de reproduction idéologique ne suffi[rait] pas à expliquer la reproduction du capitalisme » (Magis, 2016). C'est notamment le cas de Nicholas Garnham qui a exprimé, en différentes occasions, sa réticence à adhérer à une conception de l'idéologie comme levier principal de reproduction de l'ordre social (Garnham, 1990 : 6). Cette distance entre économie politique de la communication et *Cultural Studies* se transformera en fossé face à la montée dans ces dernières, tout au long des années 1970, de perspectives féministes et antiracistes[107]. Garnham refuse par exemple un modèle de déterminations multiples au profit d'une réduction des rapports sociaux de genre et de race au mode de production capitaliste, et déconsidère les travaux sur la conscience minoritaire (notamment, noire ou féministe) qui ne prendraient pas suffisamment en compte leurs conditions économiques d'émergence (Garnham, 2015 [1995]). Ce reproche occulte à l'évidence les travaux conduits sur les rapports entre l'économie du travail domestique des femmes et les modes de consommation médiatique (voir CCCS Women's Studies Group, 1978) ; tout comme il ignore l'étude de Hall (2013 [1980]) des sociétés structurées par la race dans laquelle il démontre, à partir de l'analyse de types d'articulation des différentes instances de la formation sociale, que si « le racisme est la modalité par laquelle la classe est ''vécue'' » (*ibid.* : 175), il est aussi constitué dans le contexte de modes de production spécifiques.

Au-delà d'être un levier théorique, permettant de redéfinir le projet critique des *Cultural Studies*, le concept d'« articulation » tel que réélaboré par Laclau devient même une véritable méthode de travail au sein du Centre, comme le note Jennifer Daryl Slack

[107] Au sein du Centre de Birmingham, ces dernières émergent notamment avec la formation de divers groupes de recherche : *Women's Studies Group* (1974), le *Women's Forum* (1978), le *Race and Politics Group* (1979) et le *Black Caucus* (1984).

(1996). On peut en faire le constat en passant en revue les archives du Centre de Birmingham. Ces dernières contiennent des documents présentant des méthodes d'analyse de corpus médiatiques, qui prennent pour point de départ le modèle conceptuel de Laclau. J'en veux pour preuve un document préparatoire pour une analyse de la série télévisée *Coronation Street*, qui date de 1978, dans lequel les questions suivantes constituent l'axe à partir duquel des grilles d'analyse sont constituées : « Quels types de condensations sont accomplies par le biais des personnages, des articulations filmiques, des articulations thématiques, du ‘‘jeu des signifiants'' ? [...] Peut-on comprendre *Coronation Street* comme ‘‘un point d'intersection'' de différents discours ? Comme un site de lutte ? Y a-t-il une possibilité de travail idéologique ‘‘progressiste'' dans le programme ? » (CCCS Media Group, 1978b : 8).

Les écrits de Laclau ne sont toutefois pas à l'abri de quelques critiques. Le Language Group reproche ainsi à son ouvrage de 1977 de ne pas suffisamment rendre compte des mécanismes concrets par lesquels les individus sont constitués en sujets. « Sa compréhension, écrivent-ils, reste [malgré tout] cantonnée à un niveau [...] formel ». Le Media Group apprécie quant à lui dans ce même ouvrage la distinction opérée entre d'un côté la position de sujet produite par un appareil idéologique et, de l'autre, le sujet individuel comme ensemble historiquement concret de différentes « positions ». Ils reprochent toutefois à Laclau de ne pas pousser plus avant cette distinction qui permettrait de mieux penser les divisions internes du sujet, le fait qu'il émerge d'une suture incomplète entre des subjectivités multiples. Cette critique naît sans doute d'un débat insatisfaisant avec Laclau, qui n'aurait pas répondu *directement* aux questions sur la querelle avec *Screen* à l'occasion d'un séjour au sein du Centre de Birmingham. Le Language Group écrit en effet : « Quand Laclau est venu parler au Centre, il semblait ignorer les débats actuels sur l'interpellation et le sujet » (CCCS Language Group, 1978 : 7).

Conclusion

En dépit de ces quelques réserves, liées au contexte particulier de la controverse avec *Screen*, Laclau a été une référence majeure pour l'école de Birmingham, et il marquera un point d'entrée vers des *Cultural Studies* « postmarxistes » – pour reprendre l'expression de Laclau et Mouffe (2009 [1985] : 42). Ce qui assurera toutefois la pérennité de cette référence conceptuelle au sein du Centre de Birmingham, c'est qu'en détachant les éléments idéologiques de toute connotation *nécessaire* de classe, elle ouvre une brèche au sein de laquelle se faufileront les féministes et antiracistes du CCCS. Les écrits de Laclau serviront donc aussi de munitions dans les affrontements théoriques qui, au sein même du Centre, opposent les (post)structuralistes aux tenant·e·s d'un matérialisme culturel à la Raymond Williams, souvent attaché·e·s durant les années 1970 à la centralité de l'antagonisme de classe (Cervulle, 2016). Stuart Hall, de son côté, s'est largement appuyé sur les écrits de Laclau pour appréhender la culture comme un champ de bataille pour l'hégémonie et a fait du concept d'articulation – entendu comme « un moyen de comprendre comment des éléments idéologiques en viennent, sous certaines conditions, à former un ensemble cohérent dans un discours, ainsi qu'un moyen de s'interroger sur la façon dont ils sont ou non articulés à des conjonctures spécifiques et à certains sujets politiques » (Hall et Grossberg, 1986 : 141-142) – un point central de son édifice théorique. Il refusera toutefois d'engager le pas de plus que font Laclau et Mouffe dans *Hégémonie et stratégie socialiste* (2009 [1985]) en direction d'une dissolution de la distinction entre le discursif et le non-discursif ; qu'ils perçoivent comme mise à mal par de nombreuses philosophies contemporaines (notamment chez Ludwig Wittgenstein et John Austin, de façon inconsistante chez Michel Foucault). Laclau et Mouffe considèrent cette distinction comme infondée car « tout objet se présente comme un objet du discours » (2009 [1985] : 198) ; ce qui selon eux ne revient en aucune façon à céder à un quelconque idéalisme mais, au contraire : 1) à reconnaître que tout objet dépend de conditions discursives d'émergence ; 2) à considérer que le discours est – tels les « jeux de langage » chez Wittgenstein – un ensemble structuré d'éléments linguistiques et matériels. Hall voit dans une telle définition extensive du discours le risque que la société ne soit plus conçue que comme « un champ discursif totalement ouvert » (Grossberg et Hall, 1996 [1986] : 146) où toute pratique serait réduite à cette unique dimension. Le périmètre du postmarxisme de Stuart Hall est ainsi nettement délimité par la conviction que, du point de vue analytique, la notion de « discours » doit rester une *métaphore* si l'on ne veut pas perdre sa puissance critique – un point sur lequel une partie des *Cultural Studies* états-uniennes qui se développeront à partir des années 1980 ne le suivront pas (Hall, 2008 [1992]). On trouve, dans une formulation de Hall sans doute plus « post-*marxiste* » que « *post*-marxiste » (Laclau et Mouffe, 2009 [1985] : 42), la position qui restera longtemps prédominante dans les *Cultural Studies* britanniques : « les conditions matérielles sont la condition nécessaire mais non suffisante de toute pratique historique. Bien entendu, nous devons penser ces conditions matérielles dans leur forme discursive déterminée, non comme un absolu fixe » (Grossberg et Hall, 1996 [1986] : 147). La spécificité des *Cultural Studies* britanniques réside sans doute dans cette volonté de porter une attention continue aussi bien à la matérialité du discursif qu'à la discursivité des conditions matérielles.

Bibliographie

Althusser Louis (2011 [1964]), « De la reproduction des conditions de la production », in *Sur la reproduction*, Paris, Presses universitaires de France, p. 82-88.

CCCS Language Group (1978), « Language Group presentation », Records of the Centre for Contemporary Cultural Studies, Cadbury Research Library, University of Birmingham, Papers of Richard Johnson.

CCCS Media Group (1978a), « Formulating some general critiques of the *Screen* position », Records of the Centre for Contemporary Cultural Studies, Cadbury Research Library, University of Birmingham, Papers of Richard Johnson.

CCCS Media Group (1978b), « Interpellation revisited », Records of the Centre for Contemporary Cultural Studies, Cadbury Research Library, University of Birmingham, Papers of Richard Johnson.

CCCS Women's Studies Group (1978), *Aspects of Women Subordination*, Londres Hutchinson.

Cervulle Maxime (2016), « Le Centre for Contemporary Cultural Studies de Birmingham : une pratique critique collective entre crises et contradictions », in Malek Bouyahia, Franck Freitas et Karima Ramdani (dir.), *Encoder le réel, décoder le culturel : l'actualité de Stuart Hall*, Paris, La Dispute, à paraître.

Coward Rosalind (1977), « Class, ''culture'', and the social formation », *Screen*, vol. 18, n°1, p. 75-106.

Daryl Slack Jennifer (1996), « The theory and method of articulation », in David Morley et Kuan-Hsing Chen (dir.), *Stuart Hall. Critical Dialogues in Cultural Studies*, Londres et New York, Routledge, p. 112-127.

Dell'Omodarme Marco (2016), « Anibal Quijano et la saturation coloniale », in Maxime Cervulle, Nelly Quemener et Florian Vörös (dir.), *Matérialismes, culture et communication, vol. 2. Cultural Studies, théories féministes et postcoloniales*, Paris, Presses des Mines, coll. Matérialismes, 2016.

Garnham Nicholas (1990), *Capitalism and Communication. Global Culture and the Economics of Information,* Londres, Sage.

Garnham Nicholas (2015 [1995]), « Économie politique et *Cultural Studies* : réconciliation ou divorce ? », trad. de C. Morin, *Réseaux*, n°192, p. 45-65.

Grossberg Lawrence et Hall Stuart (1996 [1986]), « On postmodernism and articulation : an interview with Stuart Hall », in David Morley et Kuan-Hsing Chen (dir.), *Stuart Hall. Critical Dialogues in Cultural Studies*, Londres et New York, Routledge, p. 131-150.

Hall Stuart (1972). « The External-Internal Dialectic in Broadcasting : Television's Double Bind », in F. S. Badley (dir.), *Fourth Symposium on Broadcasting Policy*, Manchester, University of Manchester, p. 91-105.

Hall Stuart (1996 [1986]), « The problem of ideology : marxism without garantees », in David Morley et Kuan-Hsing Chen (dir.), *Stuart Hall. Critical Dialogues in Cultural Studies*, Londres et New York, Routledge, p. 25-46.

Hall Stuart (2005 [1980]), « Recent developments in theories of language and ideology », in Stuart Hall, Dorothy Hobson, Andrew Lowe et Paul Willis (dir.), *Culture, Media, Language. Working Papers in Cultural Studies, 1972-1979*, Londres et New York, Routledge, p. 147-153.

Hall Stuart (2008 [1973]), « Codage/décodage », in *Identités et cultures. Politiques des Cultural Studies*, éd. établie par Maxime Cervulle, trad. de M. Albaret et M.-C. Gamberini, Paris, Éditions Amsterdam, p. 169-184.

Hall Stuart (2008 [1980]), « *Cultural Studies* : deux paradigmes », in *Identités et cultures. Politiques des Cultural Studies*, éd. établie par Maxime Cervulle, trad. de Christophe Jaquet, Paris, Éditions Amsterdam, p. 81-104.

Hall Stuart (2008 [1982]), « La redécouverte de ''l'idéologie'' : retour du refoulé dans les *Media Studies* », in *Identités et cultures. Politiques des Cultural Studies*, éd. établie par Maxime Cervulle, trad. de Christophe Jaquet, Paris, Éditions Amsterdam, p. 129-168.

Hall Stuart (2008 [1992]), « Les *Cultural Studies* et leurs fondements théoriques », in *Identités et cultures. Politiques des Cultural Studies*, éd. établie par Maxime Cervulle, trad. de Christophe Jaquet, Paris, Éditions Amsterdam, p. 17-32.

Hall Stuart (2013 [1980]), « Race, articulation et sociétés structurées ''à dominante'' », in *Identités et cultures 2. Politiques des différences*, éd. établie par Maxime Cervulle, trad. de Aurélien Blanchard et Florian Vörös , p. 113-178.

Heath Stephen (1977), « Notes on suture », *Screen*, vol. 18, n°4, p. 48-76.

Heath Stephen et Lauretis Teresa de (1980), *The Cinematic Apparatus*, Londres et New York, Palgrave Macmillan.

Laclau Ernesto (1977), *Politics and Ideology in Marxist Theory. Capitalism, Fascism, Populism*, Londres, NLB.

Laclau Ernesto et Mouffe Chantal (2009 [1985]), *Hégémonie et stratégie socialiste. Vers une politique démocratique radicale*, trad. de J. Abriel, Paris, Les Solitaires Intempestifs.

Magis Christophe (2016), « Économie politique de la communication et théorie critique des médias. Épistémologie d'un héritage théorique critique », *Réseaux*, à paraître.

Morley David (1992), « La réception des travaux sur la réception. Retour sur ''Le public de *Nationwide*'' », trad. de D. Dayan, *Hermès*, n°11-12, p. 31-46.

Morley David et Brunsdon Charlotte (1999 [1978-1980]), *The Nationwide Television Studies*, Mondres et New York, Routledge.

Mulvey Laura (1975), « Visual Pleasure and Narrative Cinema », *Screen*, vol. 16, n°3, p. 6-18.

Williams Raymond (1996), « Des communications comme science de la culture », trad. de Jacques Guyot et François Henry, *Réseaux*, n°80, p. 97-106.

***

Notes sur les auteurs

Leonor ARFUCH est professeure et chercheuse à l'Université de Buenos Aires dans le domaine des Etudes Culturelles. Elle a été professeure invitée dans les Universités d'Essex (UK), UNAM et Iberoamericana (Mexique), Católica et Diego Portales (Chili), entre autres. Elle ha eu la Bourse Thalmann (UBA; 1998), le British Academy Professorship Award (2004), elle a été Guggenheim Fellow (2007) et Tinker Visiting Professor à l'Université de Stanford (2013). Elle est l' auteure, entre autres, de *La entrevista, una invención dialógica* (1995, 2010), *El espacio biográfico. Dilemas de la subjetividad contemporánea* (2002, 2005), *O Espaço Biográfico - Dilemas da Subjetividade Contemporânea*, trad. de Paloma Vidal, 2010, *Crítica cultural entre política y poética* (2008), *Memoria y autobiografía. Exploraciones en los límites* (2013) et *La vida narrada. Memoria, subjetividad y política* (2018).

Etienne BALIBAR, né le 23 avril 1942 à Avallon (Yonne), France, Professeur émérite (Philosophie politique et morale) à l'Université de Paris-X Nanterre, est aujourd'hui Anniversary Chair in Modern European Philosophy, Kingston University, Londres. Parmi ses ouvrages parus : 1965 : *Lire le Capital* (en collaboration avec L. Althusser, P. Macherey, J. Rancière, R. Establet), Editions François Maspéro ; 1985 : *Spinoza et la politique*, P.U.F. ; 1988 : *Race, Nation, Classe. Les identités ambiguës* (en collaboration avec I. Wallerstein), Editions La Découverte ; 1997 : *La crainte des masses. Politique et philosophie avant et après Marx*, Editions Galilée ; 1998 : *Droit de cité. Culture et politique en démocratie*, Editions de l'Aube (réédition 2002 P.U.F.) ; 2001 : *Nous, citoyens d'Europe ? Les frontières, l'État, le peuple*, Editions La Découverte ; 2010 : *Violence et Civilité*, Editions Galilée ; 2010 : *La proposition de l'égaliberté. Essais politiques 1989-2009*, P.U.F. ; 2011 : *Citoyen-Sujet et autres essais d'anthropologie philosophique*, PUF ; 2012 : *Saeculum. Culture, religion, idéologie*, Galilée ; 2016 : *Europe, crise et fin ?*, Le Bord de l'Eau ; 2016 : *Des Universels*, Editions Galilée.

Fabienne BRUGERE est professeure de philosophie à l'Université Paris-8 Vincennes-Saint-Denis depuis septembre 2014. Elle a été directrice de l'équipe de recherche LLCP (Laboratoire des logiques contemporaines de la philosophie), et est présidente de l'Université Paris Lumières. Elle est responsable (en collaboration avec Guillaume le Blanc) de la collection « Diagnostics » aux éditions du Bord de l'eau et, (en collaboration avec Claude Gautier) de la collection « Perspectives du care » aux Editions de l'ENS Lyon, membre du comité de rédaction de la revue *Esprit*. Elle a dispensé également des cours dans les Universités de Hambourg, Munich et Québec. Elle travaille sur la philosophie de l'art, sur la philosophie morale et politique. Elle a publié de nombreux ouvrages, dont ces dernières années : *Le sexe de la sollicitude*, Seuil, 2008 ; *Philosophie de l'art*, PUF, 2010 ; *L'éthique du care*, PUF, 2011 ; *Faut-il se révolter*, Bayard, 2012 ; *La politique de l'individu*, Seuil, 2013. Elle a dirigé de nombreux livres sur Spinoza, Foucault, Judith Butler, le libéralisme, l'œuvre d'art. Elle a aussi publié avec Guillaume le Blanc *La fin de l'hospitalité* chez Flammarion (2017).

Judith BUTLER est Maxine Elliot Professor au Département de littérature comparée et au Program de théorie critique à la University of California, Berkeley. Elle est l'auteure de plusieurs livres, traduits en plus de vingt langues dont le français : *Subjects of Desire : Hegelian Reflections in Twentieth-Century France* (1987) ; *Gender Trouble: Feminism and the Subversion of Identity* (1990) ; *Bodies That Matter : On the Discursive Limits of "Sex"* (1993) ; *The Psychic Life of Powe r: Theories of Subjection* (1997) ; *Excitable Speech* (1997), *Antigone's Claim : Kinship Between Life and Death* (2000) ; *Precarious Life : Powers of Violence and Mourning* (2004) ; *Undoing Gender* (2004) ; *Who Sings the Nation-State? : Language, Politics, Belonging* (avec Gayatri Spivak, 2008) ; *Frames of War : When Is Life Grievable?* (2009) ; *Is Critique Secular?* (co-écrit avec Talal Asad, Wendy Brown et Saba Mahmood, 2009) ; *Sois Mon Corps* (co-écrit avec Catherine Malabou, 2011) ; *Parting Ways: Jewishness and the Critique of Zionism* (2012) ; *Dispossession :*

The Performative in the Political (co-écrit avec Athena Athanasiou, 2013) ; *Senses of the Subject and Notes Toward a Performative Theory of Assembly* (2015). En 2016, elle a co-édité *Vulnerability in Resistance* avec Zeynep Gambetti et Leticia Sabsay. Butler est active dans plusieurs organisations de droits humains, couramment membre du conseil au Center for Constitutional Rights à New York ainsi que du comité de conseil de Jewish Voice for Peace. Elle est l'Enquêteur principal pour les subventions de la Fondation Andrew Mellon avec le but de développer un Consortium international de Programmes de théorie critique. Elle a été élue présidente de la Modern Language Association pour 2020.

Maxime CERVULLE est maître de conférences en sciences de l'information et de la communication à l'Université Paris 8 Vincennes – Saint-Denis et membre du Centre d'études sur les médias, les technologies et l'internationalisation (EA3388 CEMTI). Il est l'auteur de *Dans le blanc des yeux. Diversité, racisme et médias* (Éd. Amsterdam, 2013). Il a également édité l'anthologie en deux volumes des travaux de Stuart Hall (*Identités et cultures. Politiques des Cultural Studies*, Éd. Amsterdam, 2007 ; *Identités et cultures 2. Politiques des différences*, Éd. Amsterdam, 2013) et co-écrit avec Nelly Quemener un ouvrage intitulé *Cultural Studies : théories et méthodes* (Armand Colin, 2015).

Martín CORTÉS est diplômé en sciences politiques (UBA), possède une maîtrise en sciences sociales (UBA) et un doctorat en sciences sociales et philosophie ((UBA-Université Paris 8). Il est actuellement enseignant dans la filière de sciences politiques et de doctorat en sciences sociales, les deux à la Faculté de sciences sociales (UBA). Il est chercheur adjoint au CONICET, avec siège dans l'Université nationale du général Sarmiento. Il a publié divers livres et articles sur la théorie politique, la théorie de l'État et le marxisme latino-américain, dont *Un nuevo marxismo para America Latina. José Arico : traductor, editor, intelectual*, Siglo veintiuno, 2015.

Emilio DE ÍPOLA est titulaire d'un doctorat d'État dirigé par Henri Lefebvre à l' Université Paris X Nanterre, France . Il a enseigné à l' Université de Montréal (Canada) , à l' École des Hautes Études en Sciences Sociales (France) , à l' Université du Québec (Canada) , au Collège International de Philosophie à Paris (France) , au Collège du Mexique (Mexique) , à l' Université nationale de Cordoue (Argentine) et au siège chilien, argentin et mexicain de la Faculté latino-américaine des sciences sociales (FLACSO). En 1976, il a été enlevé par un commando de l'armée argentine. Vingt mois plus tard, à sa sortie de prison, il a écrit *La bemba* qui a été réédité en 2005 . Parmi ses derniers livres parus: *Métaforas de la politica*, Homo Sapiens, Réimprimé en 2006, *Tristos Topicos,* De la Flor, 2006, *Althusser, el infinito adios*, siglo veintiuno, 2007.

Nancy FRASER est professeure à la New School for Social Research, New York et membre du Collège d'études mondiales, Paris. Elle est l'auteure de nombreux livres dont beaucoup sont traduits en français. Le dernier en ligne est *Feminism for the 99%. A Manifesto*, co-écrit avec Cinzia Arruzza et Tithy Bhattacharya, Londres-New York, Verso 2019, édition française *Féminisme pour les 99%. Un manifeste*, trad. par Valentine Dervaux, Paris, La Découverte 2019.

Horacio GONZALEZ est professeur à l'Université de Buenos Aires. Docteur honoris causa de nombreuses universités en Amérique latine et dans les Caraïbes, il a été directeur de la Bibliothèque Nationale d'Argentine (2005-2015). Il est l'auteur de très nombreux livres, dont *Restos pampeanos* (Colihue, 1999); *Retórica y locura - Para una teoría de la cultura argentina* (Colihue, 2003);*La Argentina manuscrita - Cautivas, malones e intelectuales* (Colihue, 2018); et du roman *Tomar las armas* (Colihue, 2016).

Orazio IRRERA est maître de conférences en philosophie à l'Université de Paris 8 Vincennes-Saint-Denis et membre du Laboratoire d'études et de recherches sur les logiques contemporaines de la philosophie (LLCP, EA 4008). Il est aussi directeur de programme au Collège international de philosophie où anime le séminaire « Épistémologies subalternes et critique postcoloniale ». Il est également membre du Centre Michel Foucault et codirecteur de la revue *materiali foucaultiani*. Il a codirigé les ouvrages collectifs *Foucault e le genealogie del dir-vero* (Cronopio, 2014) ; *Foucault and the Making of Subjects* (Rowman and Littlefield, 2016) et *La pensée politique de Foucault* (Kimé, 2017). Ses recherches portent principalement sur la pensée de Michel Foucault, les études postcoloniales et décoloniales et les théories de l'idéologie.

Rada IVEKOVIĆ, dir. de programme au Collège international de philosophie (2004-10), Paris, et ancienne dir. de recherche senior au Asia Research Institute, NUS, Singapour, philosophe, indianiste, est née en Yougoslavie en 1945. Elle a enseigné aux départements de philosophie de l'Université de Zagreb et de Paris-8 (entre autres). Elle a publié sur les philosophies indiennes, féministes, sur la traduction politique, la philosophie politique, la phil. comparée etc. : *Le sexe de la nation*, Léo Scheer 2003 ; *Dame Nation. Nation et différence des sexes*, Ravenne: Longo, 2003 ; avec Samir Kumar Das (dir.), *Terror, Terrorism, States & Societies*, Delhi-Calcutta : CRG-Women Unltd. 2009 ; *L'éloquence tempérée du Bouddha*, Klincksieck 2014 ; *Les citoyens manquants*, Marseille : Al Dante 2015, *Réfugié-e-s. Les jetables*, Al Dante 2016 ; *Politiques de la traduction. Exercices de partage*, Paris, TERRA-HN (Collection SHS) 2019.

Maria KAKOGIANNI est née à Athènes en 1978. Écrivain, philosophe, elle est co-initiatrice du collectif PhiCTIONS. Parmi ses publications figurent : *De la victimisation* (L'Harmattan) ; *Entretien platonicien* avec Alain Badiou (*Lignes*) ; col. *Le symptôma grec* (*Lignes*). Son dernier ouvrage, avec des dessins de Satya Chatillon, *Printemps précaires des peuples* (Divergences) enquête sur les récents soulèvements populaires qui ont émergé depuis 2011 dans une tentative d'interroger les récits de la défaite. Entre les mots et les dessins, le livre tisse quelques hypothèses fictionnelles pour que nos *insomnies* politiques puissent faire place à de nouvelles « *rêvolutions* ».

Eric MAIGRET est professeur de sociologie des médias à l'Université Paris 3 Sorbonne nouvelle. Derniers livres parus : *Sociologie de la communication et des médias*, Paris, Armand Colin (2015, 3e édition), traduction et édition de *La culture de la convergence. Des médias au transmédia*, Henry Jenkins, 2013, *La bande dessinée : une médiaculture*, (direction d'ouvrage avec Matteo Stefanelli), Armand Colin-Ina, *Cultural Studies : Anthologie*, édition de textes avec Hervé Glevarec et Éric Macé, Paris, Armand Colin-INA, 2013.

Chantal MOUFFE est philosophe politique, compagne de vie, collaboratrice et co-auteure avec Ernesto Laclau de *Hegemony and Socialist Strategy. Towards a Radical Democratic Politics, Londres*, Verso 1985, en français : *Hégémonie et stratégie socialiste : vers une politique démocratique radicale*, trad. fr. de Julien Abriel, Paris, Les Solitaires Intempestifs, 2009.

Antonio NEGRI, dit « Toni » Negri est né en 1933. Très jeune nommé professeur de science politique à l'Institut de Science Politique de l'université de Padoue, dont il deviendra rapidement le directeur, il a également été l'un des leaders de la contestation sociale et politique dans les années 1960 et 1970 en Italie. Il est l'une des figures centrales de la lecture « opéraïste » du marxisme. Son travail est consacré aussi bien à des études de philosophie politique (Descartes, Hegel, Leopardi, Spinoza, Marx, Foucault, etc.) que, depuis une vingtaine d'années, à l'analyse du phénomène de la globalisation (avec quatre volumes successivement co-écrits avec l'universitaire américain Michael Hardt : *Empire*, *Multitude*, *Commonwealth*, et *Assembly*).

Jacques RANCIERE a enseigné dans le département de philosophie de l'Université de Paris VIII de 1969 à 2000. Il a également enseigné au Collège International de Philosophie, à l'*European Graduate School* et dans diverses universités américaines. Il est l'auteur d'une quarantaine d'ouvrages consacrés à la pensée de l'émancipation, à l'esthétique et à la littérature. Parmi ses récentes publications figurent *Le Fil perdu. Essais sur la fiction moderne* (2014), *En quel temps vivons-nous. Entretien avec Eric Hazan* (2017), *Les Bords de la fiction* (2017), *Les Temps Modernes. Art, temps, politique* (2018) et *La Méthode de la scène*, avec Adnen Jdey (2018).

Diogo SARDINHA : Né à Lisbonne en 1971, Diogo Sardinha est philosophe de formation. Il a fait ses études à l'Université de Lisbonne, avant d'obtenir son doctorat à l'Université de Paris-Nanterre et son habilitation à l'Université Paris-8 Vincennes Saint-Denis. Il fut président du Collège international de philosophie à Paris et, à ce jour, le seul non-français à avoir occupé ce poste depuis la fondation du Collège en 1983. Il y a également dirigé le programme de recherches « Violence et politique : l'émeute comme forme de mouvement sauvage ». Chercheur invité au département de philosophie de l'Université catholique de São Paulo (2006), à l'Institut de philosophie de la Freie Universität Berlin (2007-2008) et à l'Université de Columbia à New York (2013), il est notamment l'auteur d'*Ordre et temps dans la philosophie de Foucault*, L'Harmattan, et de *L'Émancipation de Kant à Deleuze*, Hermann.

Senda SFERCO : Après des études en anthropologie à la Faculté des Humanités et des arts de l'Université Nationale de Rosario (Argentine) et un Master en *Ethnological and Art Studies* à l'Institut Universitaire d'Art d'Indonésie à Bali (Indonésie), Senda SFERCO soutient en 2012 un doctorat en Philosophie à l'Université Paris-8 et en Sciences sociales à l'Université nationale de Quilmès. Professeure d'anthropologie à l'Université nationale du Litoral en Argentine, elle est également chercheure du CONICET (CNRS argentin), et ses recherches versent sur les rapports entre temps et subjectivité dans la philosophie politique contemporaine. Auteure de plusieurs articles académiques et chapitres de livres, et de l'ouvrage *Foucault y Kairós : los tiempos discontinuos de la acción política,* Bernal : Universidad Nacional de Quilmes, 2015. ISBN 978-987-558-346-7.

Esteban VERGALITO, docteur en philosophie des Universités de Buenos Aires et de Paris-8, est professeur de philosophie et d'épistémologie à l'Université Nationale de San-Juan. Il a publié *Laclau y lo politico*, Fondo de cultura economica, 2018.

Patrice VERMEREN est professeur émérite de philosophie à l'Université de Paris 8, Vincennes à St. Denis. Docteur honoris causa de l'Université de Buenos Aires et de l'Université du Chili, il a été directeur de progamme au Collège international de philosophie au moment de sa fondation et directeur du Centro franco-argentino de altos estudios de la Universidad de Buenos Aires. Derniers livres parus : *Penser contre. Essais sur la philosophie critique de Miguel Abensour,* Paris, Sens et Tonka, 2019 ; *Une mémoire sans testament. L'après-coup des dictatures militaires en Amérique latine*, co-dirigé avec Fedra Cuestas, Paris, L'Harmattan, 2019.

***

Structures éditoriales du groupe L'Harmattan

L'Harmattan Italie
Via degli Artisti, 15
10124 Torino
harmattan.italia@gmail.com

L'Harmattan Hongrie
Kossuth l. u. 14-16.
1053 Budapest
harmattan@harmattan.hu

L'Harmattan Sénégal
10 VDN en face Mermoz
BP 45034 Dakar-Fann
senharmattan@gmail.com

L'Harmattan Cameroun
TSINGA/FECAFOOT
BP 11486 Yaoundé
inkoukam@gmail.com

L'Harmattan Burkina Faso
Achille Somé – tengnule@hotmail.fr

L'Harmattan Guinée
Almamya, rue KA 028 OKB Agency
BP 3470 Conakry
harmattanguinee@yahoo.fr

L'Harmattan RDC
185, avenue Nyangwe
Commune de Lingwala – Kinshasa
matangilamusadila@yahoo.fr

L'Harmattan Congo
67, boulevard Denis-Sassou-N'Guesso
BP 2874 Brazzaville
harmattan.congo@yahoo.fr

L'Harmattan Mali
ACI 2000 - Immeuble Mgr Jean Marie Cisse
Bureau 10
BP 145 Bamako-Mali
mali@harmattan.fr

L'Harmattan Togo
Djidjole – Lomé
Maison Amela
face EPP BATOME
ddamela@aol.com

L'Harmattan Côte d'Ivoire
Résidence Karl – Cité des Arts
Abidjan-Cocody
03 BP 1588 Abidjan
espace_harmattan.ci@hotmail.fr

Nos librairies en France

Librairie internationale
16, rue des Écoles
75005 Paris
librairie.internationale@harmattan.fr
01 40 46 79 11
www.librairieharmattan.com

Librairie des savoirs
21, rue des Écoles
75005 Paris
librairie.sh@harmattan.fr
01 46 34 13 71
www.librairieharmattansh.com

Librairie Le Lucernaire
53, rue Notre-Dame-des-Champs
75006 Paris
librairie@lucernaire.fr
01 42 22 67 13

www.ingramcontent.com/pod-product-compliance
Lightning Source LLC
LaVergne TN
LVHW011317061026
849535LV00005B/1600
9782343208954